21世纪全国高等院校财经管理系列实用规划教材

公共关系理论与实务

主　编　王志敏
副主编　傅端香
参　编　鲁延召　王金蕊

内 容 简 介

本书全面系统地介绍了公共关系的理论与实务。全书分为两部分，第一部分为公共关系原理，介绍公共关系概论、基本职能、机构与人员、公众及公众心理、传播与公共关系传播的基本理论和知识；第二部分为公共关系实务，介绍公共关系的工作程序、新闻宣传、广告、专题活动、危机管理。

本书提供了与公共关系有关的大量案例、阅读资料和形式多样的思考与练习题，以供读者阅读、训练使用，便于对所学知识的巩固和策划能力的培养。此外，本书在实用性和操作性方面也具有很强的指导作用。

本书可用作高等院校经济、管理类专业的本科教材，也可用作企业和社会培训公关人员的参考书籍。

图书在版编目(CIP)数据

公共关系理论与实务/王志敏主编. —北京：北京大学出版社，2016.1
（21世纪全国高等院校财经管理系列实用规划教材）
ISBN 978-7-301-26341-9

Ⅰ. ①公… Ⅱ. ①王… Ⅲ. ①公共关系学—高等学校—教材 Ⅳ. ①C912.3

中国版本图书馆 CIP 数据核字（2015）第 237004 号

书　　名	公共关系理论与实务
	Gonggong Guanxi Lilun yu Shiwu
著作责任者	王志敏　主编
策划编辑	王显超
责任编辑	陈颖颖
标准书号	ISBN 978-7-301-26341-9
出版发行	北京大学出版社
地　　址	北京市海淀区成府路 205 号　100871
网　　址	http://www.pup.cn　新浪微博：@北京大学出版社
电子信箱	pup_6@163.com
电　　话	邮购部 62752015　发行部 62750672　编辑部 62750667
印刷者	北京虎彩文化传播有限公司
经销者	新华书店
	787 毫米×1092 毫米　16 开本　15.25 印张　346 千字
	2016 年 1 月第 1 版　2020 年 1 月第 3 次印刷
定　　价	39.00 元

未经许可，不得以任何方式复制或抄袭本书之部分或全部内容。
版权所有，侵权必究
举报电话：010-62752024　电子信箱：fd@pup.pku.edu.cn
图书如有印装质量问题，请与出版部联系，电话：010-62756370

前　言

随着网络时代的到来，公共关系的职能得到了全新的拓展，由战术性的专项功能发展成为企业顺应变革、谋取优势的核心战略能力。在日趋复杂多变的环境中，如何建立并维持与公众之间的良好关系并为自身发展创造良好的公众环境，是直接关系到组织生存和发展的重要问题。

作为一门新兴的综合性的社会科学，公共关系理论在一些经济发达国家已被广泛应用于各个领域，在当今的经济与社会生活中发挥着日益突出的作用。因此，培养既具有公共关系理论基础又善于实际操作的高素质人才是本书所要达到的主要目的。为此，本书从我国人才培养模式转变及教学方法改革的视角出发，立足于公共关系活动的实践，较为全面、深刻地阐释了公共关系的理论知识和实务操作。

本书是在总结多年教学经验的基础上，结合具体的公共关系实践活动，吸收国内外最新的公共关系研究成果编写而成的。从结构上看，本书分为公共关系理论和实务两大部分。公共关系理论部分，力求以简洁流畅的语言系统地阐述公共关系的内涵、性质、构成要素、基本职能、公共关系机构与人员、公众及其构成、公共关系传播的规律与技巧等相关理论知识；公共关系实务部分，则详细地论述公共关系的操作程序、新闻宣传、公共关系广告、公共关系专题活动及危机管理等与实际操作相关的实务内容。本书提供了与公共关系有关的大量案例(包括导入案例、阅读案例和分析案例三种类型)、阅读材料和形式多样的思考与练习题，设置了公共关系理论的实际操作训练，以培养学习者的实际操作能力。本书适合作为高等院校相关专业的教材，并可供相关工作人员参考。

本书的编写特点如下：

(1) 融理论性、可读性与应用性为一体，书中提供三种类型约百余个案例供学习者分析、研读，同时给出阅读材料和形式多样的思考与练习题，目的在于激发学习者的阅读兴趣，使其在一个相对轻松的氛围中掌握相关理论知识及实际操作技能。

(2) 结合人才培养模式转变及教学方法改革的要求，本书内容力求删繁就简、突出重点，在注重公共关系理论知识的同时设置了许多实训内容，目的在于提高学习者的策划能力和实际操作能力。

本书由王志敏担任主编，傅端香担任副主编，鲁延召、王金蕊参编。具体分工为(以章节为序)：王金蕊(郑州科技学院)，项目1、项目6；傅端香(河南理工大学)，项目2、项目5、项目7；王志敏(中原工学院)，项目3、项目4、项目10；鲁延召(河南理工大学)，项目8、项目9。

本书在编写过程中参考了大量相关领域的文献，编者已将有关参考文献列示于书后，但仍可能发生遗漏。在此谨向所有参考文献的作者以及在编写过程中给予帮助的朋友表示诚挚的谢意！

由于编者水平所限，书中难免出现疏漏和不妥之处，敬请各位读者批评指正，以期不断修正和完善。

编　者

2015 年 6 月

目 录

项目 1 公共关系概论 1
  1.1 公共关系的基本含义 2
    1.1.1 公共关系的定义及内涵 2
    1.1.2 公共关系的研究对象及性质 3
    1.1.3 公共关系与相类似活动的区别 ... 4
  1.2 公共关系的构成要素 7
    1.2.1 社会组织——公共关系的主体 . 7
    1.2.2 公众——公共关系的客体 8
    1.2.3 传播——公共关系的手段 8
    1.2.4 目标——公共关系的目标 9
  1.3 公共关系的历史和发展 10
    1.3.1 古代公共关系的思想萌芽 10
    1.3.2 现代公共关系的产生和发展 ... 11
    1.3.3 当代公共关系的发展趋势 13
  本章小结 17
  综合练习 17

项目 2 公共关系的基本职能 20
  2.1 采集信息，监测环境 22
    2.1.1 信息的来源 22
    2.1.2 公共关系信息采集的内容 23
  2.2 咨询建议，参与决策 24
    2.2.1 公共关系咨询在组织决策中
        的重要作用 24
    2.2.2 咨询建议的形式 25
    2.2.3 公共关系咨询在组织决策中
        的运用 25
  2.3 传播沟通 26
    2.3.1 传播沟通的重要意义 26
    2.3.2 传播沟通的主要形式 27
    2.3.3 传播沟通的时机选择 28
  2.4 塑造形象 30
    2.4.1 组织形象的特征 30
    2.4.2 塑造组织形象的基本步骤 30
    2.4.3 塑造组织形象的一般原则 33

  2.5 协调关系 34
    2.5.1 协调关系的主要内容 34
    2.5.2 协调关系的基本策略 35
  本章小结 36
  综合练习 36

项目 3 公共关系机构与人员 39
  3.1 公共关系机构 40
    3.1.1 公共关系机构的任务与工作
        内容 41
    3.1.2 公共关系部 41
    3.1.3 公共关系公司 46
  3.2 公共关系从业人员 50
    3.2.1 公共关系从业人员的基本
        要求 50
    3.2.2 公共关系人员的培养和考评 ... 55
  本章小结 57
  综合练习 58

项目 4 公众及公众心理 60
  4.1 公众及其基本特征 61
    4.1.1 公众的含义 61
    4.1.2 公众的基本特征 62
  4.2 公众的构成分析与目标公众的选择 ... 63
    4.2.1 公众的构成分析ss 63
    4.2.2 目标公众的选择 66
  4.3 公众态度的形成及改变 71
    4.3.1 公众态度的含义 71
    4.3.2 公众态度的形成及影响因素 ... 71
    4.3.3 公众态度的改变及其策略 73
  4.4 公众舆论的形成与创设 76
    4.4.1 公众舆论及其特性 76
    4.4.2 公共舆论的形成和发展 77
    4.4.3 公众舆论的利用和创设 77
  本章小结 80
  综合练习 81

项目 5 传播与公共关系传播 84

- 5.1 传播的含义、构成要素及其模式 85
  - 5.1.1 传播的含义 85
  - 5.1.2 传播的构成要素 86
  - 5.1.3 传播的模式与理论 87
  - 5.1.4 传播的类型 90
  - 5.1.5 传播媒介的分类 91
- 5.2 公共关系传播 93
  - 5.2.1 公共关系传播的定义 93
  - 5.2.2 选择传播媒介的原则 93
  - 5.2.3 几种常见传播方式的应用 95
- 5.3 网络传播及其应用 97
  - 5.3.1 网络传播的特点和技巧 97
  - 5.3.2 网络传播在公共关系中的运用 99
- 本章小结 101
- 综合练习 102

项目 6 公共关系的工作程序 107

- 6.1 公共关系调查 108
  - 6.1.1 公共关系调查的流程 109
  - 6.1.2 公共关系调查的内容 111
  - 6.1.3 常用的公共关系调查方法 113
- 6.2 公共关系策划 114
  - 6.2.1 公共关系策划的定义 115
  - 6.2.2 公共关系策划的基本要素 115
  - 6.2.3 公共关系策划的原则 122
- 6.3 公共关系实施 125
  - 6.3.1 公共关系实施的意义 125
  - 6.3.2 公共关系实施的步骤 126
  - 6.3.3 公共关系实施的原则 128
- 6.4 公共关系评估 129
  - 6.4.1 公共关系评估的程序 129
  - 6.4.2 公共关系评估的内容和方法 130
- 本章小结 134
- 综合练习 134

项目 7 公共关系新闻宣传 138

- 7.1 新闻宣传概述 139
  - 7.1.1 新闻宣传的含义及特点 139
  - 7.1.2 新闻宣传的一般过程 140
  - 7.1.3 新闻宣传的基本原则 141
- 7.2 新闻宣传的操作技术 141
  - 7.2.1 新闻宣传的时机选择 141
  - 7.2.2 新闻稿的撰写 143
  - 7.2.3 新闻摄影的操作 144
  - 7.2.4 新闻事件的策划技术 146
- 本章小结 150
- 综合练习 151

项目 8 公共关系广告 153

- 8.1 公共关系广告概述 154
  - 8.1.1 广告与公共关系广告 154
  - 8.1.2 公共关系广告与商业广告的区别 155
  - 8.1.3 公共关系广告的分类 156
  - 8.1.4 公共关系广告的目标与主题 159
- 8.2 公共关系广告的一般程序 161
  - 8.2.1 规划公共关系广告的任务 161
  - 8.2.2 确定广告战略 161
  - 8.2.3 选择广告传播媒介 162
  - 8.2.4 检测公共关系广告的效果 162
- 8.3 公共关系广告的基本原则和要求 164
  - 8.3.1 公共关系广告的基本原则 164
  - 8.3.2 公共关系广告的要求 165
- 8.4 公共关系广告的设计制作 167
  - 8.4.1 电视广告的设计制作 167
  - 8.4.2 广播广告的设计制作 169
  - 8.4.3 报纸或杂志广告的设计制作 169
  - 8.4.4 橱窗广告的设计制作 170
  - 8.4.5 路牌广告的设计制作 171
  - 8.4.6 实体模拟广告的设计制作 172
  - 8.4.7 包装袋广告的设计制作 172
  - 8.4.8 新媒体广告的设计制作 172
- 本章小结 174
- 综合练习 174

目　　录

项目 9　公共关系专题活动 178
9.1　庆典 179
9.1.1　开业(幕)典礼 179
9.1.2　周年纪念活动 181
9.2　展览会 183
9.2.1　展览会的特点 183
9.2.2　举办展览会应注意的事项 184
9.3　新闻发布会 186
9.3.1　新闻发布会的筹备 186
9.3.2　新闻发布会的注意事项 ... 189
9.3.3　举办新闻发布会的误区 ... 190
9.3.4　新闻发布会的后续工作 ... 190
9.4　赞助活动 191
9.4.1　开展赞助活动的重要意义 ... 191
9.4.2　赞助活动的类型 191
9.4.3　赞助活动的步骤 193
9.4.4　赞助活动需要注意的问题 ... 194
9.4.5　开展赞助活动遵循的原则 ... 196
9.5　联谊活动 197
9.5.1　舞会 197
9.5.2　晚会 199
9.6　宴请 200
9.6.1　宴请的类型 201
9.6.2　宴请的组织 202
本章小结 205
综合练习 206

项目 10　危机管理 210
10.1　危机与危机管理 211
10.1.1　危机概述 211
10.1.2　危机管理的特性与职能 ... 214
10.2　危机的监测与预控 215
10.2.1　危机爆发的征兆 215
10.2.2　危机监测 216
10.2.3　危机预控 218
10.3　制订危机管理计划 219
10.3.1　制订危机管理计划的要求 ... 219
10.3.2　危机管理计划的内容 219
10.3.3　制订危机管理计划的原则 ... 222
10.4　危机处理的程序和原则 223
10.4.1　危机处理的程序 223
10.4.2　危机处理的基本原则 225
10.4.3　危机后的形象恢复工作 ... 227
本章小结 228
综合练习 229

参考文献 231

项目 1 公共关系概论

教学目标

通过本章学习,掌握公共关系的基本概念及其构成要素,了解公共关系的萌芽、产生和发展历程,并能把公共关系活动与类似活动区别开来。

教学要求

知识要点	能力要求	相关知识
公共关系的基本内涵	(1) 学习和把握公共关系的概念和内涵 (2) 能够区分公共关系与商业广告、新闻宣传、人际交往等活动	(1) 公共关系的定义及内涵 (2) 公共关系的研究对象及性质 (3) 公共关系与相类似活动的区别
公共关系的构成要素	掌握公共关系的构成要素	(1) 公共关系的主体 (2) 公共关系的客体 (3) 公共关系的手段 (4) 公共关系的目标
公共关系萌芽、产生和发展	(1) 了解公共关系的产生的背景 (2) 了解现代公共关系发展的代表性人物及其主要观点	(1) 古代公共关系的思想萌芽 (2) 公共关系的产生 (3) 现代公共关系的发展

导入案例

公共关系的魅力

日本东京一家贸易公司有一位秘书小姐专门负责为客商购买车票。客商中有一位德国人，是一家大公司的商务经理，经常请她购买来往于东京和大阪之间的火车票。不久，这位经理发现：每次去大阪时，座位总在右窗边，返回东京时又总在左窗边。这位经理问秘书小姐什么缘故，秘书小姐笑着回答："车去大阪时，富士山在您的右边；返回东京时，山又到了您的左边。我想，外国人都喜欢日本富士山的壮丽景色，所以我替您买了不同位置的车票。"德国人听了大受感动，他想："对这么微不足道的小事，这家公司的职员都能想得这么周到，那么，跟他们做生意还有什么不放心的呢？"于是，他决定把同这家日本公司的贸易额由原来的400万马克提高到了1200万马克。

资料来源：http://www.btdcw.com/

1.1 公共关系的基本含义

当人们第一次听到公共关系这一词汇时，由于不解其意，常常把它同人际关系、社会关系等这些熟悉的词汇混为一谈，在此先从本源对这一词汇进行分析。

1.1.1 公共关系的定义及内涵

1. 公共关系的定义

公共关系一词来自"Public Relations"，简称"PR"。在英文中 Public 有两层含义：一是"公共的"；二是"公众的"。严格意义上来说，"Public Relations"应该翻译为"公众关系"才是科学的。之所以被译作"公共关系"，是因为公共关系已广为流传且被人们普遍接受的缘故。

由于每个人的认识角度不同，对公共关系内涵的理解也存在一定的差异，于是就形成了许许多多的公共关系定义。20世纪70年代中期，美国著名的公共关系学者莱克斯·哈洛博士就搜集到47个公共关系的定义；还有统计说，国内外的研究者所给出的公共关系定义达1000多个。于是有人幽默地说，有多少公共关系学者，便有多少种公共关系的定义。迄今为止，学术界并没有给出一个大家普遍认可的、统一的定义，其中，最具代表性的定义可以概括为以下几类：

（1）传播沟通类。持这种观点的学者认为，公共关系就是社会组织对社会公众的一种有目的、有意义的传播沟通行为，这类定义强调了传播沟通在公共关系中的重要作用。其中具有代表性的定义是美国学者约翰·马斯顿给出的定义："公共关系就是运用有说服力的传播去影响重要的公众。"

（2）管理职能类。持这种观点的学者认为，公共关系是社会组织对公众的一种有目的、有意识的调整控制行为，这类定义把公共关系看作和计划、财务一样的管理职能，突出了公共关系的管理属性。其中具有代表性的观点是美国卡特李普和森特给出的定义："公共关系是一项管理职能，它的目的是在一个组织和决定该组织成败的所有公众之间建立和维持相互受益的关系。"

（3）利益均衡类。持这种观点的学者认为，公共关系的本质属性在于协调和处理社会组织与公众之间的利益关系，这类定义主要是从公共关系的目标来考察的。其中具有代表性的定义是世界公共关系协会第一次大会上所给出的定义：公共关系的实施是分析趋势、预测后果，向组织领导人提供咨询意见，并履行一系列有计划的行为以服务于本组织和公众共同利益的艺术和社会科学。

以上公共关系定义各自从不同的角度揭示了公共关系的目的、手段和本质属性，都有其合理性，各种定义之间并不存在矛盾，只是侧重点有所不同。

在此我们更倾向于明香安教授在其主编的《公共关系概论》中所给出的定义。明香安认为，公共关系就是一个企业或组织，为了增进内部及外部公众的信任和支持，为自身事业的发展创造最佳的社会关系环境，在分析自身面临的各种内部、外部环境的前提下，采取一系列科学的政策和行动。

2. 公共关系的内涵

虽然不同专家、学者和机构对公共关系的定义有着不同的看法和观点，但对公共关系的内涵却有着一致的认识，共同认为公共关系有两个层次的含义。

1) 公共关系是一种客观存在的状态

任何社会组织，无论是政府机构、社会团体、工矿企业或者是事业单位，都和其他组织和个人存在着某种关系，并在活动中自觉或不自觉地、主动地或被动地应付、处理和协调着这些关系，不管最后的结果如何，这种关系都是客观存在的。因此，任何社会组织，无论是否喜欢这种关系，这种关系都不以主观意志为转移而客观存在着。

2) 公共关系是一种有计划、有目的的活动

当一个组织意识到公共关系状态的存在，并且认识到这种状态对组织存在和发展具有重要作用时，就会有目的、有意识地采取措施来改善公共关系状态。在改善公共关系状态的活动中，社会组织成员人人都可以做到的公共关系活动称之为日常性的公共关系活动；需要制订完整的计划和专门的技术才能进行的公共关系活动称之为专门性的公共关系活动。

1.1.2 公共关系的研究对象及性质

1. 公共关系的研究对象

公关关系学是研究公关关系活动及其规律的科学，那么它的研究对象就应该是公共关系活动现象及其内在规律。具体说来，研究内容主要包括公共关系理论、公共关系实务和公共关系历史。

(1) 公共关系理论，主要是探讨公共关系学科的性质、研究对象及公共关系学与其他相关学科的关系，界定公共关系基本概念，阐述公共关系的基本特征、构成要素、基本类型、社会作用、主要职能、基本原则、行为规范和工作要领等。

(2) 公共关系实务是公关关系学研究的重要内容。公共关系实务内容非常广泛，主要包括：公共关系目标的确定、公共关系调查、公共关系信息采集与处理、公共关系策划、公共关系工作程序和工作计划、公共关系实施、公共关系评估和公共关系专题活动等。

(3) 公共关系历史主要研究人类历史进程中公共关系的演变和发展、现代公共关系产生的历史背景及其兴起原因、现代公共关系发展轨迹、当代不同国家或地区公共关系实践状况及公共关系学科发展状况、公共关系实践活动及公共关系学科在我国的发展进程，并探讨包括公共关系学科在内的广义公共关系的发展趋势。

随着世界经济全球化进程的加快以及科学技术，尤其是信息技术的日新月异，人们之间的交往和联系日益广泛，公共关系实践活动不断深入开展，公共关系学的研究对象和学科内容必将日益丰富多彩。

2. 公关关系的本质属性

1) 公共关系本质属性的确定依据和方法

首先，将复杂的公共关系过程简化之后可以发现，公共关系活动过程的三个基本要素是"组织""传播"和"公众"。任何公共关系活动都是由这三个要素构成的。

其次，在公共关系的这三个要素中，"组织"和"公众"分别是公共关系的"主体"和"客体"。这二者之间的相互作用方式是"传播"（Communication，也译作"沟通"），而现代"公共关系传播"的本质即组织与公众之间信息的双向交流，组织与公众沟通交流的"双向性"是现代公关传播的本质特征。

可见，三个要素之间的联系就是组织与公众之间通过传播沟通活动所形成的信息的双向交流。"双向传播与沟通"是贯穿整个公共关系的一条基线，是现代公共关系理论的精髓，是公共关系的本质属性。它渗透到公共关系原理和实务的各个方面，是准确理解公共关系的关键所在。

2) 理解公共关系本质属性的三个角度

首先，公共关系的"关系"性质。公共关系作为一种社会关系，特指组织与公众环境之间的信息交流关系；无论何种类型的组织或何种性质的组织活动，都存在公共关系的问题；公共关系只是渗透在组织其他具体的社会关系中的一种信息传播与沟通的关系。

其次，公共关系的"职能"性质。公共关系作为一种管理职能，是对组织与社会公众之间传播沟通的目标、资源、对象、手段、过程和效果等基本要素的管理，即传播管理，这一管理是以优化公众环境、树立组织形象为宗旨的。它的管理对象是"信息""关系""舆论""形象"这些无形的资产，它的管理手段是现代信息社会的传播沟通手段，它的管理目标是调整组织与社会公众之间的关系，提升组织无形资产的价值，从而使组织的整体资产增值。因而公共关系与资金、技术和人才被称为现代组织经营管理的"四大支柱"。

最后，公共关系的"学科"性质。公共关系作为一门综合性的应用学科，是一门以传播学和管理学为主要依托的传播管理学或组织传播学，是现代传播学发展的一个应用分支，是现代管理学的一个构成部分。公共关系学是管理学科和传播学科相结合的产物。

1.1.3 公共关系与相类似活动的区别

虽然公共关系传入我国已有20多年的历史，但相当一部分人对它的性质、功能、手段等还只是一知半解，因此在使用公共关系这一概念或开展公共关系工作时，往往会出现许多偏差和错误，所以有必要将公共关系与其相关的其他社会现象进行区分，才能使公共关系朝着正确的方向发展。

1. 公共关系与宣传

公共关系要塑造组织形象，扩大组织影响，引起公众的注意进而引导公众的行为，需要开展宣传活动，并要利用人们在宣传活动中积累的各种理论、经验、技术和技巧。但是公共关系中的宣传和平常的宣传有着明显的区别，主要区别有以下几方面。

(1) 目的不同。公共关系的主要目的是争取公众的理解、信任、支持和合作；而宣传的主要目的是通过传播活动来影响和控制他人的思想。

(2) 宣传内容不同。宣传容易报喜不报忧，而公共关系的生命力在于真实，必须"说真话"，既要报喜也要报忧。

(3) 工作准则不同。宣传活动既可奉行实事求是的准则，也可能奉行唯宣传者主观需要为是的准则；公共关系则只能奉行尊重事实、实事求是的准则。

(4) 行为特征不同。宣传活动偏重于单方面诱导式的影响、灌输；公共关系则注重双向的交流和沟通。

2. 公共关系与广告

广告是通过付费购买或使用传播媒介，以对产品、服务及某项行动的意见和想法进行推销宣传的活动。公共关系常常要借助广告的形式去实现其传播信息，树立组织形象的职能，广告也常常借助公共关系去增强它的说服力，但公共关系绝不等同于广告，二者的区别主要有以下几点。

(1) 行为导向不同。广告以促进产品、服务的销售为导向，它注重的是产品、服务的介绍和宣传；公共关系以实现组织与公众的双向交流和沟通为导向，它注重的是组织形象的介绍和宣传。

(2) 使用范围和活动领域不同。广告一般只在工商企业组织中得到采用，而且在工商企业中属于销售经营的局部性工作；公共关系在各类组织中得到广泛使用，并且是涉及组织各个环节的全局性管理工作。

(3) 传播信息的原则和特征不同。广告传播信息的原则是引人注目，形成轰动效应，为此往往进行不加掩饰的自我宣传，具有明显的倾向性、渲染性和夸张性；公共关系传播信息的原则是实事求是，为此它强调要在信息传播中体现真情、真意，以客观公正的态度向公众介绍组织的情况和面貌。

3. 公共关系与市场营销

在营销实践中，许多企业将公共关系作为重要的促销策略，借助公共关系与消费者进行感情沟通，使得传统的"硬性推销"向现代的"软性推销"转变；同时，公共关系的许多具体活动形式也要与营销的具体活动结合在一起。但公共关系与市场营销之间存在明显的区别。

(1) 应用范围不同。公共关系的应用范围比市场营销要广得多。市场营销是企业独有的一种经济活动，而公共关系应用于包括企业在内的一切组织。市场营销的对象主要是消费者，而公共关系的公众对象除消费者之外，还有政府公众、社区公众等。

(2) 任务不同。市场营销的任务只是满足顾客的需要；公共关系的任务则是协调组织与公众的关系。

(3) 着眼点不同。市场营销的着眼点主要是组织的经济效益；公共关系的着眼点既有组织的经济效益，又有组织的社会效益。当这两种效益发生暂时冲突时，公共关系从组织的长远着眼，往往更注重组织的社会效益。

4. 公共关系与人际关系

公共关系与人际关系联系紧密。公共关系实务工作除了运用大众传播的手段，也常常通过人际关系的人际沟通来进行。所以，公共关系是以人际关系为基础的，良好的人际关系有助于组织内部环境和外部环境的和谐与发展。但公共关系与人际关系是有明显的区别的。

(1) 目的不同。公共关系的目的是为组织在社会公众中树立良好的形象，建立组织与社会公众之间的良好合作关系；人际关系的目的是为个人结良缘、交朋友，是为了实现个人的心理需要，建立个人与个人之间和谐的人际环境。

(2) 结果不同。公共关系的主体是社会组织，在组织与公众的交往中实现的是组织的宗旨，体现的是组织的价值观念、行为规范。其客体对象公众也是一个整体概念，即使是通过人际交往的形式来实现的公共关系，构成关系的主、客体仍然是两个集合体。人际关系则是个人与个人之间的关系，关系的主体与客体都是个体，实现的是个人的意愿、个人的目的，体现的是个人的价值观念和行为规范。

(3) 沟通方法不同。公共关系尽管也需要人际沟通的手段，但它主要是运用大众传播和群体传播的技术和方法，如报纸、电视、广播，或召开记者招待会、大型集会等。人际关系则以自己的言语举止为媒介，采用个人之间面对面的直接交谈，或借助电话、书信等技术和方法。

总之，公共关系不是人际关系，它要比人际关系复杂得多。因此，在开展公关工作时，不能把它当作人际关系来处理；即使是以个人身份出现，也必须增强自己的角色意识，要透过个人之间的关系，将组织与公众联系起来。

5. 公共关系与庸俗的人际关系

所谓"庸俗关系"，是一种不健康的、被扭曲了的、庸俗化的社会人际关系，也就是人们通常所讲的"走后门""拉关系"之类。公共关系与庸俗关系有着本质的区别。

(1) 产生的基础不同。公共关系是以商品经济、民主政治和大众传播媒介高度发达为特征的开放型社会的产物；而庸俗关系是以自然经济、集权政治和信息闭塞为特征的封闭型社会的产物。

(2) 本质和目的不同。公共关系追求社会组织与其公众利益的一致化和均衡化，强调社会组织与社会公众的互惠互利、共同发展，目的是争取社会公众的理解、信任和支持，树立社会组织的良好形象；而庸俗关系通常是为谋取个人和小团体的私利，不惜违法乱纪，损害国家、集体和社会公众的利益。

 阅读案例 1-1

公共关系拒绝一切庸俗化

内地某县在一位外商来考察时，特地把几套班子的重要领导请来，设盛宴陪外商大吃大喝了一顿，酒席极尽排场，觥筹交错。外商感到这些领导吃喝的水平那么高，担心将来在此地办厂之后，难以"接待"这帮老兄，结果也没有怎么认真地考察，"回请"了他们一顿之后就打道回府了。

资料来源：陶应虎. 公共关系原理与实务[M]. 北京：清华大学出版社，2010. 第4页.

(3) 使用的手段和方式不同。公共关系主要是利用各种传播媒介，尤其是大众传播媒介，光明正大、实事求是地开展工作；而庸俗关系无非是利用职权、人情、物质利益等不正当手段，以权谋私、以情谋私、以钱谋私，因而只能采取偷偷摸摸、躲躲闪闪的方式进行暗中交易。

(4) 社会效果不同。公共关系有助于社会树立一种以诚相待的合作风气，有助于形成和谐、友善、健康、正常的人际关系，有助于提高社会的文明程度，对社会发展起促进作用；而庸俗关系则会给社会带来各种各样的矛盾，严重污染社会风气，破坏正常的人际关系，宏观上带来社会文明程度的下降，是人们深恶痛绝的社会进步的绊脚石。

从整个社会环境来看，公共关系的气氛浓烈，庸俗关系的市场就会缩小甚至消失。所以，开展公共关系工作是削弱庸俗关系市场、纠正不正之风的有效途径。

1.2 公共关系的构成要素

公共关系的结构由组织、公众、传播、目标四要素构成。公共关系的主体是社会组织，客体是社会公众，联结主体与客体的中间环节是信息传播。这三个要素构成了公共关系的基本范畴，公共关系的理论研究、实际操作都是围绕着这三者的关系层层展开的。

 阅读案例 1-2

"小燕子"的一封信

美丽的日本古都奈良坐落在绿树满坡的春日山和若春山的怀抱中，奈良郊区有家旅馆，环境优美，绿树成荫，春天，美丽的樱花随着春风轻轻摇曳，使人心旷神怡。该旅馆不仅环境宜人，服务也热情周到，客人光临，服务员总是笑脸相迎，施礼寒暄，使人有宾至如归的感受。

但不尽如人意的事情出现了，归春的燕子也争相"光临"此处，它们未经主人允许，就忙忙碌碌地在屋檐下营巢筑窝，繁衍后代。主人爱鸟，非常欢迎这些可爱的小家伙在此栖息，还时常为它们提供一些方便。可是小燕子们随随便便地排泄粪便，尤其是那些刚出壳的雏燕，粪便溅脏了房间的玻璃和走廊，实在有碍观瞻。尽管服务员小姐经常擦洗，但小燕子我行我素，前擦后拉，窗户上总要留下那么一点粪便。渐渐地，旅客们有些不高兴了，旅馆经理也为此事苦恼。突然，他眉头一皱，计上心来，提笔给客人们写了一封信——

女士们、先生们：

我们是刚从南方赶到这儿过春天的小燕子，没有征得主人的同意，就在这儿安了家，还要生儿育女。我们的小宝贝年幼无知，我们的习惯也不好，常常弄脏您的玻璃和走廊，致使您不愉快，我们很过意不去，请女士们、先生们多多谅解。

还有一事恳求女士们和先生们，请您千万不要埋怨服务员小姐，她们是经常打扫的，只是她们擦不胜擦，这完全是我们的过错，请您稍等一会儿，她们就来了。

资料来源：http://wenku.baidu.com/link?url

1.2.1 社会组织——公共关系的主体

公共关系的主体是社会组织，尽管有些个人，如在竞选中的候选人、国家公务员、社会名流等，为了某种特殊利益也举办公关活动，但他们在从事公共关系活动时，不是以自然人的身份，而是以法人的身份出现的。组织是公共关系活动的主体，这里所说的组织可以泛指政府行政机关、企业、社会团体、各类公司。它们是公共关系方案的策划者、承担者，又是公共关系活动的实施者。组织要管理或控制自己的公共关系状态和活动，就要建立一定的管理和控制系统，形成相应的公关职能和工作机制。公共关系从属于组织总目标，也是组织整体功能中的一个有机组成部分，成为组织管理职能系统中的一个子系统。

1.2.2 公众——公共关系的客体

公共关系也称作公众关系，因为公共关系的工作对象就是公众。要做好公共关系工作，就必须了解和研究公众。在公共关系学里，公众与"大众""群众"是有区别的。它不是泛指社会生活中的所有人或大多数人，也不是泛指社会生活中的某一方面、某一领域的部分人，而应具体地称为"组织的公众"。公众与组织之间必须存在着相互影响和相互作用。公众的特点有：群体性、共同性、变化性、相关性。公众是公共关系的客体，公众是公关传播沟通的对象。公众关系是由在组织运行过程中涉及的所有人际关系、群体关系、组织关系所共同构成的。这些个人、群体和组织构成了组织的公众环境，组织的公共关系工作就是针对公众环境进行。公众的观点、意见、态度和行为以及公众舆论在公共关系过程中是一个不断运动、变化的因素。这就要求开展公共关系工作要对公众进行研究。

 阅读案例 1-3

公关工作一定要重视公众利益

IBM 公司非常重视公众的利益，该公司提出口号——IBM 就意味着最佳服务。IBM 公司的一位经理提出，那些给公司打电话过来提出意见和建议的客户是最可爱的客户，我们应该耐心听他们的意见，并积极处理相应的问题。事实上，有很多客户发现产品有问题或是受到了不公平的待遇时，选择沉默，这些客户是对公司失望到了极点，连电话也懒得打了。因此，对于那些提出建议的客户一定要以礼相待，IBM 公司也确实是这样做的。有一次，亚特兰大市有位客户的电脑坏了，为了给这个客户解决问题，IBM 公司在 8 小时之内聚集了 8 位专家，这些专家中有的是从加拿大赶来的，有的是从非洲和拉丁美洲赶来的。正是由于 IBM 公司对客户尽心尽力地服务，才有了 IBM 公司的长足发展。

还有美国一家生产挖掘机的公司，承诺如果自己的产品出现故障，24 小时之内赶到修理，如若 24 小时赶不到，就将挖掘机白送给客户，这家公司曾经为了给顾客送一个价值 50 美元的零件，不惜动用直升机。如果 24 小时到不了，就按照规定送给客户产品。这一做法，使得该公司 100 多年长盛不衰。

以上这些公司都非常重视公众的利益，竭尽全力满足公众的合理要求，当然，他们的行为也得到了公众的认可，赢得了公众对组织的信任和支持。

资料来源：本书作者根据有关资料整理

1.2.3 传播——公共关系的手段

传播是指个人间、群体间或群体与个人之间交流信息的行为。这种传播是双向的信息交流与分享。传播沟通是公共关系活动的过程和方式。公共关系活动的实质性内容就是运用现代信息社会的各种传播沟通手段去建立和完善组织与公众之间的关系。当组织明确了公共关系目标，确定了目标公众，并有了公共关系活动的设想之后，便要考虑如何运用传播把目标和设想变成行动。传播是连接社会组织和公众的桥梁，是完成沟通的工程，也是实现公共关系目标的唯一手段。

 阅读案例 1-4

从 2015 年上海车展看公关传播

2015 年上海车展的一大特点是"取消车模"，举办方做出宣传"2015 上海车展：看车展不等于看车模"，这一做法并未影响上海车展的人气，据悉，2015 上海车展入馆人数早已超过上届。那么，这届车展是通过什么方式传播，来达到在公众心目中提高企业形象的目标呢？2015 年上海车展主要利用 5 大场景进行传播：

1. 先声夺人的"品牌之夜"场景

两年一届的上海车展，对汽车行业人士来讲无疑是"饕餮之夜"，作为前奏，各大汽车厂商纷纷举办"品牌之夜"，以期在声量上先声夺人，更胜一筹，占据更多的版面和头条。"品牌之夜"传播内容主要集中在产品发布、企业形象方面，产品发布主要以最新研发、最新投产的产品或技术为承载，而企业形象主要以企业战略、目标为依托。

2. 互动体验、情感体验场景

"摇出新动力"活动，感受科技创新的玩味，或扫描二维码参与活动，将有机会获得上海车展 VIP 免费之旅、亲子游戏活动、电子游戏活动等，吸引参观者在展区驻足更长时间。

3. 展台创意设计场景

通过展台设计，折射品牌的定位，讲述品牌的故事，也是常见的营销与公关的传播手段。

4. 产品展示及技术沟通场景

车展期间，公关传播的新闻稿件发布也是集中时机，结合车展进行有关产品和技术展示，与场合能起到遥相呼应的作用。

5. 人际交流与沟通场景

车展之后增加了用户互动交流，车型设计师走进现场与大家现场沟通交流。

通过以上传播，车展取得了较好的效果。当车展更注重展示车本身，有静态体验、有咨询，来看展的人自然就多了，很多公众都现场订车。

资料来源：作者根据有关资料整理

1.2.4 目标——公共关系的目标

公共关系目标是公关人员确定的努力方向，也是形象定位的过程，是公共关系全部活动的核心。事实上，公共关系的核心目标是组织的形象塑造，而公共关系的终极目标是使公众产生有利于组织的积极行为。

组织的公关目标是指组织的公关活动所要达到的一种具体状态或结果，是公关行为的一种引导方向或激励。组织的公共关系目标总体来说就是塑造公众认可的组织整体形象，促进相互理解。

 阅读案例 1-5

女总统的微笑

马耳他女总统芭芭拉访问上海期间曾下榻锦江饭店。锦江饭店公关部的工作人员在接到任务后查阅了大量资料，进行了周密的安排。当芭芭拉一走进总统套房时，意外地发现化妆台上放了整套她常用的化妆品以及吹风器和珠花拖鞋，房内还放置了一架昂贵的钢琴。临行时她亲笔留言："在上海逗留期间，感谢你们给予我第一流的服务，并祝你们幸福，前途美好。"

资料来源：本书作者根据有关资料整理

公共关系的终极目标是使公众产生有利于组织的积极行为。当一个组织在公共关系上投入资金、人力和设备，它必定期望能带来与之前不一样的变化，而这种变化应该是其他部门或其他方法所不能实现的。公共关系所能带来的直接变化是组织整体形象改变和与公众沟通状态的调整，而最终产生的效果应该落实在客体公众的行为上。毕竟与公众通过良性沟通建立组织本身的良好形象对组织用产值和利润量化的目标而言并无实际意义，组织目标的衡量最终是需要落实在公众对组织的行为改变上。归根结底，公共关系本身是组织为改变或协调公众的行为而采取的一种传播管理的工作。

1.3　公共关系的历史和发展

公共关系是人类社会发展的产物。随着民主政治、市场经济和传播技术的不断发展，公共关系已成为现代社会的一种普遍现象。与世界上其他事物一样，公共关系也存在一个从萌芽到成熟、从低级到高级不断演变的过程。

1.3.1　古代公共关系的思想萌芽

公共关系的源流可追溯到古代社会。西方的一些公共关系学者认为，公共关系开始于古希腊。早在2300多年前，古希腊的著名学者亚里士多德在其《修辞学》一书中就强调语言修辞在人际交往和宣讲中的重要性，并提出修辞是争取和影响听众思想与行为的艺术。为此，西方的一些公共关系学者认为《修辞学》一书是人类历史上最古老的公共关系经典之作。另外，当时有钱的王公贵族为了树立自己的形象，雇用诗人给他们写赞美诗。这种行为实际上就是一种公关活动，而诗人则可以被看成是古代的公共关系人员。在古罗马，人们还巧妙地把诗歌运用到宣传政府的政策之中。著名诗人维吉尔的《田园诗》，从表面看只是赞美乡村生活，实际上是受政府委托而作，目的是减轻城市人口过多给政府带来的压力。而恺撒的《高卢战记》则被有些学者认为是古代一流的公共关系著作。恺撒为了实现个人的政治目的，在被派往高卢去统率军队期间，把他本人和军队的情况写成报告送往罗马。这些报告通俗易懂，生动活泼，被人们广为传诵，影响很大。因此，当他率部队凯旋后，人们拥护他当了皇帝。这一系列的策划和运作，也被认为是古代公共关系活动的典型例证。

我国的一些公共关系学者认为，中国公共关系的萌芽早于古希腊和古罗马。在春秋战国时期，诸子百家争鸣，他们从各自学派的立场出发，提出了许多类似于公共关系思想的论述。例如，孔子主张"己所不欲，勿施于人"，表达了一种为他人着想的原则，并认为"人无信不立""人而无信，不知其可也"，这与公共关系中讲求诚信的原则也是一致的。孟子提出"仁信不如仁声之入人心也，善政不如善友之得民也"，强调了舆论传播的重要性。墨子主张"兼爱""非攻"、与人为善的交往原则。除了这些思想认识外，还有大量的类似于公共关系的实践活动。例如，战国时期苏秦、张仪的游说活动；秦末刘邦攻入咸阳后与百姓的"约法三章"；诸葛亮七擒孟获、汉代的张骞出使西域、郑和七次下西洋等，都是古代公共关系活动的例证。

综上所述，无论中外，都有许多类似现代公共关系的认识和活动。但是，我们绝不能把这些认识和活动与现代意义的公共关系等同起来。作为一种社会分工、一种独立的职业、一门独立的学科的现代公共关系，则发端于19世纪末20世纪初的美国。

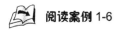
阅读案例 1-6

子产不毁乡校

子产不毁乡校，作品出自《左传·襄公三十一年》。故事包含着典型的公共关系思想。对于乡人聚会议政的乡校，然明主张毁掉，子产不同意，他说："其所善者，吾则行之，其所恶者，吾则改之，是吾师也。"用今天的话来说，子产把乡校作为获取群众议论政事的反馈信息的场所，而且注意根据来自公众的意见，调整自己的政策和行为。子产执政后，重视听取百姓的议论，还把刑书铸在鼎上公告于世，努力疏通统治者与被统治者之间的关系，颇得百姓的爱戴，从而使郑国强盛起来。

资料来源：http://www.exam58.com/gwgz/8382.html

1.3.2 现代公共关系的产生和发展

现代有目的、有意识的公共关系活动，发端于经济高度发达的美国。现代公共关系在特定的社会政治、经济、文化、科技等条件下产生，并随着这些社会历史条件的变化而不断发展。现代公共关系的发展大致经历了以下四个历史时期：

1. "公众受愚弄时期"（巴纳姆时期）

有组织的公共关系活动发端于19世纪中叶在美国风行一时的报刊宣传代理活动。当时的一些政治组织和企业发现利用报刊宣传自己的主张、美化自己的形象有意想不到的效果，于是纷纷雇用一些能在报刊上发表文章的记者和与新闻界有关系的人员为本组织展开宣传，挖空心思"制造新闻"。报纸为了扩大发行量，也推波助澜，以"制造"的"新闻"吸引读者，以离奇的故事引起公众的好奇和对自己的注意。

在这方面最为突出的人物是报刊宣传员费尼斯·巴纳姆。应该说巴纳姆是一个新闻传播方面的行家里手，他具有卓越的吸引公众的才能。但是他为了能赚到更多的钱，经常无中生有，制造神话。他的工作信条是："凡宣传皆好事"，完全不把公众放在眼里。因此，巴纳姆非但没有给公共关系增进正面影响，反而因为滥用公众信任的大众传播手段而败坏了报刊宣传人员的声誉。这种做法与公共关系职业的基本要求和道德准则背道而驰。因此，虽然巴纳姆的做法使公共关系在起步时就背离了正确轨道而被业内人士称为"公共关系黑暗时期"或"反公共关系时期"，但是，通过这一事件使人们明白了制造新闻式公关宣传的重要性。

2. "说真话时期"（艾维·李时期）

19世纪末，美国进入垄断资本主义时代，垄断财团占有社会的绝大部分财富。但是，垄断财团及其巨头与社会公众之间的矛盾、冲突却与日俱增。于是，一些大财团和大公司公开雇用记者创办自己的报刊，仿效巴纳姆时期报刊宣传活动的手法，杜撰有利于工商巨子们的耸人听闻的"神话"和"新闻"，遮掩自己公司和企业中出现的种种问题。结果适得其反，公众对垄断财团的敌意倍增。在此背景下，以"说真话""讲实情"来获得公众信任的主张被提了出来，并越来越得到工商界一些开明人士的赞同。艾维·李就是"说真话"这一公共关系社会思潮的主要代表人物。在艾维·李看来，一个组织要获得良好的形象和声誉，不是依靠向公众封锁消息或以欺骗来愚弄公众，而是必须把真实情况披露于世，把与公众利益相关的所有情况都告诉公众，以此来争取公众对组织的理解和信任。一旦披露真实情况对组织不利的话,那就应该调整组织的行为,而不是去极力遮盖实情。组织要想建立良好的公共关系,创造最佳的生存发展环境,其最根本的公共关系理念就是:说真话。1903年,艾维·李辞去新闻记者的工作,成立了一家正式的公共关系事务所,承接企业和其他组织所委托的业务,协调各方面的关系。艾维·李开创公共关系事业后,成功地运用公共关系学原理处理了一些重大事件,在社会上产生了热烈的反响,为他本人和公共关系学赢得了巨大声誉。

 阅读案例 1-7

艾维·李帮助洛克菲勒财团摆脱困境

1904年,洛克菲勒曾因科罗拉多州燃料公司和钢铁公司工人罢工而处于焦头烂额的境地。洛克菲勒在处理罢工事件时,态度强硬、不容妥协,对工人进行镇压,在公众中声誉极坏,被称为"强盗大王"。在一筹莫展的情况下,洛克菲勒求助于艾维·李。艾维·李接受使命后,采取了一些不同凡响的措施:调查事发原因并公布于众,聘请有声望的劳资关系专家来主持调查,以示公正;邀请工人代表参与商讨解决劳资纠纷的办法;建议增加工人福利和向慈善事业捐款,以改变形象。洛克菲勒迫于无奈采取了这些措施后,果然平息了事端,挽回了声誉。从此艾维·李声望鹊起。艾维·李通过这样一系列卓有成效的公共关系实践活动,使公共关系工作在社会上产生了很大的影响并正式成为一门职业,他也被人们尊称为"公共关系之父"。

资料来源:张亚. 公共关系与实务[M].北京:科学出版社,2006.

3."投公众所好时期"(爱德华·伯纳斯时期)

艾维·李虽然提出了一系列独创的公共关系思想,但是,由于当时历史条件的限制和个人精力的局限,还没有形成比较系统的公共关系理论,完成公共关系理论体系奠基任务的是美国著名的公共关系顾问爱德华·伯纳斯。

1913年,爱德华·伯纳斯受聘于美国福特汽车公司,担任该公司公共关系部经理。第一次世界大战结束后,他和夫人在纽约开办了一家公共关系公司,并开始致力于公共关系的理论研究。1923年,出版了他的第一部公共关系学专著《舆论明鉴》。同年,他应聘到纽约大学讲授公共关系课程,成为在美国高等学校中开设公关学课程的第一位教授。1925年,他出版了第一部公共关系教科书《公共关系学》,从而使公共关系的基本理论和方法形成了一个较为完整的体系。伯纳斯把公共关系学理论从新闻传播领域中分离出来,并对公共关系的原理与方法进行较系统的研究,最终成为一门独立完整的新兴学科。

爱德华·伯纳斯公共关系思想的核心是"投公众所好"。他认为,以公众为中心,了解公众的喜好,掌握公众对组织的期待与要求的态度,确定公众的价值观念应该是公共关系的基础工作,然后按照公众的意愿进行宣传工作,才能做好公共关系工作。爱德华·伯纳斯的理论探讨和实践活动为公共关系的职业化、科学化,为公共关系教育的发展做出了重要贡献,使他享有公共关系先驱者之一的美誉。

4."双向对称时期"(卡特利普和森特时期)

第二次世界大战以后,国际的经济、技术和劳务合作日趋频繁和紧密。但由于不同民族和国家之间在交往过程中存在语言文字、思想文化、社会制度和风俗习惯等方面的障碍,客观上要求必须有一批公共关系的专业人员从中斡旋,进行有效的沟通与协调。

一个社会组织要想在世界范围内有所发展，就必须和发生利益关系的一方相互了解、相互信任、相互支持，最终才能共同发展。在这样的社会背景条件下，美国著名的公共关系专家斯科特·卡特利普和艾伦·森特在他们的代表作《有效公共关系》中提出了"双向对称"的公共关系模式，成为当代公共关系的重要标志。该模式的基本思想是：一方面要把组织的想法和信息向公众进行传播和解释；另一方面又要把公众的想法和信息向组织进行传播和解释，目的是使组织与公众结成一种双向沟通和对称和谐的关系。根据"双向对称"模式，公共关系必须有选择地注意那些对组织有影响的公众或者组织政策所涉及的公众。这不仅需要确定目标公众，而且还要运用研究技术，在协调组织本身的同时协调公众。"双向对称"公共关系模式还具有在组织内部促进正确行为产生的能力和指导进行影响公众知识结构、观点与行为的工作能力。在这种模式中，对于公众的知识结构、观点与行为所施加的影响，是为了实现和维持组织目标，但这一目标又是组织与公众双方的共同利益。

1.3.3 当代公共关系的发展趋势

1. 世界公共关系发展状况

纵观当今世界公共关系的发展状况，其发展的基本趋势主要表现在以下几个方面。

1) 公共关系的职业化和行业化

公共关系在美国开始兴起时，还未能从根本上摆脱新闻业的范畴，有着明显的附属性。即使艾维·李策划的公关活动，也带有浓厚的新闻色彩。到了伯纳斯以后，公共关系才逐步从新闻界分离出来。即便如此，当时以公共关系为职业的人仍是极少数，还不能在社会上真正形成一门独立的职业。而当今的公共关系已不同于以往的公共关系，它作为一门全新而独特的社会职业得到了蓬勃发展。以美国为例，现在美国公共关系协会在全国拥有会员 11000 多人，全国专业公关从业人员达 20 万人，这些人员的待遇及收入与大学教授、律师、工程师、物理学家等接近。在美国，大型的公共关系公司就有 2000 多家，从总统到平民都求助于公共关系公司。不仅美国，世界许多国家的公共关系都呈现出迅猛发展的势头，从业人员、设立机构、活动经费等年年递增。公共关系已发展成为一种被社会广泛承认的很有前途的行业。

2) 公共关系的规范化和国际化

公共关系兴起时，对公共关系活动的具体称呼并无定规，在活动范围、方式、对象、原则等方面没有统一的标准，谈不上规范化。加上当时的公共关系活动主要在美国展开，也谈不上国际化。但随着第二次世界大战后世界范围内公共关系学科的普及推广与公共关系活动的广泛开展，公共关系的理论体系与操作体系日益走上规范化、国际化的轨道。

1955 年，国际公共关系协会成立；1955 年，欧洲公共关系联盟组织问世；在此前后，比利时、意大利、法国、瑞士、日本等国的公共关系协会也相继成立。我国也于 1987 年成立了"中国公共关系协会"，并于 1994 年成立了"中国国际公共关系协会"。所有这些组织尽管规章条文各异，但都有一个共同的宗旨，那就是促进公共关系活动的规范化，促进各组织以及成员之间联系交流的定期化、网络化。目前，公共关系的规范化与国际化目标已基本达到。

3) 公共关系活动主体与功能的多元化

早期的公共关系活动主体是企业和公司，其社会功能还仅限于经济领域。当今的公共关系活动已大不相同。首先是公共关系主体的多元化，充当这一活动的主体不仅仅是企业、公司，它已经扩大到政府、事业团体、军事单位、宗教部门等各类社会组织。同时，主体的多元化也带来了功能的多元化，目前，公共关系的社会功能早已超越了单一的经济领域，而在社会的其他领域和各种非营利性组织中发挥着重要作用。

4) 公共关系活动技术手段的现代化

早期的公共关系活动的传播手段主要是利用报纸杂志的新闻宣传，这种单一的文字语言传播，必然使公共关系活动受到一定的限制。随着科学技术的迅猛发展，公共关系活动的技术手段也日益现代化，比如，广播、电影、电视的推广运用，卫星空间传播工程的兴起，电脑的广泛使用，科学的调查研究方法的不断出现等，不仅扩大了公共关系活动的范围，也增强了公共关系活动的效果。特别是随着互联网络的迅速发展，为公共关系提供了新的传播渠道，公共关系网络化随之出现。

网络化公共关系与传统的公共关系(这里指通过报纸、杂志、广播、电视等大众媒体进行的公共关系传播)相比有较多优势。第一，由于网络互动的特点，传播者与受众的界限变得模糊不清了。只要进入网络，传播者与受众是互动的，既可以是传播者，也可以是受众。这样，公众有可能了解更多的信息，有更多的机会发表自己的意见，参与社会互动或传播。第二，由于互动传播，使组织能把握公共关系的主动权，能够在对其公众(客体)产生直接影响的同时与新闻记者建立良好关系。第三，在传统的公共关系传播中，编辑、记者、导演等人充当"守门员"的角色。他们决定组织的新闻消息是否发布和以什么风格发布，而网络化使组织直接面向公众发布新闻而不需要媒体的中介成为可能。网上组织通常是通过网络论坛、BBS、新闻组、E-mail 及其他方法直接发布组织新闻，完全符合网络礼仪。第四，不像报纸或杂志每天或每月发布一次新闻消息，在网上可以全天 24 小时随时发布新闻，消息一有更新即可播出，而不限制每天只播一次。这种改变对公共关系人员来说既是机会也是挑战。记者们需要更多的信息，组织新闻发布的机会也增多了，但同时那种慢节奏的公共关系工作方式也不复存在。第五，由于 E-mail 即时互动的特性，使网络化公共关系还具有创建组织与公众"一对一"亲和关系的优势。

5) 公共关系实务运作整合化

随着公共关系实务运作的深入，人们越来越发现原来人们理解和实施的公共关系是一些局部的、零星的、散乱的、单个的活动。如开幕典礼、迎来送往、记者招待会、产品展销会等，这些从战术角度认识和运用的公共关系很难适应公共关系实践的需要，于是，公共关系的社会实践向人们提出了整合化公共关系的课题。

公共关系实践显示：公共关系在组织中能够发挥它的各种主要职能，而不能偏颇任何一个方面。其主要职能应包括收集信息、分析环境、决策咨询、研究计划、传播设计、形象塑造、协调沟通、宣传推广、策划活动、教育引导、辅助服务、危机管理等。各种职能不应"各自为政""各自为战"，而应该相互协调与整合。公共关系实务运作整合化，还表现在策略公共关系与战略公共关系的有机整合。在战略公共关系方面，公共关系要支持本组织总部的整体经营管理战略。

6) 公共关系文化思想立体化

公共关系自诞生以来，就不断吸纳、融汇诸多社会科学和人方科学的最新成果，具有多学科交叉综合的特征，使得公共关系理论在不断丰富中形成一种立体的文化思想。这种公共关系文化思想的立体化将在三个层面影响、推动着人类社会生活。

在上层层面上，公共关系的理论思想将成为国际组织、各国政府协调国际关系、实施民主政治、优化人类生存环境、推进社会文明的重要的思想武器。在中间层面上，公共关系具有优化组织行为、塑造组织形象、协调组织内外部环境等功能，也促使各组织的管理者把原来视为临时抱佛脚的"小玩具""小点子"，看作经营管理必不可少的管理哲学，赋予其组织运作战略思想的色彩。最近，欧美的一些企业已实现了"公关进入董事会"的重大转变，公共关系的作用从参与决策提升到成为决策的一部分。在基础层面上，公共关系作为一种现代人的基本意识与能力而在全民中得到普及。公共关系的一些基本常识已成为现代社会常识化的文化知识，"公共关系"已不是新鲜的词汇，由于公共关系运用的普遍性，它将无所不在，甚至将淡化自身的学科性，而成为浑然无迹的社会文化。任何一个现代人，倘无公共关系的文化知识与相应的素质能力，他将无法与他人相处合作，也就无法生存发展。如此，公共关系真正成为一种普及性的文化思想。

2. 公共关系在中国的发展阶段

现代公共关系思想和实践进入中国，应以20世纪60年代香港、台湾地区的公共关系的引进为发端。公共关系作为一种新的经营管理思想和技术传入中国内地，则始于20世纪80年代。随着中国实行对外开放政策，公共关系很快呈现出由南向北、由东向西，由服务行业向工业企业，由外资企业向国有企业，由企业组织向政府组织逐步发展的格局。其发展过程大致经历了以下三个阶段。

1) 导入阶段(20世纪80年代初及中期)

随着改革开放的发展，在深圳、广州等地的一些中外合资企业和外商独资企业按照海外的管理模式，设立了公共关系部。在这些公共关系部中，多数是在海外受过公共关系训练的人担任经理。1980年，中港合资的深圳蛇口华森建筑设计顾问公司成立，这是我国第一家公共关系性质的专业公司，它主要是适应特区建设的需要，提供经验与技术。1982年，深圳竹园宾馆成立公共关系部，开展以招徕顾客为目的的扩大影响的服务性公共关系活动。1983年，中外合资的北京长城饭店成立公共关系部。1984年，广州中国大酒店等宾馆、酒家和服务部门设立公共关系部。后来，广东电视台以这批宾馆酒楼的公共关系活动为背景拍摄了第一部反映公共关系工作的电视连续剧《公关小姐》。该剧在全国放映后，产生了广泛的影响，使公共关系为亿万中国人所知晓。1984年9月，我国国有企业第一家公共关系部——广州白云山制药厂公共关系部正式成立。1984年11月，《经济日报》发表长篇通讯《如虎添翼——记广州白云山制药厂的公共关系工作》，并配发重要社论《认真研究社会主义公共关系》，对公共关系的引进和发展阐明了原则性的看法和指导性的意见。这标志着现代公共关系在中国已得到确立。导入阶段的公共关系主要是把国外的公共关系运作模式、运作程序、管理经验及具体做法引入中国。由于当初人们对公共关系缺乏认识和了解，公共关系的运用多采取简单搬用或模仿外国公共关系的做法。即便如此，对改革开放的中国人来说，能以新的思想观念接受外国的经验技术，已经是一个了不起的进步。

2) 迅速发展时期(20世纪80年代中后期)

到了20世纪80年代中后期，中国呈现第一个"公关潮"。其标志是专业公共关系公司、公共关系协会、公共关系教育及公共关系理论研究迅速发展起来。1985年，两家世界上最有影响的公共关系公司——伟达公司和博雅公司先后进入我国。其中，博雅公司与中国新闻发展公司达成协议,成立中国第一家公共关系公司——中国环球公共关系公司。1986年 12 月,上海成立全国第一家省级公共关系协会。1987 年 5 月,全国权威性的公共关系社团组织——中国公共关系协会在北京正式成立。此后,全国各省、直辖市、自治区以及若干大中城市相继成立地方性公共关系协会或学会。许多企业内部的公共关系部开始运作,并取得了较大的实践成果。"健力宝"等企业的公共关系活动在全国范围内产生了轰动效应。1985 年 1 月,深圳市总工会举办全国第一个公共关系培训班。在此前后,深圳大学、中山大学、复旦大学、清华大学、中国人民大学等相继讲授公共关系课或开办公共关系专业。1986 年 11 月,中国社科院编著的《塑造形象的艺术——公共关系学概论》正式出版。同年 2 月,王乐夫、廖为建等人的公共关系专著问世。从 1988 年起,全国公共关系组织联席会议相继在杭州、西安、广州等地召开。1989 年,全国高校第一届公共关系教学研讨会召开。弗兰克·杰夫金斯著的《公共关系学》,斯科特·卡特利普等著的《有效公共关系》等国外公共关系著作在中国内地翻译出版。1988 年 1 月,中国第一家公共关系专业报纸——《公共关系报》在杭州创刊,向全国发行。1989 年 1 月,中国第一份国内外公开发行的公共关系杂志——《公共关系》在西安创刊。公共关系的理论研究十分活跃,理论成果十分丰富。据不完全统计,在此期间公开出版发行公共关系专著、译著、教材有近百部。在第一次"公关潮"时期,虽然仍存在机械模仿、层次较低、良莠不齐、鱼龙混杂的情况,但理论和实践上的"百家争鸣,百花齐放"的格局却为下一时期的公共关系发展打下了较好的基础。

3) 成熟稳定发展时期(20 世纪 90 年代至今)

进入 20 世纪 90 年代以后,公共关系在中国开始走向成熟稳定发展的阶段,其主要标志为:第一,中国的公共关系得到党和国家领导人的关注。1991 年 5 月,中国公共关系协会在北京召开全国公共关系工作会议,李瑞环等同志在给会议的贺词中充分肯定了中国公共关系事业的发展方向和根本任务,这在全国产生了重要影响。第二,公共关系的教育和理论研究日趋成熟。1994 年 4 月,中国国际公共关系协会成立,促进了中国公共关系理论研究与社会实践的国际化,推动了公共关系事业的进一步发展。1994 年教育部批准中山大学开办部属院校第一个公共关系本科专业,随后一些高等学府开始尝试招收公共关系方向的硕士生、博士生。至今,几乎所有的本科院校都开设了公共关系课,约有 20 多所各类学校开设了公共关系大专专业。全国公开出版的公共关系专著、教材、译著、工具书等已超过 1000 种。1990 年,中国公共关系协会在河北召开全国第一届公共关系理论研讨会。之后的第二届至第六届全国公共关系理论研讨会,极大地推进了中国公共关系的理论研究进程。在这一时期,学术研究较为活跃,一些学术流派产生,比如形象学派、协调学派、传播学派、管理学派等,细化了对公共关系的研究。第三,公共关系的实践活动从自发走向自为、从盲目走向自觉、从照搬走向自主创造,全国有一大批公共关系专家、学者分别主持策划操作企业公共关系、企业 CIS、政府公共关系或 CIS 和形象建设。第四,1998 年,经国家劳动和社会保障部批准,公共关系职业载入"国家职业分类大典",公共关系职业纳入国家正式行列。1999 年国家职业资格工作委员会专门设立公共关系专业委员会,这标志着我国公共关系职业化迈出关键一步。

3. 中国公共关系事业的发展趋势

(1) 中国的公关市场将是最具潜力、发展最快的市场。随着中国市场的进一步开放,国外企业将继续保持在中国市场的投资,中国本土企业与国际接轨的步伐加快,一批具有国际眼光的企业家将成为未来中国经济的主导力量,进而带动公关需求量的增加。

(2) 公关市场竞争的国际化。国际公关公司将取得国民待遇,发展的种种限制将被打破,并以其品牌、技术、历史赢得市场。中国本土企业将以其对国情的熟悉、创新能力、灵活性赢得市场。在这种竞争中,本土企业将继续学习国际公关公司先进的技术和管理经验,并研究适合中国国情的市场战略和公关服务手段,使自己走向国际化。

(3) 高科技将普遍应用于公关事业。中国经济的迅猛发展,使信息技术、传播技术广泛应用于公关业,媒体多元化、互动化、信息个性化为公关业务的创新发展提供了机遇。

(4) 竞争将产生优胜劣汰,效益向有品牌、有规模的公司集中。一些著名国际公关公司将继续加大投入,努力扩大公关市场的占有率;一批与国际接轨、具有专业公关水平的中国公关公司将会迅速成长起来。

本 章 小 结

> 公共关系就是一个企业或组织,为了增进内部及外部公众的信任和支持,为自身事业的发展创造最佳的社会关系环境,在分析自身面临的各种内部、外部环境的前提下,采取一系列科学的政策和行动。公共关系与宣传、广告、市场营销、人际关系、庸俗关系等既有联系又有区别。
>
> 公共关系的四个构成要素是社会组织、公众、传播和目标。公共关系工作的目标是提高认知度、美誉度、和谐度。公共关系的基本工作方法是形象塑造、传播管理、利益协调。公共关系具有客观性、公开性、艺术性、情感性、战略性五个基本特征。
>
> 现代公共关系在特定的社会政治、经济、文化、科技等条件下产生,并随着社会历史条件的变化而不断发展。其发展大致经历了巴纳姆时期、艾维·李时期、爱德华·伯纳斯时期、卡特利普和森特时期四个阶段。
>
> 当代公共关系的发展趋势表现在六个方面:公共关系的职业化和行业化、公共关系的规范化和国际化、公共关系活动主体与功能的多元化、公共关系活动技术手段的现代化、公共关系实务运作整合化、公共关系文化思想立体化。

 关键术语

公共关系　社会组织　组织形象　公众　传播

综 合 练 习

一、填空题

1. 公共关系的目的是通过一系列的公关活动塑造_____形象。
2. 公关关系学是研究社会组织公关关系活动及其规律的科学。它是一门具有_____、_____、_____、_____的独立学科。
3. 恺撒的_____被有些学者认为是古代一流的公共关系著作。
4. _____被人们尊称为"公共关系之父"。

二、判断题

1. 公共关系就等于宣传。（ ）
2. 公共关系的主体是公众。（ ）
3. 公共关系一词是从英语 Public Relations(缩写为 PR)翻译过来的。（ ）
4. 我国于 1998 年成立了"中国公共关系协会"。（ ）

三、简答题

1. 你怎样理解公共关系？
2. 公共关系与人际关系的区别与联系是什么？
3. 为什么说宣传、广告不等同于公共关系？
4. 简述现代公共关系时期的重要代表人物及其核心观点。
5. 简述中国公共关系事业的发展趋势。
6. 简述公关关系的构成要素。

四、名词解释

公共关系、广告、人际关系、社会组织、公众、传播

实际操作训练

课题1-1：语言表达能力的培养与训练

实训项目：语言表达能力的培养与训练

实训目的：提高学生采集信息及语言表达的能力

实训内容：根据所学公共关系的含义及构成要素，搜集一个公共关系故事；或者编写以"我身边发生的一件事"为题目的公共关系故事，并把它们讲出来，从中悟出公共关系道理。

实训要求：要求参加实训的同学在实训前准备资料，在实训过程中讲述自己的故事，完成后由讲述者自己点评，再由其他同学点评，最后由老师点评。

课题1-2：策划能力的培养与训练

实训项目：策划能力的培养与训练

实训目的：提高学生的策划能力

实训内容：5~7人为一组，在收集了相关的信息之后，为班级设计一个班徽，由此提升班级形象，提高班级的知名度和美誉度。

实训要求：要求参加实训的学生分组，并设计班徽，然后分组展示各组的班徽，大家互相点评，最后老师点评。

【案例分析】

根据以下案例所提供的资料，试分析：

(1) 双汇公司这次公共关系活动失败的原因是什么？

(2) 从这个案例中你得到了什么启示？

分析案例

双汇万人大会引风波

2011年3月31日上午,双汇集团在河南漯河市体育馆召开万人大会。当看到新闻标题的时候,很好奇双汇的危机公关到底会出什么招数。定睛一看,双汇的万人道歉的危机公关已然在微博上炸开锅。

一、拼音乌龙事件

在董事长万隆背后的背景板上,双汇的拼音本来应该是"SHUANGHUI",结果由于公关公司的失误,拼成了"SHAUNHUI"。在愚人节的前一天,提前给消费者开了一个玩笑。在众人瞩目的焦点,拼音的错误成为微博上的讨论热点,万人大会成为人们的笑柄。也有人认为这是一则成功的炒作。

二、企业公关:公谁的关?

要参加会议的有双汇集团中层以上代表,供应商、销售商代表,漯河当地的工商、卫生、畜牧等相关单位的主管负责人,双汇集团的30多家投资代表,30多家国内媒体记者,还有建行、中行、汇丰等国内外的23家银行的相关人士,但无消费者代表出席。

利益相关者理论由西方经济学家弗里曼提出,与传统的股东至上主义相比较,该理论认为任何一个公司的发展都离不开各利益相关者的投入或参与,企业追求的是利益相关者的整体利益,而不仅仅是某些主体的利益。

企业的公关对象是谁?应该包括消费者、股东、政府、供应商、经销商等群体。在万人大会上,消费者的缺席意味着什么?说是为消费者道歉,消费者在哪里?3月15日双汇发展股价跌停,市值蒸发103亿元;3月15日至今,影响销售额15亿元;济源双汇处理肉制品和鲜冻品直接损失预计3000多万元;由于"瘦肉精"改为生猪头头检查,全年预计增加检测费3亿多元;品牌美誉度受到巨大伤害。

据报道,双汇此次的万人道歉大会,名义上是对消费者道歉,其实更大程度上是安抚经销商,稳住投资者。

或许在双汇看来,此次危机公关最要紧的是能批文的政府部门、是能贷款的银行、是投资的股东、是提供货款的经销商。消费者的缺位,不管双汇是出于怎样的考虑,消费者心中的感受肯定不爽。

三、经销商"万岁门"

微博对双汇万人职工大会进行了直播,在大会现场,众多经销商对万隆和游牧的发言给予了掌声,且有经销商用"双汇万岁"的口号表达对双汇的支持。据昨日的微博,"双汇员工和经销商纷纷表态,全场气氛达到高潮,经销商很激动,辽宁营口经销商高呼四声'万总万岁!双汇万岁!'这万岁喊得惊人!喊得雷人!

危机公关有一个策略就是尽量转移公众视线。而"万人大会"的召开却再次聚焦了公众视线,情何以堪?尤其会场上高呼"双汇万岁、万总万岁"。

试问双汇,什么时候把老百姓放在第一位,什么时候喊一声"人民万岁"?当企业真的对消费者抱有敬畏之心,还会有瘦肉精、三聚氰胺吗?

资料来源:http://course.onlinesjtu.com/mod/tab/

项目 2　公共关系的基本职能

教学目标

通过本章学习，了解公共关系基本职能的内容，并能够根据组织的内外部环境和公众特点，灵活运用公共关系的职能。

教学要求

知识要点	能力要求	相关知识
采集信息	(1) 了解信息的来源 (2) 掌握公共关系信息收集的内容	(1) 信息的来源 (2) 信息收集的内容
咨询建议	(1) 了解决策咨询的意义 (2) 掌握公共关系咨询的作用方式	(1) 公共关系咨询在决策中的地位 (2) 公共关系咨询的运用
传播沟通	(1) 了解传播沟通的重要意义 (2) 掌握传播沟通的主要形式和途径 (3) 掌握传播沟通的时机选择	(1) 传播的概念 (2) 传播沟通的形式和途径 (3) 传播沟通的时机
塑造形象	(1) 了解组织形象内容 (2) 掌握塑造形象的基本步骤 (3) 了解塑造形象的一般原则	(1) 组织形象的概念 (2) 塑造组织形象的基本步骤 (3) 塑造形象的一般原则
协调关系	(1) 了解协调关系的内容 (2) 掌握协调关系的基本方法	(1) 协调关系的概念 (2) 协调关系的内容和方法

项目 2 公共关系的基本职能

 导入案例

形象、声誉、创新

锦江集团的前身是一家名闻遐迩的高级宾馆。社会的需要、公众的关注、企业本身的发展向锦江提出了这样一些重要的课题：如何塑造自身形象？如何提高锦江的声誉？如何协调内外关系？等等。这些课题不仅与宾馆的各职能部门有关，而且需要一个专门的机构协调处理。锦江公共关系部就是为了适应这种需要而成立的。

刚开始，公共关系部的职能仅限于维护宾馆声誉，接受并妥善解决旅客投诉，做的工作大多与服务质量有关。为了变消极为积极，变被动为主动，公共关系部在调查研究的基础上，确定了"全方位公共关系"的工作方针，努力增强主动服务的意识，争取公众，争取舆论，争取业务，使锦江的形象趋向完美。

形象——企业立脚之本

公共关系部要完成的第一项公共关系任务是：让公众了解锦江，也让锦江熟识公众，树立"锦江是属于公众的"这一形象。

长期以来，在一般公众心目中(其中包括国外一般企业、旅游人士)，锦江的形象是庄严有余，亲切不足。因此，公共关系的任务是充分掌握公众的心理及其消费结构的变化，在发挥锦江原有高贵豪华形象的优势的同时，再赋予亲切平和的情调色彩。

公共关系部提请决策层采取措施，打破森严的壁垒，开门迎客，使锦江的新南楼锦丽厅、北楼西餐厅、中楼蝴蝶厅等令普通市民望而却步的地方，成了门庭若市的场所。为此，他们还大做广告，使"锦江是属于公众的"这一信息广为传播。

声誉——企业兴盛的标志

1985年内，锦江先后接待了比利时首相、马耳他总统、西班牙首相、新加坡总理等53批国宾。每次接待国宾，公关人员都会进行周密的准备，采集、提供各国风俗人情资料和来宾个人的生活特点，设计室内装饰，制定饮食起居规程。

对新闻人物的接待他们也一丝不苟。加拿大残疾人哈姆森坐轮椅周游世界，他刚到锦江时，他们早有准备，在底层铺上地毯，并派有经验的服务员做特殊服务，准备了营养丰富又容易消化的菜肴，使哈姆森感到锦江的温暖，随行记者团对此做了采访报道，使锦江的声誉传扬海外。

一个宾馆的声誉还维系在与客户和常住客户的关系上。他们留意每个客居宾馆的外籍驻沪人员的兴趣爱好，尽可能为宾客安排喜欢的活动，公共关系人员常常在外国朋友生日的那天把宾馆部经理的贺词和生日蛋糕送到宾客面前，使他们惊喜不已。

创新——企业活动的象征

宾馆要有活力，就必须不断地开发潜在的"资源"(如设备资源、环境资源)，这就要求公共关系人员树立创新意识，广泛地介入社会生活。近年来，他们积极联络社会，承办了各类酒会、招待会、新闻发布会、学术研讨会和各种联谊活动。以前他们仅以向社会提供活动场所为满足，现在逐渐发展成为各种组织进行公共关系活动的媒介，甚至成了社会的公共关系枢纽。

资料来源：边一民. 公共关系案例评析[M]. 杭州：浙江大学出版社，2004.

所谓公共关系职能是指组织内部的公共关系机构或公共关系人员所发挥的特殊作用与功能。总体来说，公共关系的职能，就是调动一切可以调动的力量，运用各种传播手段，塑造良好的组织形象，为组织赢得良好的生存环境，推动进组织的生存与发展。公共关系对于一个社会组织的生存和发展发挥着不可替代的重要职能，其主要职能包括：采集信息、咨询建议、传播沟通、塑造形象、协调关系等。

2.1 采集信息，监测环境

在信息社会中，信息已成为公认的巨大资源，所有的公共关系工作都是建立在掌握充分的信息基础上。因此，收集信息是公共关系工作的前提。无论是内部的公共关系还是外部的公共关系，都应从采集信息开始。

 阅读案例2-1

本田的眼光

按照传统观念，美国的环保运动与日本的工业是没有什么关系的，因此，当1975年几个美国环保主义者到日本去谈论汽车废气问题时，就受到了日产、丰田这些大汽车公司的冷落。但是，直到1963年才开始生产第一批汽车的本田公司，其总裁独具慧眼，他从这些人的活动中发现了有用的信息。为此，本田公司派人把这批人请到公司，热情款待，奉如上宾，并请他们给设计人员讲解环保主义者的要求以及美国国会1970年通过的净化空气法案的内容。在这一基础上，本田公司开始了新型汽车的设计，确定的设计目标要突出"减少排污"和"节省汽油"两个优势。在一个月后，美国就遭遇了石油危机。本田公司生产的汽车凭借排废少、省汽油的优势，一举打进了美国市场，公司总裁由此赢得了"日本福特"的声誉。

资料来源：张岩松. 公共关系案例精选精析. 北京：中国社会科学出版社，2006.

2.1.1 信息的来源

制约和影响组织生存和发展的公众环境包括内部公众和外部公众两个方面，因此，公共关系工作所需要的信息就包括内源信息和外源信息两个部分。

1. 内源信息

内源信息主要指来自组织内部各方面的信息和动态。一个组织的发展首先受到其内部公众对象的制约和影响，包括组织各个部门的管理人员、技术人员和其他员工，他们处在组织日常运转的第一线，对组织内部的人、财、事、物的状况和动态的了解与评价，是重要的内源信息。

2. 外源信息

外源信息指组织所处的外部环境的信息动态。与组织有关的外部公众对象非常广泛、复杂，公共关系需要建立广泛的社会信息网络，密切注视外部公众的各种信息和动态，既要关注已经发生联系的公众对象的信息，也要预测可能发生关系的潜在公众对象的动向；既要重视具有直接利害关系的公众对象，也不能忽略那些只有间接关系的公众对象，如客户的需求、合作者的看法、投资者的意向、竞争者的动态、政府官员的意见、新闻界的评价、意见领袖的观点等。公共关系需要大量汇集外部公众的信息资料。

2.1.2 公共关系信息采集的内容

1. 组织内部信息

(1) 组织领导者对组织形象的内在期望与要求。主要包括领导者制定的目标、方针和政策，领导者的经营管理手段，以及领导者对组织形象的期望等方面的信息。

(2) 组织员工对组织的要求、看法和各项建议。主要包括组织员工对组织的方针、政策和行为的看法和建议，以及员工对领导者提出的总目标的信心和支持程度等方面的信息。

(3) 组织的实际状态和基本条件。主要包括组织的规模、发展历史、经营方针、管理政策、生产状况、市场营销状况、人事组织状况等方面的信息。

(4) 产品形象信息。主要包括公众对产品(服务)的价格、性能、特征、质量和用途等主要指标的评价。同时，也包括消费公众对产品的优点和缺点两个方面的反映和建议。

2. 组织外部环境信息

社会环境信息包括政策指导性信息、社会政治动态、经济金融信息、文化科技情报、新闻舆论热点、时尚潮流等动态信息，还要注意分析外部环境政治、经济、科技、文化等方面所出现的变化和一些重大事件对组织的生存和发展带来什么样的影响。

 阅读案例 2-2

文化习俗不可不知

美国派克钢笔在西班牙进行推广时犯过一个令人笑掉大牙的错误。新研制的派克钢笔因为其特点是不会渗漏墨水，所以公司当时打出的广告语是"派克钢笔能够避免尴尬"。这句广告语简单而且具有说服力，凭借这句广告语，派克钢笔在美国大获全胜，产品十分畅销。但是，派克钢笔在打到西班牙市场时，把广告语改成了"避免尴尬请选用派克钢笔"。这样一改，就闹了个大笑话，因为，西班牙语里的尴尬还有一个意思是怀孕，于是，这个广告语就成了"避免怀孕，请选用派克钢笔"。无独有偶，美国曾经推出了一款汽车，也因为没有调查当地文化风俗，结果一辆也没有卖出去，因为，这辆车翻译成西班牙语是"不走"的意思。试问，"不走"牌的汽车谁敢要呢？我国推出的白象牌电池，到欧美国家也是滞销，原因是在欧美国家的文化里，大象被认为是十分蠢笨的动物。当然，如果白象牌电池卖到东南亚一些国家，肯定会畅销，因为东南亚国家都十分喜欢大象。故而，我们一定要调查文化习俗，只有这样，才能做好公共关系工作。

资料来源：本书作者根据相关资料整理

3. 组织公众信息

(1) 公众构成。主要包括组织公众的构成及不同类型公众的特点。

(2) 公众需求。主要包括各类公众对组织产生的利益及其变化趋势；组织对公众的需求的满足程度等。

(3) 公众态度。主要包括公众对组织的认知程度和不同评价等，如公众对组织经营观念、经营政策、经营发展目标等持支持、中立和反对态度的比率等；公众与组织情感亲和度的情况；公众对组织产品与服务的接纳程度等。组织面对某一事件时，必须迅速掌握公众对事件知晓的程度，并摸清他们对组织所抱的态度。

(4) 意见领袖对组织的看法、态度和行为。根据传播学理论，公众对大众传播中输送的信息，并不是无条件接受的。观念总是先从广播、电视和报刊传给意见领袖，然后再由这些人传给不那么活跃的群体。收集信息，还必须收集意见领袖对本组织的看法、态度和行为。要调查这些意见领袖的社会分布、与目标公众的联系、影响公众的方式等，以便在日后的公关工作中与他们建立良好的关系。

4. 组织形象信息

这里所讲的组织形象，指的是社会公众和组织内部员工对组织的整体印象和评价。组织整体形象衡量的基本指标包括知名度和美誉度。知名度是指一个组织被公众知晓、了解的程度，是评价组织名气大小的客观尺度。美誉度是指一个组织获得公众欢迎、接纳、信任的程度，是评价组织声誉好坏的社会指标。组织形象信息主要包括组织的外在形象信息和内在品质形象信息。外在形象信息主要包括组织外部公众对本组织的实力、信誉、管理水平、服务质量、人员素质等的评价；内在品质信息主要包括组织内部员工对组织的评价及组织的凝聚力、吸引力等。

2.2 咨询建议，参与决策

公共关系的咨询建议是建立在收集信息的基础之上的。一方面收集的信息只有通过向组织提供咨询和建议，才能充分发挥其功能；另一方面获取信息是咨询建议的前提，没有足够的信息，就不可能提出有价值的咨询和建议。

2.2.1 公共关系咨询在组织决策中的重要作用

管理大师西蒙曾经说过："管理就是决策"，决策正确就意味着成功了一半。而科学的决策要求决策者遵循科学的程序，在占有丰富的信息资料的基础上制定决策方案，运用现代科学的方法和技术进行决策。但作为决策者，很难有时间和精力就某一问题进行深入系统的调查研究和分析，这就决定了在决策过程中必须依靠咨询工作。所以公共关系一个重要的职能就是在收集信息的基础上，为决策层提供公共关系方面的决策方案，供决策层决策，并通过自己一系列的公共关系工作予以贯彻实施。因此，公共关系机构也是组织决策层的重要助手和参谋。

 阅读案例 2-3

"芭蕾"珍珠霜靠妙计打开香港市场

公共关系咨询已越来越多地为我国企业家们所利用，其中"芭蕾"珍珠霜打入香港市场就是得助于公共关系咨询的。

"芭蕾"珍珠霜是江苏一家并不引人注目的工厂以珍珠为原料生产的一种护肤霜。1981年前，这家工厂曾多次想让"芭蕾"步入香港市场"舞台"，均因方法不对头而问路无门。后来，厂领导从一位外国公关专家谈企业经营与公关的联系中得到了启发，决定按照公关专家的建议在香港当地选择一位经销商，树立企业形象，打开产品销路。这位经销商的条件是：有爱国思想、愿为祖国出力；最好是江苏人，愿为家乡办事；在香港有一定的实力、地位，具有较大的社会影响，并热衷于"芭蕾"珍珠霜的经营。为了寻找具备这些条件的经销商，他们做了大量工作，甚至发动职工和社会公众推荐他们在香港的亲友、同学、同事。最后终于选中一位苏州籍的香港经销商。

这位经销商在公关方面有一套成功的经验，在公关宣传和装潢设计方面颇有才能。工厂邀请这位经销商一起参加产品设计、试制和投产的全过程。代理商根据自己在香港多年的公关经验，建议把包装盒设计成白色底色，中间是一双金色的手，双手托着一颗珍珠。整个设计简洁大方，醒目突出。代理商又从自己的公司中拨出 150 万港元，为"芭蕾"珍珠霜进入香港市场进行大张旗鼓的宣传，以致"芭蕾"霜还没有运到香港，不少市民就知其名，翘首以待。"芭蕾"珍珠霜抵港后，只一个月的时间，就建立了 130 个经销点，形成了庞大的销售网，使"芭蕾"珍珠霜的销售量打破了香港化妆品市场的销售纪录。

不久，代理商又根据香港妇女爱戴珍珠项链的特点，建议在"芭蕾"珍珠霜的包装纸盒内放置一只小巧玲珑、用泡沫塑料制成的托盘，盘内放着一枚镶有珍珠的别针，自然，这样的包装深受妇女和年轻男士的青睐。工厂又在说明书内特别说明，购买 50 瓶，就能串成一条珍贵的项链。这就大大激发了消费者的购买欲望。"芭蕾"霜一下子变成了人们抢手的"馈赠礼品"，父亲买来送给女儿，男青年买来送给女友。尽管销价高达 65 港元一瓶，但全港年均每天销售量仍突破千瓶大关。

资料来源：周安华，苗晋平. 公共关系理论、实务与技巧[M]. 4 版. 北京：中国人民大学出版社，2013.

2.2.2　咨询建议的形式

(1) 成立咨询服务部。咨询服务部是组织的智囊团，其主要任务是向组织提供各种咨询建议，为领导科学决策发挥参谋作用。如广东对外经济贸易总公司曾为广州人民造纸厂引进一套造纸设备进行咨询，通过认真比较，分析国际行情价格，结果使这一项目为国家节约外汇 100 万美元。

(2) 帮助组织选择决策方案和活动的时机。组织要塑造组织形象，就必须多策划、组织和实施各种各样的公关活动，如举办记者招待会、商品展销会、博览会、策划新闻稿件等。公共关系人员可根据自己的实践经验，为组织选择恰当的方案和时机参与这些活动。

(3) 参与决策。公共关系人员不仅要向组织提出一般的咨询建议，而且要尽可能参与决策，为领导决策提供必要的信息建议，从而影响决策过程，这才是公共关系咨询建议的最高形式。

2.2.3　公共关系咨询在组织决策中的运用

公共关系具有参与决策、咨询建议的职能。决策是一个系统的过程，一般来说，整个决策程序可分为八个步骤，即发现问题、确定目标、价值准则、拟制方案、分析评估、方案选优、试验实证和普遍实施。在组织的决策过程中，每个步骤都渗透着公共关系活动的内容，都离不开公共关系活动的参与和协助。

(1) 发现问题。信息是决策的依据，公共关系要帮助组织经营决策收集和整理信息，从中发现矛盾，从而提出需要适时解决的关键问题。

(2) 确定目标。这既是经营决策的开始，也是组织寻找决策问题的过程。公共关系应从公众利益的角度去观察组织的不足，敦促有关部门或决策当局，依据公众需求和社会价值，及时修正可能导致不良社会效果的决策目标。

(3) 价值准则。价值应包括学术价值、经济价值和社会价值，三者不可偏废。公共关系要不断提醒组织，莫忘组织形象，莫忘社会价值，使组织的价值准则既反映组织发展的要求，也体现社会公众的利益。

(4) 拟制方案。方案是保证决策目标得以实现的各种措施的总和。在设计备择方案中，公共关系部门应力促公共关系目标在方案中及时落实,让公众利益进入决策者的视野,以保障公众的需求与利益。

(5) 分析评估。这里主要是评价可行性问题,确定可行性方案,一是量化,二是优化。要站在公众的立场上,让公众做最权威的评议者。

(6) 方案选优。尽管方案选优的最终权在决策者手中,但公共关系部门应力主把公共关系原则放进方案选择标准中,并制定相应的选择尺度。

(7) 试验实证。公共关系要注意收集试验实证的问题,并及时将其反馈给决策部门,以便决策者不断地调整和改变决策目标,使决策方案日臻完备。

(8) 普遍实施。公共关系人员要协助决策者向各执行部门、广大员工传达和解释企业决策方案的目标、意义和内容,以及实施决策方案的基本步骤和要求;同时,继续做好信息反馈工作。

2.3 传播沟通

传播沟通是社会组织了解公众、公众认知组织的中介和桥梁。公共关系工作从本质上来说就是一种传播沟通活动。要做好公关工作,必须了解传播沟通的基本原理,掌握传播沟通的时机,有效地利用各种传播媒介,努力营造良好的舆论环境和公众环境。

2.3.1 传播沟通的重要意义

传播沟通,就是个人与个人之间、组织与组织之间以及组织和个人之间在共同的活动中彼此交流各种观念、思想、兴趣、感情以及情绪等信息的过程。传播沟通是公共关系的一项重要职责,对于建立、维护、处理和协调社会组织与公众之间的良好关系具有重要的意义。

1. 调动员工的积极性,增强组织内部凝聚力

在组织中,管理者的知识、经验及观念往往影响着员工的知觉、思维和态度,进而改变他们的行为。尤其是当管理者要进行改革时,他的首要任务是通过信息沟通和情感沟通转变员工习惯或原有的抵触态度,改变其行为,这样才能实现与员工之间的良好合作。因此,充分的沟通既可以促进管理者改进管理,又可以调动员工的积极性,增强员工的责任感,从而积极主动地为组织和本部门的发展献计献策,增强组织内部凝聚力,使管理工作更富成效。

2. 传递信息,让公众了解组织

组织信息来自多方面,有来自组织内部的内源信息,也有来自组织外部的外源信息。通过合理的沟通方式和渠道将组织的信息及时有效地传递给公众,让公众更好地了解组织,实现组织与外部环境的有效沟通,才可能提高组织的知名度和美誉度。

3. 增进内部及外部公众的理解和信任,为组织发展创造"人和"的环境

在人们的日常生活、工作中,沟通思想和联络感情是一种重要的沟通心理需要。在互相沟通中使双方产生共鸣和同情,增进彼此的了解,从而改善彼此之间的关系。当一个组织的信息沟通渠道不畅、员工之间的意见难以传递,就会造成员工和管理者之间的隔阂。

这样就会影响员工的工作效率，进而影响到组织的发展。因此，管理者必须保证组织各种沟通渠道的畅通，实现组织信息的及时传递，实现组织和公众的有效沟通，增进组织内部员工和外部公众的理解、信任和支持，为组织的顺利发展创造"人和"的条件。

4. 赢得公众的理解和好感，塑造良好的组织形象

良好的组织形象的塑造依靠传播沟通。传播沟通的主要目的不是宣传组织的产品信息(尽管它也是构成组织形象的要素之一)，而是有目的地、有意识地塑造组织形象。公共关系的实际工作是围绕组织形象而展开的。通过传播沟通，使社会和公众了解组织的愿望，感受到组织行为，使组织付出的努力让社会知道，从而赢得公众的理解、接纳和信赖。

2.3.2 传播沟通的主要形式

信息沟通的形式多种多样，按照不同的标准，可以将传播沟通划分为多种类型。

1. 按是否面对面沟通分为直接沟通和间接沟通

直接沟通是以语言和形体语言为媒介的面对面的沟通，如召开记者招待会、演讲、授课、做报告等。直接沟通的优点是谈话内容比较灵活，双方可以自由交换意见，并及时进行反馈，以使交谈双方可以更好地理解谈话内容。但容易受时间、地点和场合的限制。

间接沟通是以文字或符号、信件、电子媒体等构成的复合媒介进行的非面对面的沟通。间接沟通的优点是不受时间、地点和场合的限制，可以随时进行沟通，沟通风格比较正式，沟通内容可以长时间保存。但沟通中不能很好地进行反馈，应变能力比较差，而且缺乏亲近感。

2. 按信息流向分为单向沟通和双向沟通

单向沟通是指单向信息流动，无信息反馈的沟通方式。单向传播时双方地位不变，一方发送信息，另一方接收信息，如做报告、大型演讲等。实际上，严格意义的单向沟通是罕见的，接收者或多或少都会有信息反馈。

双向沟通是指双向信息流动，有信息反馈的沟通方式。此时，信息发送者和接收者地位不断变化，沟通的信息反馈反复多次，如交谈、协商、谈判等。双向沟通适合于沟通信息比较复杂、对内容理解准确程度高的信息。

3. 按沟通的组织程度分为正式沟通和非正式沟通

正式沟通是在组织系统中按照组织明文规定的渠道进行的信息传递与交流，如传达指示、汇报工作、召开会议等。

非正式沟通是以个人身份在正式沟通渠道以外进行的信息交流活动，如私下交换意见、小组讨论、小道消息等。

4. 按语言的运用形式分为语言沟通和非语言沟通

语言沟通是指以语言符号形式为媒介的沟通行为，语言有口语和文字两种形式。语言沟通分为有声的语言沟通(如谈话、打电话等口头沟通)和无声的语言沟通(如写信、发通知等书面沟通)。

非语言沟通主要是指以形体语言或非语言符号为媒介的沟通行为，如表情、身体动作、

衣着、外形、气质等沟通方式。非语言沟通容易泄露人们难以掩饰的内心世界，往往只在面对面的范围内使用。

 阅读案例2-4

京东成功赴美上市的多角度传播

2014年是中国电商行业飞跃发展的一年，京东率先登陆纳斯达克，成为国内第一家成功赴美上市的大型综合性电商企业，引起国内外资本市场和行业的高度关注。如何利用上市这一重大契机，提升京东在海外市场的品牌知名度和美誉度、加强海外市场对京东独特商业价值的理解是京东公关团队面临的挑战。为此，京东发挥整合营销的合力，从公关、广告、新媒体、事件营销、粉丝营销多角度进行传播，将京东的商业模式、经营理念、发展战略及京东创始人兼CEO刘强东"从宿迁到华尔街"的奋斗史进行深刻解读和传播，赢得国内外媒体的广泛关注，好评如潮。

业内人士表示，京东上市提升了中国电商发展的信心，翻开了中国电商发展新的一页，具有历史意义。其海外传播活动可圈可点，包括遍布时代广场的红彤彤的京东广告以及道琼斯、路透社、《华尔街日报》、CNN等数十家国际重量级媒体的正面报道，使京东在海外市场的知名度和美誉度大大提升，充分展示出京东的品牌故事与商业价值。

资料来源：中国公关网新闻资讯

2.3.3 传播沟通的时机选择

选择什么时机进行传播沟通将直接影响到传播沟通的效果，公共关系人员应当把握不同时期的特点，选择最能发挥传播沟通效果的时机。对于一个社会组织来说，应注意把握以下时机。

1. 组织开业时

组织开业是组织第一次在公众面前登台亮相，组织给公众留下的第一印象往往会影响到公众对组织的认知和评价。因此，组织要充分利用这个时机，通过策划独特的公共关系活动，制造声势，先声夺人，以期给公众留下深刻而不同凡响的形象。这个时候传播的主要内容是向社会公众广泛地介绍组织的投资建设状况，组织的性质、规模、设想及风格，组织的创立对社会的意义和作用。其目的是扩大知名度，在公众心目中留下良好的第一印象，这是组织形象塑造的重要时期。

 阅读案例2-5

美国某房地产公司不同凡响的升旗仪式

美国有一家房地产公司在密执安湖一个景色秀丽的岛屿上建造了几幢豪华公寓，命名为"港湾公寓"。起初，购买者寥寥无几，公寓成为滞销产品。于是该公司在美国国旗制定200周年纪念那天，在公寓楼前的空地上建了一个升旗台，竖起一根旗杆，邀请海军军校的学员当升旗仪仗兵，并请了一支乐队演奏助兴，芝加哥市长派员主持升旗仪式，在音乐声中庄严地升起了美国国旗。同时，在空地上用三色小旗变换拼出"港湾公寓"四个醒目的大字，为记者和游客提供了拍照的好镜头。此举吸引了大批记者前来采访和众多游客前来观赏，在当晚的电视新闻上，升旗仪式的实况被报道出来，港湾公寓立即名声大振，滞销局面很快被打破而成为抢手货。

资料来源：边一民. 公共关系案例评析[M]. 杭州：浙江大学出版社，2004.

2. 组织更名或与其他组织合并时

在组织更名或与其他组织合并时，进行传播沟通有助于在维持原有社会影响力的前提下进一步扩大组织的影响。相反，如果此时保持沉默，公众因为不了解新的组织名称和原有组织之间的渊源而误解为一个新的组织，从而会大大削弱组织的影响。因此，如果组织因某种原因非变动不可，应及时开展传播沟通，一方面是维持组织原有的声誉，另一方面还要在此基础上扩大组织的影响力。

3. 组织形象受到损害时

组织形象蒙受损害通常有两方面原因：一方面是外部原因，即由于公众的误解或他人的陷害，如冒牌产品对本企业产品形象的危害；另一方面是内部原因，即由于自身的方针、政策和行动出现失误或错误，损害公众的利益。如果是由于自身的失误或错误而导致的，就应该通过传播沟通向公众表示真诚的道歉，本着实事求是、有错即改的态度，坦率地检讨本组织的过失，并采取补救措施，把组织付出的努力通过传播告诉公众，表明组织改进的决心和诚意，争取公众的谅解；如果是由于公众误解或者有人散布谣言而导致的，就应该借助媒体特别是大众传播媒体向公众传递真实信息，还原事实的真相，让公众了解真实的情况，以此消除公众的误解。

 阅读案例 2-6

35 次紧急电话

有一天，一位名叫基泰丝的美国记者在日本东京奥达克余百货公司买了一台电唱机，准备作为送给住在东京的婆婆的见面礼。当时，售货员以日本人特有的彬彬有礼的服务，精心为她挑选了一台未启封的电唱机交给了她，基泰丝内心赞赏着售货员的热情服务满意而归。

回到住所，基泰丝开机试用时，却发现该机没有装内件，因而根本无法使用。她不由得火冒三丈，准备第二天一早就去奥达克余交涉，并迅速写好了一篇新闻稿，题目是"笑脸背后的真面目"。

第二天一早，基泰丝在动身之前，忽然收到奥达克余打来的道歉电话。50 分钟以后，一辆汽车赶到她的住处。从车上跳下奥达克余的副经理和提着大皮箱的职员。两人一进客厅便俯首鞠躬，表示特来请罪。除了送来一台新的合格的唱机外，又加送蛋糕一盒、毛巾一套和著名唱片一张。接着，副经理又打开记事簿，宣读了一份备忘录，上面记载着公司通宵达旦地纠正这一失误的全部经过。

原来，昨天下午清点商品时，他们发现错将一个空心的货样卖给了一位顾客。因为此事非同小可，经理马上召集公关部有关人员商议。当时只有两条线索可循，即顾客的名字和她留下的一张"美国快速公司"的名片。据此，奥达克余百货公司开展了一连串无异于大海捞针的行动，打了 35 次紧急电话向东京各大饭店查询，但没有结果。于是又电话给纽约的"美国快速公司"总部，接着打电话给顾客的父母，从那里得知了顾客东京的住所。这一切使基泰丝深受感动，她立即重新写了新闻稿，题目叫"35 次紧急电话"。

资料来源：http://blog.sina.com.cn/s/blog-6ca7672do100velp.html

4. 在组织处于顺利发展时期

公共关系工作的传播沟通，应当致力于塑造和维持良好的组织形象。当组织处于顺利发展时期，组织的公共关系人员应在组织原有的基础上，加大对组织信息的传递，使更多的公众了解组织，提高组织的知名度；同时，组织应加强内部管理，提高产品质量和管理水平，赢得更多公众对组织的认可和信任，从而进一步提高组织的美誉度，使组织整体形象得到提高，进一步扩大组织的影响力。

5. 组织推出新产品、新技术、新的服务项目时

当组织推出新产品、新技术、新的服务项目的时候，因为公众对新推出的新产品、新技术、新的服务项目心存疑虑，因此，组织应当运用各种传播方式尽快消除公众的戒备心理，诱发他们的新鲜感和好奇心，促使他们尝试新产品、新技术和新的服务项目。

2.4 塑造形象

在现代社会，良好的组织形象，意味着可以为组织吸引到更优秀的人才，可以为组织带来更多的投资者，还可以帮助组织寻求可靠的供应客户。因此，良好的组织形象是社会组织赖以生存和发展的重要资源，而塑造组织形象是公共关系的一项重要职能。

2.4.1 组织形象的特征

1. 客观性和主观性

在公共关系活动中，所有的组织都可以是公共关系实践的主体，又是公共关系活动中的客体，这种公共关系的客观性又体现在它的政策、行为和产品等方面。虽然所有人不可能对组织形象做出相同的评价，但是大多数人能做出客观、公正、实事求是的反映和评价。与此同时，组织形象的评价者是公众，因而又具有主观性。组织形象的双重性要求组织既要做得好，又要说得好。

2. 整体性与综合性

组织形象是指组织的整体形象。组织形象的综合性，一方面表现为其评价的是大多数公众意见的综合和归纳，另一方面表现为这种综合和归纳，是不同侧面、不同内容相结合的综合分析与概括。也就是说，组织形象是多方面的、立体的综合反映。例如，一个企业的良好形象，不仅取决于优质的产品和合理的价格，还取决于它的服务态度、经营方针、管理效率、人员素质、开发能力以及企业名称、徽记和店容厂貌等。

3. 相对的稳定性和可变性

组织形象具有相对稳定性的特征，因为组织形象一旦在人们头脑中形成并引起欣赏，便会冲破时间、空间的障碍，具有相对的稳定性。此外，组织形象具有可变性的特征，即组织树立起来的形象不是一成不变的，总是随着内外公众舆论环境的变化而变化，既会不断发展，走向完善，也可能出现倒退，走向失败。因此，社会组织或个人绝不能满足现状，故步自封，应该不断地完善自己，超越自我。

2.4.2 塑造组织形象的基本步骤

所谓组织形象的塑造，是指通过开展公共关系活动而自觉推进组织形象的过程。塑造组织形象包括组织形象调查、组织形象定位、组织形象推广、组织形象总结四个步骤。

1. 组织形象调查

这是塑造组织形象的前期阶段。可以通过对公众的调查了解组织形象的现状。这里所指的公众包含与组织有关的外部公众和组织内部成员两部分，调查以前者为主。组织形象的调查内容一般包括以下几点。

1) 调查实际形象地位

公共关系的形象分为公共关系的实际形象和期望形象。所谓实际形象，指的是社会公众及社会舆论对组织的真实看法和评价。一个组织的实际形象可以通过社会公众心目中对其知名度和美誉度的调查体现出来。

在通常情况下，知名度高不一定美誉度高，知名度低也不意味着美誉度低；美誉度高不一定知名度高，美誉度低也不意味着知名度低。良好的组织形象是知名度和美誉度有机的统一体。知名度与美誉度的关系，可由组织形象平面图来表示，如图 2.1 所示。

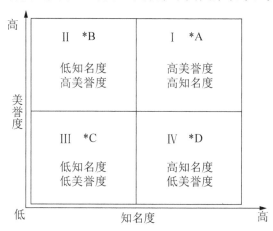

图 2.1　组织形象平面

2) 了解组织的期望形象

所谓期望形象，指的是组织期望在社会公众心目中具有的对自身的看法、评价和标准。期望形象即理想形象，是公共关系所要达到的目标。了解组织内部成员对组织形象的期望水平，是组织形象设计的重要依据之一。

3) 调查组织形象的构成要素

对构成组织形象的各个要素，如组织的实力和影响、产品质量或服务质量、工作效率、组织的精神氛围等，进行调查和比较，以期了解组织形象中的优势要素，找出组织形象中的劣势要素，作为组织形象塑造中需要重点塑造和加强的内容。

经过形象调查，了解公众的需求、组织形象的现状、组织形象中的优势要素和劣势要素以及组织内部成员的期望形象，以便为组织形象定位做好准备。

2. 组织形象定位

这是塑造组织形象的设计阶段。组织形象的定位主要取决于对调查结果的分析。这里分两个方面：一是对公众要求的分析；二是对实际形象和期望形象的比较分析。

首先，对不同公众的要求进行分析，设法满足首要公众的要求和公众的共同要求，作为设计组织总体形象的依据。同时,要兼顾某些公众的特殊要求,以设计组织在某些方面的特殊形象。

其次,组织形象设计应根据组织的特点进行设计,还必须建立在对实际形象与期望形象进行比较分析之上,找出差距,确定重点。组织形象的目标设计重在扩大知名度,提高美誉度。

在最终确定组织的形象目标时,还要兼顾组织利益和公众利益以及公众需要与组织的实际可能。形象定位完成后,应设计出实现形象目标的具体行动方案。

3. 组织形象推广

组织形象推广是塑造组织形象的实际过程,即按照组织形象塑造的计划方案,通过对目标公众进行有效的信息传播,建立良好的组织形象。

1) 组织形象的对内宣传

组织形象的对内宣传是组织形象推广的第一步。这是因为组织形象的建立是靠全体员工共同努力实现的。内部员工不仅是组织形象的传播者,更是组织形象的缔造者,他们的言行和对组织的态度影响到组织的形象。

对内宣传主要是向员工传递两个关键的信息:一是组织的前景如何,二是组织目前的处境。向员工传递组织的前景信息是为了提供给员工组织发展的目标,使员工有努力的方向;告知员工组织目前的处境,是要给员工敲响警钟,不能故步自封,必须建立、推广、强化或修正组织形象,才可能在竞争中立于不败之地。

要使组织形象内部宣传成功,必须加强宣传:首先,要注重组织内部自上而下的宣传。这种宣传方式具有很强的号召性,一般用于对内宣传的初期。其次,要强调自下而上的反馈。通过运用各种技巧和方法,对员工进行教育、培训,充分发挥员工的主观能动性。如员工意向调查、演讲会、征求宣传标语等,都是自下而上的信息反馈,都可以调动员工的积极性。最后,要深化横向沟通的方式。主要通过组织内部召开的各种会议来进行。

2) 组织形象的对外推广

组织形象建立的目的就是通过周密、系统的策划,从复杂的内外关系中建立一个统一而独特的组织形象。因此,在对外推广组织形象时,必须针对组织不同的关系对象,选择与之相应的传播媒体和手段。

人际传播是人与人、人与群体之间的直接传播,是人类社会进行交流和传递信息的一种最普遍、最常用、最直接的传播方式。它对于组织形象的推广,特别是组织美誉度以及和谐度的建立,具有极大的作用。

大众传播是通过一定的大众传播媒介向公众进行的组织形象的宣传。在现代社会,对于组织形象的推广,大众传播是最快捷、最有利的手段。它主要通过广告和形象推广活动两种方式对组织形象进行推广。其中,广告是完全由组织控制的对形象宣传最直接、最有效的方法。形象推广活动是组织向各种媒体提供真实的信息以便宣传组织的一种方式。

4. 组织形象总结

这是对组织形象塑造全过程的全面总结,主要是调查、评估形象塑造前后组织形象的变化,总结经验教训,为下一次形象塑造活动积累材料。

应该说明的是,这里提供的只是塑造组织形象的一般步骤。在实际工作中,这些步骤只能作为参考，而不能机械、死板地套用。只有结合组织自身的特殊时空条件和工作特点，加以创造性的发挥，才能使形象塑造工作具有特色，富有成效。

2.4.3 塑造组织形象的一般原则

1) 有效性原则

有效性原则是指通过开展公共关系活动，力求取得预期最佳效果的原则。公共关系是组织发展的一种策略，其目标是促进组织发展。因此，在塑造组织形象的过程中必须努力贯彻有效性的原则。首先，要注意公共关系活动的实效，不摆形式，不走过场；其次，努力提高公共关系活动的效率。另外，力求达到公共关系活动的最佳效果，即使公众在与组织的互动过程中抱有良好态度，并不断"顺向强化"，使公众对组织的不良态度得到改变，从而在公众心中树立起组织的良好形象。

2) 整体性原则

整体性原则是指把组织不自觉的、分散的、不连续的公共关系工作系统化、统一化、整体化和科学化的原则。现代组织要树立自己的形象，必须改变公共关系工作各部门分头负责、各自为政的局面，统一观念，统一政策，全面规划，协调行动。

如北京长城饭店在树立组织形象的过程中，既抓全面计划，又抓细节服务，使公共关系工作走上正轨、自成体系。该饭店的公共关系负责人曾经是职业记者，他和他的助手们结交了许多国内外新闻界的朋友，及时向他们提供有关长城饭店的各种设施和服务的信息，并通过他们把信息源源不断地传递给公众，经过反复刺激而在人们的头脑中逐步形成"长城印象"。对内推行"一切为了顾客"的服务理念，替客人想在前面，做在前面，让客人感到亲切温暖，犹如回到家一样。

3) 统一性原则

统一性原则是指设计公共关系活动所追求的工作目标要统一，不要偏顾任何一项的原则。例如，知名度和美誉度的统一：知名度要以美誉度为基础，才能充分显示其社会价值；公众利益与组织利益的统一：满足公众利益，是提高组织利益的前提；总体形象和特殊形象的统一：组织公共关系的目标，一方面要照顾各类公众对象的一般要求，另一方面又要特别突出本组织在首要公众对象心目中的特殊形象，以形成特殊的风格；创名牌产品与创名牌企业的统一：创名牌产品是创名牌企业的基础，创名牌企业可以使组织立于不败之地。

4) 竞争性原则

在激烈的竞争过程中，社会组织通过及时采集其他组织的有关信息，比较分析彼此形象的优劣及其原因，并博采众长，为我所用，力争赶上和超过对手，这就是树立形象的竞争性原则。社会组织，首先要积极地寻找机遇，参与竞争，主动地进行自我宣传，追求自我发展；其次，组织形象的设计要防止类同化倾向，要独树一帜，新奇并富于特色和魅力，从而引起公众的注意和兴趣，增加吸引力。这就需要在掌握环境信息的基础上，经常与其他组织进行比较分析。另外，还要善于设计组织形象的出现频率，通过重复刺激，使组织的完整形象储存在公众的大脑中，从而提高组织的知名度和美誉度。

5) 长期性原则

塑造组织形象是一项长期的战略性任务，要完成这一任务，必须经过组织内部全体人员长期的、持续的努力。组织在开展形象竞争的过程中，为了适应公众变化着的评价标准，需要通过公共关系工作，不断改进和更新组织形象，以更现代化的、更受公众欢迎的形象，取代陈旧的、为公众所厌弃的形象，或者在原有形象中不断充实新的形象内容。

2.5 协调关系

所谓协调，就是使组织内外不同部门的活动和谐化、同步化，达到组织和环境相适应，以实现其共同目标。协调关系旨在使组织和公众相互理解支持，建立信任关系，处于一种和谐的状态，为组织创造一个"人和"的环境。

2.5.1 协调关系的主要内容

组织的生存和发展需要协调多方面的公众关系，但一般情况下主要是协调与目标公众之间的关系，而目标公众可分为内部公众和外部公众两大类，因此，协调关系的主要内容包括内部关系协调和外部关系协调两大类。

1. 内部关系协调

内部关系是组织生存和发展的基础。只有组织内部团结一致、关系融洽，才能激发员工的士气和工作热情。组织内部需要协调的关系主要有以下三类。

1) 内部员工的关系协调

作为公共关系人员，要善于收集本组织员工对组织的意见、建议和利益要求，并提请组织领导人关心员工的利益要求，不断提高员工的福利待遇和薪金，为员工提供职务升迁的机会。通过教育引导，培养全体员工树立同组织"荣辱与共""休戚相关"的观念。

2) 领导之间以及领导与员工之间的关系协调

组织要发展，需要凭借天时、地利、人和，而"人和"中最关键的是组织领导班子的"心和"。协调领导之间的关系，首先是确保领导班子的成员互相支持、取长补短、分工不分家。只有领导班子团结一致，才能使员工形成向心力，才能形成整个组织的祥和气氛。其次是协调好领导与员工之间的关系。组织领导在管理中既要严格规章制度，强化基础管理，又需要突出"以人为本"的理念，富有人情味，在管理工作中体现对员工的关心和爱护，创造和谐、融洽、友爱、宽厚的人际关系环境。

3) 企业与股东之间关系的协调

经济体制改革后，在我国出现了股份制企业，股份制企业组织内部的公众关系就增加了股东关系。协调处理好企业与股东的关系，不仅能够稳定现有的股东队伍，而且能够增进潜在的投资者对企业组织的了解与信任，创造有利的投资环境，从而吸引新的、更多的投资者。

2. 外部关系协调

社会组织的生存和发展，离不开外部公众的信任、支持与合作。与组织内部的公众关系比较，外部公众关系涉及的面更宽，关系更加复杂。协调与处理与外部公众之间的关系是协调功能中更复杂也更重要的方面。一般来说，组织需要做好以下几个方面的协调工作。

1) 政府关系协调

政府部门和企业之间的关系协调主要涉及组织行为与政府相关部门的审计、税收、制度、政策、法令等之间的协调。

2) 组织关系协调

组织关系协调主要涉及与协作厂家和供销商之间关系的协调。这类组织之间往往由于拖欠债务、供货不及时、随意提高价格、质量不合要求等问题而引起纠纷。

3) 顾客关系协调

顾客关系协调主要涉及顾客认为企业存在着以次充好、以假冒真、刊登名不副实的广告、损害消费者利益等问题，顾客向企业提出交涉，或向相关部门投诉而引起的纠纷。

4) 社区关系协调

社会组织与其所在社区公众之间的矛盾，大多数是由于企业生产造成的粉尘、噪声、废水等环境污染问题而引起的。社区关系协调主要是组织采取具有针对性措施，纠正自己的行为，弥补由于自身行为不当而给公众造成的损失。

2.5.2 协调关系的基本策略

公共关系的协调工作主要是依赖传播信息来沟通关系双方的感情、加深双方的了解，以建立起相互信任、相互合作的融洽关系。而要协调好与公众之间的关系，首先要树立"防火意识"，其次是要建立科学的"报警系统"，还要具有妥善的"灭火方法"。

1. 强烈的"防火"意识

社会组织与公众之间之所以出现矛盾和纠纷，往往是由于社会组织的方针、政策和行为损害了公众的利益而导致的。因此，协调社会组织和公众之间的关系，首先要树立"预防为主"的意识。不要等"火灾"发生了才去做"灭火"的工作，而是"火灾"没有发生之前就要做好预防工作。为此，公共关系人员必须具备强烈的"防火"意识，主要是做好以下工作。

(1) 组织自律意识。组织在制定有关方针、政策和采取某种行为之前，就要考虑这些方针、政策和行为会不会损害公众的利益。如果有可能损害公众利益，就要及早改进。

(2) 尊重公众利益的意识。社会组织在制定方针、政策、采取某种行为的时候，不仅要考虑满足自身的利益，同时也要满足公众的利益。

(3) 尊重公众舆论，认真对待公众的投诉。对于组织不利的公众舆论以及公众的投诉，如果处理不好就有可能演变成危机，因此，要认真对待公众的投诉和公众舆论，及时采取应对措施，尽可能变消极为积极，变被动为主动，力求把纠纷和矛盾消灭在萌芽状态。

2. 科学的"报警"系统

公众对组织的不满情绪以及出现的各种反对意见，是公共关系纠纷出现的前兆信息，及时掌握这些前兆信息，有助于对公共关系纠纷做出科学的预测，并迅速处理这些纠纷。掌握这些前兆信息的方法主要包括：建立来信来访制度，建立公共关系调研制度。

3. 妥善的"灭火"方法

虽然说已经采取了预防措施和报警系统，但有时候仍难以避免纠纷的出现。一旦出现纠纷，就要迅速采取措施，调查出现纠纷的原因，并及时果断地采取相应的措施，力求把不利影响降到最低程度。

阅读案例2-7

假如我是广州市市长

前几年，广州市委、市政府先后举办了直接为市长做参谋的"假如我是广州市市长"征文活动(后定为"市长参谋活动")。它具体落实在为政府职能部门出谋献策，如"房改方案千家谈""菜篮子工程千家谈"等"千家谈"系列活动；还有讨论广州市风和广州人精神的"羊城新风传万家""羊城居委新形象"等大型公关活动。运用报纸、杂志、广播、电视等大众传播媒介，动员了成千上万的市民参政议政，各抒己见，收到了良好的社会效果，极大地提高了政府的凝聚力和向心力。

资料来源：王挺，王玉. 公共关系学[M]. 北京：北京交通大学出版社，2010.

本 章 小 结

公共关系职能是指组织内部的公共关系机构或公共关系人员所发挥的特殊作用与功能。公共关系是一门"内求团结、外求发展"的经营管理艺术。公共关系的基本职能主要是收集信息、塑造形象、传播沟通、协调关系、咨询建议等。

采集信息是公关工作的前提，无论是内部公关还是外部公关，任何策划都是从采集信息开始的。需要采集的信息主要包括组织内部信息、外部环境信息、公众信息和组织整体形象信息等。

咨询建议是公共关系的一个重要的职能。公共关系人员可以为组织决策层和职能部门提供有益的建议和咨询，并帮助决策层做出决策。

传播沟通是公共关系的一项重要职责。公共关系活动的本质，就是通过双向沟通有效地达成组织机构与公众的信息交流，为组织创造良好的外部环境。通过选择合适的传播沟通的形式和途径，合理选择传播沟通的时机，实现与公众的有效沟通和交流，提高组织的知名度和美誉度。

塑造组织形象是公共关系最重要的一项职能。衡量组织形象的基本指标是知名度和美誉度。塑造组织形象的基本步骤是：开展组织形象调查、组织形象的定位和组织形象的实施。

协调关系是组织公共关系的另一重要职能。通过组织内部关系和外部关系的协调，有利于实现组织"内求团结，外求发展"的和谐环境。

 关键术语

组织形象　塑造　传播　沟通　协调　咨询

综 合 练 习

一、填空题

1. 公共关系的基本职能有：_____、_____、_____、_____和_____。
2. 衡量组织形象的基本指标是：_____和_____。
3. 组织形象一般由_____、_____、_____、_____和_____等因素构成。
4. 企业组织一般需要与_____、_____、_____和_____等外部目标公众协调处理好关系。

二、简答题

1. 公共关系为什么能够帮助社会组织实现目标？请举例说明。
2. 社会组织如何发挥公共关系的职能？
3. 结合实际谈谈如何发挥公共关系收集信息的作用。
4. 为什么说公共关系是现代社会组织的决策参谋？
5. 结合自己的实践谈谈塑造形象的重要性和基本原则。
6. 请举例说明信息传播的特点及处理原则。

三、名词解释

组织形象、知名度、美誉度、传播、沟通

实际操作训练

课题2-1：组织形象调查

实训项目：组织形象调查方法的运用

实训目的：学习怎样调查组织形象

实训内容：我校有近两千名专职大学教师，3万多名在校学生，还有近千人的管理人员和工勤人员，现对我校实际形象进行调查。

实训要求：将参加实训的学生分成若干调查小组，每组6～7人，分别对我校教师形象、大学生形象、管理人员形象等进行调查，并撰写调查分析报告。

课题2-2：组织形象差距分析

实训项目：组织形象差距的分析

实训目的：学会分析组织形象差距的方法

实训内容：在对组织实际形象调查和了解组织自我期望形象的前提下，分析组织形象存在的差距。

实训要求：要求参加实训的学生分成四组，第一组调查组织的实际形象，第二组了解组织的期望形象，第三组对组织形象差距进行分析，第四组提出提高组织形象、缩小组织形象差距的具体措施。

【案例分析】

根据以下案例所提供的资料，试分析：

(1) "金利来"的成功经验是什么？
(2) 该案例的启示是什么？

"金利来"创名牌

"金利来，男人的世界！"动人的广告词，把名牌金利来领带传播得家喻户晓。然而，对于金利来如何创出名牌来却鲜为人知。金利来(远东)有限公司董事长曾宪梓先生道出了他艰辛创名牌的道路。

20年前，曾宪梓和太太以一把尺子、一把剪刀及一台国产蝴蝶牌缝纫机起家，当时他们上有父母，下有3个孩子，一家6口人挤在一间60平方米的屋子里，生活相当窘迫。当时香港人设计的时装都用外国名字，可曾宪梓却将自己生产的领带取了一个中国名字"金狮牌"。一个新牌子要挤进市场已属不易，打上中文牌名，推销更是难上加难。

虽然曾宪梓做了种种努力，他精心制作的领带销路仍然不好，这使他感到困惑，原因到底在哪里？终于，他在一个亲戚处得到了启迪。过年时，他送了几条领带给那位亲戚，不料那位亲戚不仅没有谢意，反而满脸不高兴地说："我才不用你的领带呢，金狮金狮——什么都输掉了。"原来香港话的"狮"与"输"读音相近，而这位亲戚是个马迷，最忌讳这个"输"字。

这一夜，他躺在床上，翻来覆去睡不着，拍着自己的脑袋喃喃道："怎么早没想到这一点呢？"他下决心改换领带的牌名。然而改成什么呢？他苦苦琢磨了大半夜，终于获得了灵感，决定将"金狮"的英文字母GOLDLION用意译和音译结合的办法来产生品牌名，即"GOLD"意译为金，"LION"音译读"来"，中间加一个人们都喜欢的"利"字，于是"金利来"的牌名诞生了。

"金利来"！一个多吉利的名字，世界上有什么人不喜欢"金""利"来呢？

一个偶然的机会，在朋友的帮助下，他终于鼓起勇气，把"金利来"推到了电视广告上。曾宪梓先生回忆往事，感触颇深地说："我得感谢我的一位朋友，当时他在香港无线电视台工作。1971年，适逢取得世界冠军的中国乒乓球队访问香港，这位朋友力邀我购买电视台转播乒乓球表演赛的赞助权，在比赛中穿插播放金利来领带广告。我听了连连推辞，因为广告费要30万港元，而当时的30万元，可以买一套600平方米的房子了，我这个天天为6口之家奔忙的人，如何支付得起这笔费用呢？我确实拿不出这笔钱。这位朋友从中斡旋，做了通融，答应做完广告后收钱并以分期付款的方式缴齐。多么诱人的机遇呀，我决定冒一次险，不冒点险怎么能打出自己的名牌呢？"

决心是下了，但这广告怎么做？如何选择朗朗上口又能吸引人的广告词呢？曾宪梓决定自己动手撰写。他精心推敲出一句句精练动人的广告词："金利来，男人的世界""方格——热情慷慨；斜纹——勇敢决断；圆点——爱慕关怀；细花——体贴温馨。"

果然，出色的广告，使金利来一炮打响。表演赛结束后，订单雪片一样飞来，电话也响个不停，金利来出名了。

资料来源：作者根据相关资料整理

项目 3　公共关系机构与人员

教学目标

通过本章学习，了解不同类型公共关系机构的地位和作用，理解不同类型公共关系机构的特点，明确不同公共关系机构的工作任务、业务范围和设置原则，掌握公共关系部的设置模式、内部结构和人员配备；把握公共关系从业人员所应具备的公共关系意识、知识结构、能力结构、素质要求及其应遵循的职业准则。

教学要求

知识要点	能力要求	相关知识
公共关系机构	(1) 了解公共关系部的设置模式 (2) 掌握公共关系部的内部结构和人员配置	(1) 公共关系机构部的设置模式 (2) 公共关系部的内部结构 (3) 公共关系部的工作内容
公共关系人员	(1) 了解基本的公共关系意识 (2) 掌握一定的公共关系技巧	(1) 公共关系人员的公关意识 (2) 公共关系人员的能力结构

导入案例

名古屋褚木电力公司赢得了公众的理解和信任

1972年6月的一天,成群的渔民冲破了保安人员的阻挡,闯入了日本名古屋褚木电力公司的大楼,他们呼喊着、叫骂着,发泄着他们的仇恨。原来这个公司下属的一座发电厂没有处理好废水问题,使许多海洋生物都遭了殃,严重影响了渔民的生计。

这家公司是有社会责任心的公司。为了减少环境污染,他们采取低硫燃料,电的成本提高了,用户怨声载道。为此,公司积极筹建几座核电厂改变这个局面。筹备工作是相当困难的,每次选定地点,都遭到当地的反对。

渔民的抗议,使公司意识到,这种与公众利益息息相关的事业,必须首先获取公众的理解。在全力建设新电厂的同时,他们改变了公司的工作重心——成立公共关系部,改善本公司与社会公众的关系。

公共关系部成立以后,制订了一个相当庞大的计划,展开持续几年的"消费者亲善活动"。每半年一个阶段,每个阶段有不同的主题。比如,第一个主题是"让我们关心生活与电力",第二个主题是"说说未来的能源"。其主要目的是向公众提供各种可能必要的知识、背景,以使公众理解当前日本公用事业面临的困难,并说明公司正在采取积极措施来解决困难。

亲善运动采取的积极方式还有:邀请消费者来厂参观、座谈、组织公开演讲、上门服务等。而且公司安排自己的1.8万名员工,有计划地访问400万顾客中的40万,为保证访问质量,还专门编写了指南,给员工提供各种必要的资料。

员工还自动参与当地的慈善活动,到养老院去演戏,清洗马路上的交通标志。在做各种好事时,他们穿上公司的工作服,市民们一看就说"公司又在做好事了"。

公司的诚恳态度,终于感动了"上帝"。几十万条信息渠道打通了,市民们的意见、建议,源源不断地涌向了公司。这些意见都经由推销部、人事部高级经理人员组成的委员会处理,做出答复。

公司在公众心中的形象,也随着亲善活动而发生了变化。公众认定:这是一家具有社会责任感的公司!理解了公司的方针与困难,也谅解了公司暂时的缺点与不足。

资料来源:本书作者根据相关资料整理

作为一种职业的公共关系活动,是一项长期的、专业性的、技术性较强的工作。从信息的收集、整理到综合处理和发布,包括一系列相互衔接的工作。在一般情况下,这一系列复杂的工作是单独的个人无法完成的,事实上任何组织的管理者不可能亲自去处理同不同民族、地区和国家的公共关系,也没有时间和精力对世界各地不同的礼仪、习惯和忌讳进行深入的了解,必须借助专门的公共关系机构和专职的公共关系人员去处理组织与公众之间的关系。因此,合理设置公共关系组织机构、培训和任用具有良好素质和技能、有职业道德的公共关系人员,对有效开展公共关系活动是十分重要的。

3.1 公共关系机构

随着社会与经济的发展,由于组织与所处环境的关系日益系统化、复杂化,公共关系的职能化、职业化、专业化特征日趋明显,现代社会需要有专门的组织机构来从事公共关系工作。准确把握公共关系机构的设置原则,了解公共关系机构的地位和作用,并合理设置公共关系机构是做好公共关系工作的重要保证。

3.1.1 公共关系机构的任务与工作内容

公共关系机构是指组织内部从事公共关系活动的部门和社会上提供有关公共关系服务的组织的总称。组织内部从事公共关系活动的部门，主要是公共关系部，它是组织为开展公共关系工作而专门设立的职能机构。除此之外，还包括其他兼具公共关系职能的部门，如市场营销部、政府中的新闻部门等；组织外部的公共关系机构主要包括公共关系公司、兼具公共关系职能的组织(如广告公司、咨询公司等)以及公共关系社团等。

1. 公共关系机构的基本任务

总的来说，公共关系机构的任务就是负责执行公共关系的各种具体职能，处理组织与公众之间的关系，为组织的生存和发展创造一个良好的环境以促进组织目标的实现。具体而言，公共关系机构的基本任务包括以下几个方面。

(1) 建立并维护同组织内外公众之间的关系。
(2) 及时了解内外公众的各种意见、建议，并监测客观环境的变化。
(3) 选择适当的方式和渠道把组织的有关信息传递给公众。
(4) 协调组织内外的各种关系并处理组织与其公众之间的矛盾和纠纷。
(5) 参与组织决策，为决策提供信息和咨询服务，参与指导组织的对外联系与活动。
(6) 策划和实施公共关系专题活动。

2. 公共关系机构的工作内容

实现以上工作任务，公共关系机构需要开展的公共关系工作主要包括两种类型：一种是每天都要例行的日常工作；另一种是不定期的、根据某种需要而策划和实施的专题公共关系活动。

1) 日常的公共关系工作

作为公共关系部门，需要做好以下日常公共关系工作。
(1) 调研工作。包括民意调查、报刊检索、市场分析、资料整理等。
(2) 礼宾接待工作。包括定期接待、日常接待等。
(3) 对内协调工作。如加强供产销等各部门间的信息沟通、协调与合作。
(4) 对外联络协调工作。包括与新闻界和社会各界人士的联络，组织安排本组织领导参与外界有关活动。
(5) 编辑出版工作。包括编写月底、年度报告和各种宣传资料，出版内部刊物，制作新闻图片、录像带、幻灯片和企业标志等。
(6) 参与社会组织的决策。如表明对新产品开发和宣传的意见。

2) 专题公共关系活动

公共关系部门另一类工作是举办或参加专题公共关系活动，如庆典、展览会、新闻发布会、赞助活动、宴请、联谊活动、对外开放参观等。

3.1.2 公共关系部

随着社会的发展和传播手段的进步，公共关系在组织中日益成为一种独立的管理职能。在没有设置专门的公共关系职能部门之前，组织并不是没有从事这方面的工作，只不过这些公共关系工作分散于各相关职能部门当中。随着组织公众环境的日趋复杂,组织的公共关系业务也越来越多,就有必要成立专门的机构来处理公共关系工作。

1. 公共关系部在组织中的地位

在西方国家的大部分企业组织中,都设有专门的公共关系部门。据统计,在美国目前已经有85%以上的企业设有公共关系部,每年用于公共关系部门的经费开支高达几十亿美元。美国政府更是拥有一个由1.2万人组成的公共关系部门,每年的经费支出达十多亿美元。在我国,实际上许多企业、组织都在做着公共关系工作,只是没有将这些工作提到公共关系的高度来认识,没有把从事这些工作的人员组成一个专门的公共关系机构进行统一的领导。

组织内部的公共关系机构是代表组织进行工作的。对内代表领导决策层,协调处理员工之间、部门之间以及部门和员工之间的关系;对外代表组织接待来宾、征询意见、发表信息、处理问题等。所以说公共关系部就是协调处理组织与内部及外部公众之间关系的职能部门。

公共关系部在组织中的地位主要体现在以下几个方面。

(1) 负责信息情报的收集和处理,是组织的"耳目"。公共关系的重要职能作用之一就是采集信息。任何和组织有关的信息都是公共关系部需要收集的对象。公共关系部通过对组织环境的密切关注和监测,收集、储存、甄别、处理各种与组织利益相关的信息,从而为组织建立一个广泛而通畅的社会信息情报网络,使组织了解并掌握自己所面临的生存和发展环境,有效地发挥组织"耳目"的作用。

(2) 负责把组织有关信息传递给目标公众,是组织的"喉舌"。公共关系部不仅负责收集组织的有关信息,同时还承担着把组织需要公布的信息传播给目标公众的任务。因此,公共关系部也是组织的宣传部和"喉舌"。公共关系部通过策划并实施专题公共关系活动,把组织的有关信息传递给目标公众,向目标公众宣传、解释组织的有关政策和行为,为组织创造良好的舆论环境,以赢得公众的信任、支持和合作。

(3) 负责咨询建议,是组织的"智囊团"和"参谋部"。公共关系部虽然不是组织的一线指挥和最后决策部门,却可以是组织决策的"智囊团"和"参谋部"。因为公共关系部在收集、分析信息的过程中较全面地了解到组织当时所处的内外部环境状况,以及组织已实施的各种措施所引起的反响。因此,它除了要及时将各种信息分门别类地迅速反馈给组织的领导层和职能部门外,还要根据所掌握的信息,在分析和预测的基础上向组织决策层提供决策参考意见和方案,并协助决策层进行决策。

(4) 负责处理协调与公众之间的关系,是组织的"形象代表"。公共关系部代表组织处理协调与公众之间的关系,是组织的"形象代表"。在组织内部,公共关系部负责协调处理各个部门之间、各员工之间以及部门和员工之间的关系,解决工作分歧和各种利益冲突。在组织外部,公共关系部代表组织处理和协调与外部公众之间的关系和纠纷,以争取公众的信任、支持和合作。在这些工作中,意味着公共关系部既是组织的形象代表,又是为组织塑造良好形象的使者。

2. 公共关系部的特点

从公共关系操作的角度看,一个组织内部设立的公共关系部与公共关系公司相比,具有以下特点。

(1) 了解内部情况。组织内设的公共关系机构对本组织的经营状况、机构人员以及规章制度等方面的情况比较熟悉。因此,开展公共关系活动比较方便并且能够做到有的放矢,切合实际,具有较强的针对性和实用性。

(2) 便于协调关系。内部设立的公共关系部门与本组织具有隶属关系,受本组织相关部门的直接领导,能够在相关部门的指导下开展工作,便于相互协调和配合。

(3) 工作效率较高。公共关系部作为组织常设的专门机构,能够遇事招之即来,并且具有处理公共关系问题方面的专业人才,特别是在应付和处理突发事件方面效率较高。

(4) 投入成本较低。相对于聘请公共关系公司开展活动,有公共关系部开展活动便于控制经费预算和节约开支。

(5) 难以做到客观公平。内部设立的公共关系部处于本组织的目标压力和人事环境当中,开展工作时难免会受到内部人际关系、群体利益、从众行为、心理定势等因素的影响和制约,有时候难以做到公平客观。因此,公共关系工作常常需要寻求外界的协助,如聘请公共关系顾问或公共关系公司。

3. 公共关系部的设置模式

目前我国不少企业虽已有了公共关系部门的建制,但不仅名称有异(如有的组织就称为"公共事务部""对外联络部"乃至"沟通部"),组织架构形式亦多有不同。

(1) 部门附属型。在这种模式下,公共关系部只是附属于组织的某个部门,通常是附属于行政部门、销售部门或广告宣传部门。其模式结构如图3.1所示。

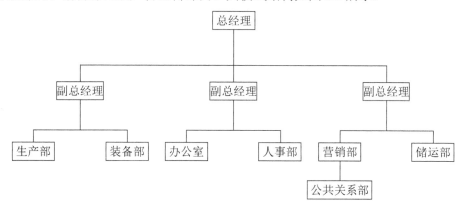

图 3.1　部门附属型

此种模式的公共关系部,其地位作用不很突出,公共关系工作只是一种偶然性的活动。这种模式常见于公共关系的发展还不很普及、组织缺乏公共关系意识、公共关系对象也较为简单的时期,故这种模式只被一些小型的、结构简单的组织所采用。

(2) 部门并列型(最高领导间接负责型)。在这种模式中,公共关系部是组织的一个二级职能部门,与生产部、财务部等业务部门处于并列地位,公共关系部经理向其主管领导报告工作。其模式如图3.2所示。

任何一个成功的公共关系部门,都必须与组织内部其他机构密切配合,取得各部门的通力合作,而绝对不能单独行动,这是公共关系部在企业或组织中有效开展公共关系活动的重要条件。例如,公共关系部要建立良好的职工关系,就必须取得工会、人事部门的支持;要建立良好的政府关系,则要协助行政部门处理好与政府间的相互关系。在这种模式中,公共关系部享有较高的地位和权力,可以直接参与最高决策,并有足够的职权去调动一定的资源。一般来说,只有较大型的组织才需要或可能设置这种类型的公共关系机构。

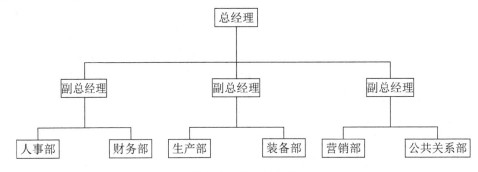

图 3.2　部门并列型

(3) 最高领导直接负责型。在这种模式中,由组织最高负责人(一般是由总经理或副总经理)兼任公共关系部经理。其模式如图 3.3 所示。

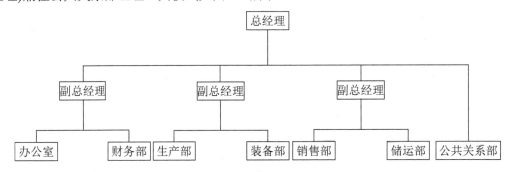

图 3.3　最高领导直接负责型

这种设置模式综合了以上两种类型的优点,它既能使公共关系部随时与各个二级组织机构沟通信息,体现了公共关系部的具体职能;又能使它具有较大的自主权,有利于公共关系工作灵活、全面的开展。这是一种比较理想的模式,对公共关系工作的开展最有利。据美国公共关系协会 1977 年的统计,美国设有公共关系部的企业中有 86% 属于这种模式。在日本,20 世纪 60 年代时第一种模式居多,而从 70 年代开始到 80 年代则逐渐演变为最高领导直接负责模式。

(4) 公共关系委员会型。有的组织不设常设的公共关系部门,也没有专职的公共关系人员,而是成立一个公共关系委员会,负责组织的重大公共关系事务,一些日常工作则分散到各职能部门。公共关系委员会的成员一般包括最高负责人及各位副职、各职能部门第一负责人及相关人员,如美国政府在第一次世界大战期间就成立了"美国战时公共信息委员会"。特别是当组织需要筹办大型的公共关系活动时,可以设立专项型的、跨部门的公共关系协调委员会,以策划、统筹、协调大型专题活动涉及的公共关系事务,发挥公共关系"总调度"的作用。其模式结构如图 3.4 所示。

各类组织在具体设置公共关系机构的时候,并没有统一的模式。组织必须根据自身的性质、特点、需要、规模等具体情况来考虑。如果条件不具备或不必要,也不一定设立专门的公共关系职能部门,可以指定某个现有的职能部门(如行政办公室、外事办公室或宣传部)兼管或负责,使组织的公共关系事务纳入组织的目标系统和管理系统。

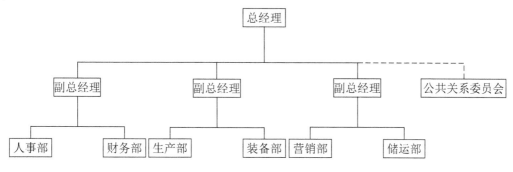

图 3.4 公共关系委员会型

注：图中虚线表示公共关系委员会为非专职职能部门,即非常设固定机构。

4. 公共关系部的内部结构及人员配备

1) 公共关系部的内部结构

因为各组织的规模、职能、工作性质和侧重点各有不同,所以公共关系部的设置模式和内部结构也有所不同。根据组织规模的不同,所设立的公共关系部的内部结构可分为简单型、双层型和复杂型三种不同的类型。

(1) 简单型。简单型公共关系部人员构成少,机构简单,遇事容易做出决策,工作起来灵活方便,又能做到雷厉风行。不足之处是受人力、物力的限制,难以开展高难度的公共关系工作。简单型公共关系部内部结构如图 3.5 所示。

图 3.5 简单型

(2) 双层型。双层型公共关系部由领导决策层和执行层组成。领导决策层除正、副总经理之外,下设一个办公室,执行层由各经理具体负责。因此,这种结构层次分明,分工明确,职责清晰。与简单型公共关系部相比,这种机构比较健全,除了可以从事一般公共关系外,也有能力开展一些有一定广度和深度的公共关系活动。但这种类型的公共关系容易出现相互推诿的现象。双层型公共关系部的内部结构如图 3.6 所示。

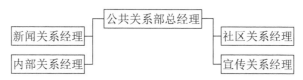

图 3.6 双层型

(3) 复杂型。这种公共关系部,机构庞大,人才齐全,资金雄厚,专业性强,分工精细,不但能开展常规的公共关系工作,也能进行重大公共关系活动。但不足之处是容易产生决策迟缓,行动不够灵活、迅速等。复杂型公共关系部内部结构如图 3.7 所示。

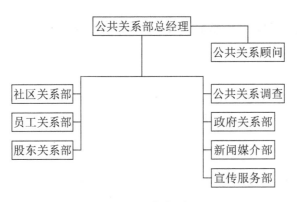

图 3.7 复杂型

2) 公共关系部人员配备

一般说来，公共关系部的规模与组织规模呈现一种正相关态势。美国公共关系学者经过调查发现：年产值超过 10 亿美元的大型企业，公共关系部平均人数为 44 人，一般的大中型企业平均为 10 人，其他文教、医疗、基金会等组织为 6～7 人。无论是哪种规模的公共关系部，以下人员都是必不可少的。

(1) 编辑、撰稿人员。这些人员的任务是及时将本单位具有新闻价值的重要活动，如产品更新换代、赞助活动等信息，输送给新闻媒介，以提高本组织的知名度和美誉度；撰写各类发言稿和年度报告；给公众写信回答或解释有关本单位的问题；编辑各种内部刊物等。

(2) 调查、分析人员。这类人员的主要任务是随时调查内外公众的意见，分析不同公众对本单位及产品和重大活动所持的态度、产生的原因及沟通的办法等。

(3) 公共关系策划人员。这类人员主要负责研究各类公众的心理，分析组织在公众心目中的形象，为改善公众环境确定每次公共关系专题活动应采取的活动方式、传播媒介、安排的技巧等。

(4) 公共关系组织人员。这类人员的具体任务是具体准备、组织、协调和管理公共关系活动，如安排组织记者招待会、筹办新产品展览会、组织开张庆典仪式等。

(5) 其他专门技术人员。这类人员包括法律顾问、摄影师、翻译、美工人员等。

3.1.3 公共关系公司

公共关系公司是专门从事公共关系方面的咨询服务或代客户进行公共关系活动的服务性公司。最早的公共关系公司是我们前面提到过的"现代公共关系之父"艾维·李创立的公共关系事务所，而世界上最早的以公共关系公司名义出现的公司则是 1920 年由美国人 N·艾尔创立的。与组织内部的公共关系部不同，公共关系公司是一个独立的营利性机构，它依靠为客户提供服务所收取的费用而生存。由于公共关系公司大都由专业人士组成，具有较高的专业水平、广泛的社会影响和显著的工作效果，因而公共关系公司在 20 世纪得到了迅速发展。

1. 公共关系公司的业务范围

公共关系公司有大有小，其经营的业务也各有不同。有的公司专门提供咨询服务，如采集信息、分析公共关系状态、预测公共关系环境发展趋势，或提供客户要求的其他服务。有的公共关系公司则宣称提供"全方位服务"，从教育培训、咨询服务到专题策划、形象设计、公共关系广告设计等。如中国环球公共关系公司的客户业务部的主要业务包括：企业发展顾问服务、长期沟通计划、企业定位、强化企业形象计划、市场沟通计划、雇员关系服务、财经传播、投资者关系、媒介关系、公共事务、政府关系、问题管理和危机管理等。一般说来，专业、规范的公共关系公司提供的服务主要是以下几种或全部内容。

(1) 咨询诊断。如针对企业中的公共关系机构如何设置，公共关系人员如何培训以及如何处理组织所面临的公共关系难题等方面提供专业化的公共关系顾问服务。

(2) 联络沟通。协助客户与政府机构、金融、经贸、外事、事业团体等相关部门进行联络沟通，以建立和维持良好的关系。

(3) 收集信息。为客户收集、汇编有关的信息、情报资料，如新闻简报、市场信息、民意测验资料，以及各种政治、经济、金融、文化、科技等社会情报。

(4) 新闻代理。为客户策划新闻传播，包括为客户撰写和制作新闻稿件，选择新闻媒介，与新闻界之间建立联系，组织新闻发布会等。

(5) 广告代理。为客户设计、制作公共关系广告、企业广告，制订公共投资计划，对实际效果进行分析。

(6) 推介产品。协助客户推广产品，提升产品的形象。

(7) 组织各种大型会议。包括人员接待和安排，会议程序编制、会议布置、会议材料整理与传播等。

(8) 策划和实施各类公共关系专题活动。帮助客户规划公共关系战略决策、制订公共关系长短期计划、组织公共关系活动、策动公共关系传播，以便在较短的时间内，提高组织的知名度和美誉度。

(9) 制作文字资料。为客户撰写新闻稿件、演讲稿、股东报告和年度报告、企业简介及产品说明等文字材料。

(10) 制作各种宣传资料和纪念品。为客户设计、编制、印刷各种宣传资料和纪念品，如宣传海报、宣传手册以及代表企业标识的徽记、商标、招牌、纪念品等。

(11) 培训服务。举办公共关系相关传播人员的技术培训，培训公共关系人员或特定传播人员。

2. 公共关系公司所具有的优势

很多组织都设有自己的公共关系部，特别是那些大公司，其公共关系部的规模甚至超过许多大型的公共关系公司，或者说，他们就是一家大型公共关系公司。如美国的旅馆和博彩公司(ITT)在20世纪80年代中期，其公共关系部有180多人；而美国电报电话公司的公共关系部堪称世界最大的公共关系部门(在1984年美国电报电话公司解体以前)，1984年经过大幅削减还仍然有800多人(1998年，其公共关系部人数又削减了一半)。庞大的机构、众多的职员、巨额的投资，使这些公共关系部几乎可以从事所有的公共关系业务。那么公共关系公司为什么还能存在，并保持良好的发展态势呢？

(1) 旁观者身份使其观察和分析问题更客观。中国有句古话叫"当局者迷，旁观者清"，公共关系公司对其委托客户来说正是一个旁观者。他们在观察和分析问题时，一般不会受到组织特有的文化和价值观的影响,也没有那种因长期处在一个企业中而形成的思维惯性或定势,再加上他们和组织之间没有直接的利益冲突,因而,他们的观察和分析更客观,能更敏锐地发现组织的问题所在,而且也敢于尖锐地提出来而不必瞻前顾后。

(2) 外来专家身份使其建议和方案更权威。尽管领导们都会强调要发挥员工的积极性和创造精神,尊重员工的合理化建议,但组织以外的专家意见更被领导看重也是一个不争的事实。当然公共关系公司提供的建议和方案也确实更有说服力,因为这些公共关系公司都是由学有专长的专家组成,他们具有明显的智力优势和经验优势,这对经验依赖性很强的公共关系实务活动相当重要。

(3) 一次性付费使组织公共关系活动性价比更优。公共关系公司是一种营利性组织,而且公共关系公司特别是名牌公共关系公司收费还相当高,但如果综合起来考虑,选择公共关系公司还是更经济。一方面,组织维持一个公共关系部门的运转,同样需要支付日常费用、人员工资、办公经费等,开展大型专题活动还需要增加另外的开支;另一方面,公共关系公司提供的方案往往更合理、更权威、效果更佳,组织从中获得的直接和间接效益也更大。因此,对那些小型组织而言,选择公共关系公司要比在内部常设公共关系部更经济。

 阅读案例 3-1

"克兰梅风波"

感恩节是美国的一个传统节日。这一天,美国人要吃一种叫作克兰梅的酸果实做的食品。所以感恩节前夕正是克兰梅食品的制造商和经销商赚钱的最好时机。1959 年 11 月 9 日,美国卫生教育福利部长弗莱明突然宣布,当年的克兰梅作物由于除草剂的污染,在实验室用老鼠做试验发现有致癌病变。虽然还不能证明在人身上是否也会有危害,但是他仍劝告公众自己要酌情处理。此时,离感恩节已经很近,往年正是克兰梅的旺销时节。这个官方公告传开之后,立即在社会上引起了强烈反映。克兰梅食品货架前顿时门庭冷落,已经买了或订购了这类食品的顾客纷纷退货。

美国的海洋浪花公司是专门生产克兰梅果汁果酱的企业。面对巨大的威胁,由公司副总裁史蒂文斯具体负责,请了纽约著名的 B-B-D-S 广告公司公共关系部指导,开始了有目的的一系列公共关系活动,以挽回克兰梅食品声誉。首先,公司成立了一个 7 人小组,专门对事件发生的整个过程进行深入细致的调查。他们发现,弗莱明的公告是一种误解。第一步,召开记者招待会,公布调查的全部情况;花费重金,在美国全国广播公司《今日新闻》电视节目中,安排专访节目,请有关政府官员、卫生、食品方面的专家、学者,以及克兰梅食品的长期消费者对克兰梅食物发表权威性的意见,以消除弗莱明的公告造成的不良影响;还组织记者访问,强调弗莱明公告的不公正和不恰当。第二步,打电报给弗莱明,要求他立即采取措施,挽回影响;致电艾森豪威尔总统,要求把所有克兰梅作物区划为灾难区;同时再发电报给弗莱明,通知他已向政府提出控告,要求他赔偿损失 1 亿美元。第三步,利用名人效应进一步打消消费者的疑虑。当时,4 年一度的美国大选即将开始。两位年轻的政客——风流潇洒的肯尼迪和学识渊博的尼克松,正在进行各种争取选民的活动。在一次两人与公众见面的电视镜头中,尼克松吃了 4 份克兰梅果酱,肯尼迪喝了一杯克兰梅果汁。9 天以后,法庭开庭审理。海洋浪花公司与政府达成协议,对这批克兰梅作物是否有害于人体进行科学试验。克兰梅又及时地赶在感恩节前夕回到了商店的货架上。

资料来源:方正松.现代公共关系案例[M]. 北京:中国财政经济出版社,2002.

(4) 知名公共关系公司的形象具有扩散效应。对于那些想尽快提高知名度和美誉度的组织来说,聘请知名公共关系公司开展一次或一系列成功的公共关系活动是不错的选择。其实,知名公共关系公司本身就具有宣传效应。正如一家默默无闻的地方小企业只要在中央电视台露一次脸就可以一举成名一样，知名公共关系公司也会在无形中提高其客户形象。一旦成为那些国际知名公共关系公司的客户，组织就能充分地共享该公共关系公司的形象资源，借机扩大知名度，提高美誉度。

3. 公共关系公司的服务方式

公共关系公司以其训练有素的专业技能和富有成效的工作方式，赢得了越来越多的组织的青睐，即便是那些内部已成立公共关系部的组织，也倾向于缩减公共关系部的规模，或者把组织内部的公共关系部和公共关系公司结合起来，以便更好地完成公共关系职能。前面提到的美国旅馆和博彩公司(ITT)，在1998年将180多人的庞大公共关系部削减到只剩下两个副总裁；美国的哥伦比亚广播公司(CBS)的公共关系部人员也由30多人减少到1人(且为从公共关系公司聘请的高级副总裁)。美国公共关系学会的一项调查也表明：3/4的美国公司都在使用外部顾问，因为外部顾问能提供内部不易得到的有价值的服务。

公共关系公司可以根据自身的条件、与委托人合作时间的长短以及委托单位的特点等，为委托人提供各种方式的公共关系服务。其中，最基本的服务方式主要有以下几种。

(1) 代理服务。代理服务主要包括两类：一类是为委托人代理某项专门的公共关系活动。如策划和组织一次大型产品展销会，企业的公共关系部因为缺少某方面的专门人才或社会联系不够广泛而无力承办，可委托公共关系公司代理。另一类是为委托人长期代理公共关系活动。主要是那些无力组建公共关系部的小企业，委托某家公共关系公司长期代理本企业的公共关系工作。

(2) 充当对外关系的联系人或协调者。委托单位需要同某些单位或某类公众沟通意见，取得他们的理解和支持，而平时和他们又没有联系。而公共关系公司因为自身跨行业、跨地区甚至跨国界的工作性质，早已与这些单位或者部门公众之间有着某种联系甚至是良好的关系。于是委托单位可以借助公共关系公司已有的关系同这些单位或公众进行联络，会取得更好的效果。

当某个企业的公众对企业产生误会，甚至出现严重分歧与对立，而又各执己见僵持不下的时候，本企业很难出面与这部分公众进行直接的沟通。这时，如果委托公共关系公司以第三者的身份出面，同这部分公众进行沟通和调停，就容易化解矛盾，消除烦恼其，恢复公众对企业的信任和好感。

(3) 向委托人提供各种公共关系咨询。包括针对企业中的公共关系机构设置、公共关系人员培训以及如何处理组织所面临的公共关系难题等方面提供专业化的公共关系顾问服务。

(4) 为委托人培训公共关系人员。包括为委托单位举办短期公关人员培训，公共关系公司派出某方面的专家，到企业指导或协助开展公共关系工作，请委托单位公共关系人员到公司学习，提高他们的素质。

4. 公共关系公司的工作原则

公共关系公司作为一类特殊的服务性公司，除了遵循一般公司都应遵守的基本原则(如自觉遵守国家法律、法令和有关政策，对社会公众负责)以外，还应遵守以下原则。

(1) 维护委托者的利益。公共关系公司和委托公司之间的关系并不是简单的"一方付费，一方供货(服务)"关系。公共关系公司在开展工作时，不但要注意维护本身形象，更重要的是站在客户的立场上，尽全力为客户办好事、办实事。因此，公共关系公司在制订公共关系活动经费预算时就应该精打细算,不要因为好大喜功、一味地追求轰动效应而铺张浪费;在收取服务咨询费时也应公平公道,不要漫天要价;对于在公共关系活动实施过程中出现的问题,也应本着认真负责的态度及时整改,以达到最佳效果。

(2) 严守委托者秘密,不干涉委托者的内部事务。由于工作性质,公共关系公司可能会接触和了解委托方的生产、经营、管理情况,甚至还会触及委托方的某些商业秘密,而这些信息一旦泄露出去,特别是被竞争者知悉,可能会给委托方带来灾难性后果。因此,公共关系公司在工作过程及工作完成以后,都应该严守这些秘密。同时,公共关系公司在为委托方服务过程中,应严格约束自我,把对委托单位的建议意见和干涉其内务区分开,不得借口工作需要而指手画脚。

(3) 严格禁止同时为互相竞争的委托者提供服务。公共关系公司的服务对象遍及各行业、各公司企业,但公共关系公司不得同时为两家互为竞争对手的公司提供公共关系服务,更不能以掌握的信息为资本,去为该客户的竞争对手服务,因为这样做对这两家公司都是不公平的。

3.2 公共关系从业人员

公共关系从业人员不仅数量多、增长快,而且也是少数几个高薪行业之一。与高薪职位相对应的是富有挑战性的工作。他们必须和位高权重的高层领导、怨气冲天的内部员工、不懂专业的股东、挑剔的顾客、狡猾的竞争对手等各类公众打交道,不但要面对鲜花和掌声,同时也要接受鸡蛋和西红柿的"洗礼"。需求数量的增长、高薪的职位、挑战性的工作,使得公共关系从业人员备受瞩目。那些想成为这个富有吸引力行业中的一员或者已经入行的人,都应该努力使自己达到一些基本要求。

3.2.1 公共关系从业人员的基本要求

在一些行业外的人看来,公共关系工作对人的要求就是"俊男靓女"加"口若悬河",这其实是对公共关系工作的极大误解。公共关系工作是一项专业性很强的工作,对其从业人员也有特殊的要求。作为一名专业的公共关系从业人员,首先应具备基本的公共关系意识、合理的知识结构和专业技能,其次应有较强的综合能力,此外还必须有良好的心理素质和道德素质。

1. 公共关系从业人员的公共关系意识

公共关系意识是公共关系人员的思想灵魂,是公共关系人员所具备的各项基本素质中最为重要的一项素质。公共关系人员应具有的公共关系意识主要有形象意识、公众意识、传播意识、互惠意识、创新意识和危机意识等。

(1) 形象意识。公共关系的核心概念之一是形象。在现代社会中,良好的形象是组织的无形资产,公共关系的一切工作都是围绕形象目标而展开的。因此,重视形象塑造并提高声誉也就成了公共关系意识中最基本的思想。公共关系人员在工作中应利用一切机会塑造并维护良好的组织形象和自身所代表的组织形象。

(2) 服务意识。公共关系的对象就是公众,其目的就是赢得公众对组织的理解、信任和合作。因此，公共关系人员应随时把公众的需要放在第一位来考虑，确立服务公众的意识，实际上就是明确了公共关系的方向和目标。

 阅读案例 3-2

只有一名乘客的航班

英国航空公司所属波音 747 客机 008 号航班，准备从伦敦飞往日本东京时，因故障推迟起飞 20 小时。为了不使在东京候此航班回伦敦的乘客耽误行程，英国航空公司及时帮助这些乘客换乘其他公司的飞机。共 190 名乘客欣然接受了英航公司的妥当安排，分别改乘别的航班飞往伦敦。但其中有一位日本老太太叫大竹秀子，说什么也不肯换乘其他航班，坚决要乘英航公司的 008 号航班不可。实在无奈，原拟另有飞行安排的 008 号航班只好照旧到达东京后再飞回伦敦。

一个罕见的情景出现在人们面前。东京—伦敦，航程达 13000 公里，可是英国航空公司的 008 号航班上只载着一名旅客，这就是大竹秀子。她一人独享该机的 353 个飞机座席以及 6 位机组人员和 15 位服务人员的周到服务。有人估计说，这次只有 1 名乘客的国际航班使英国航空公司至少损失约 10 万美元。

从表面上来看，的确是个不小的损失。可是，从深一层来理解，它却是一个无法估价的收获。正是由于英国航空公司一切为顾客服务的行为，在世界各国来去匆匆的顾客心目中换取了一个用金钱也难以买到的良好公司形象。

资料来源：王伟娅.公共关系概论[M].大连：东北财经大学出版社，2006.

(3) 传播意识。公共关系的目标就是影响和改变公众对组织的态度和行为。而要达到这个目标，就需要在开放条件下不懈地向社会和公众进行传播，传播组织一切值得传播的信息，有了传播意识，社会组织就会利用一切机会进行自我宣传，而且会诱导社会公众为组织做宣传。

(4) 互惠意识。互惠互利、与公众共同发展是社会组织开展公共关系工作的原则，也是组织是否真诚地对待公众的试金石。组织在自身的发展过程中，能否想到、理解和支持公众的利益，能否想到自己对公众的回报，是组织是否具有互惠互利意识的表现。

(5) 创新意识。公共关系是一门科学和技术，因为它有客观的可遵循的规律，有相对稳定的操作程序；公共关系又是一门艺术，它要突破固定程式，追求奇特和新颖。唯有创新，才能塑造具有个性的组织形象；也唯有创新，才能使组织的良好形象打动公众，征服公众。

(6) 危机意识。危机意识是对组织的形象和社会公众关系能否保持良好沟通的忧患意识。导致危机产生的原因是多种多样的，所以危机是防不胜防的。有了危机意识，就能够防患于未然，也可以在危机将要出现时，提前采取措施把危机控制在萌芽状态。

综上所述，以上公共关系意识互相关联，构成了一个完整的体系，成为公共关系人员素质的核心内容。

2. 公共关系从业人员的知识结构

公共关系从业人员与其他行业人员的最大区别，在于他们具有从事公共关系工作的必要知识和专业技能，特别是有了职业准入制度以后，是否具备公共关系理论和实务知识更是成为公共关系人员的必要条件。要成为一名合格的公共关系从业人员，掌握以下几方面知识是非常有帮助的。

(1) 公共关系的基本理论知识。这方面的知识主要有：公共关系的由来和历史沿革，公共关系的基本概念和基本职能，公共关系的三要素及其相互关系，公共关系工作的基本程序等。

(2) 公共关系的基本实务知识。公共关系是一种实践性强、重视经验积累的职业，当然也重视公共关系基本实务知识和技巧。事实上，公共关系调研知识、公共关系策划知识、公共关系谈判技能、公共关系传播方法等，是每个公共关系从业人员都应该掌握的实务知识。

(3) 相关学科专业知识及开展特定公共关系工作所需的专业知识。公共关系从业人员为了更好地开展工作，还应该掌握一些相关学科的理论知识。与公共关系学科联系最紧密，对公共关系理论和实务影响最大的学科有管理学、传播学、社会学、心理学、行为科学，而市场营销学、广告学、人际关系学则因为与公共关系学科的理论和实务有相当的交叉而颇具借鉴意义。除此以外，公共关系从业人员在接受特别的委托公共关系业务(如国际市场公共关系、行业公共关系)时，还要了解相应的地区文化传统、风俗习惯以及特定行业的基础知识。

现代社会是信息爆炸、知识爆炸的社会，公共关系人员再勤奋也不可能全部掌握所需的公共关系知识，但每个公共关系人员都应以此为目标激励自己，不断地学习，不断地吸收最新的公共关系理论、实务知识和公共关系技巧，努力使自己成为知识结构合理的公共关系人员。

3. 公共关系从业人员的能力结构

美国一位公共关系专家坎托曾在《公共关系杂志》(Public Relations Journal)上撰文，阐述成功的公共关系从业人员的十大特征：①对于紧张状态做出反应；②个人主动性；③好奇心和学习；④精力、活力和抱负；⑤客观的思考；⑥灵活的态度；⑦为其他人提供服务；⑧友善；⑨多才多艺；⑩缺乏自我意识。分析这十大成功因素，我们发现大都与公共关系人员的工作能力相关，由此可以看出，较强的综合能力对公共关系人员十分重要。

一般来说，合格的公共关系人员应努力使自己具备以下几方面的能力。

(1) 创新能力。公共关系工作在某种程度上讲就是以变促变，不同时间、不同地点、不同对象，同一内容的工作方式也会不尽相同。因此，公共关系人员的工作是一种富于创造性、创新性、开拓性的工作，只有不断推出富有想象力、别具一格的新颖活动方案，才可能使组织或一鸣惊人、旗开得胜，或力挽狂澜、化险为夷，或力克群雄、出奇制胜。

 阅读案例 3-3

创新的力量

为了庆祝爱迪生发明灯泡15周年，爱德华·伯纳斯组织了举世瞩目的"灯光佳节"活动。1929年10月2日，世界上许多公用事业公司都同时切断了自己的一切电源，为时1分钟，以示对爱迪生的纪念。胡佛总统和许多名流、要人，包括亨利·福特这样的汽车大王，还出席了一个宴会，使这个庆祝活动达到了高潮。这件事促使美国邮电部门专门为此发行了一枚两分的邮票。

资料来源：王伟娅.公共关系概论[M].大连：东北财经大学出版社，2006.

(2) 表达能力。把所要传达的信息或思想清晰地用文字或口头表达出来，是对公共关系人员的一项基本要求。无论是准确表达思想，还是给表达对象留下良好的印象，在公共关系工作中都是十分重要的。清晰、明了、简洁的表达才能收到良好的沟通效果。

(3) 协调能力。公共关系中的每一项工作都离不开公共关系人员的协调,对组织内部公众而言,有组织上下级关系的协调,有同级部门之间关系的协调;对组织外部公众而言,有组织利益与公众利益的协调。公共关系人员的协调能力越强,公共关系活动的开展就越快,效果就越好;反之,效果就越差。

(4) 社交能力。公共关系是一种组织与公众之间的关系,但这种关系的建立和维护要依靠人际交往来完成。公共关系人员工作的大量内容是直接面对各方面、各类型的社会公众,去迅速建立双向的有效沟通,赢得理解、信任与合作。因此,有效的人际交往是组织搞好公共关系工作的基础。衡量一个公共关系人员能否适应公共关系工作的标准之一,就是看他是否具备善于与他人交往的能力。

(5) 组织管理能力。公共关系人员要善于调动、组织和协调组织内外公众的力量和关系;善于制订公共关系工作的日常计划和专题计划,并适当有效地组织实施与评价;善于组织和参与各种有关的、常见的会议与活动,并恰当有效地选择和运用多种传播手段,推动组织预期目标的实现。

4. 公共关系从业人员的生理和心理素质

谈到公共关系从业人员的心理和生理方面的素质,对公共关系了解不深的人便会认为:外向型性格的人比内向型性格的人更适合从事公共关系工作,相貌出众的人比相貌平平的人工作得更出色,善于交际的人比不善应酬的人更有优势。其实这是一种误解,我们当然不能否认那些性格外向、热情奔放、英俊潇洒、善于交际的人可以从事公共关系工作,但后者同样可以在公共关系行业找到自己的位置。

 阅读材料 3-1

公关人员应具备的素质

法国人杜孟,现年45岁,中国首家合资公关公司——中法公关公司的创立者。曾参与过包括亚运会、北京申奥等大型活动的公关策划,被国内一些媒体誉为"中国公关之父"。

在谈到优秀公关工作者素质要求时,杜先生认为:

首先要有职业道德,这是非常重要的。这个行业需要别人相信你——成功的公关人士都有一流的名声,必须正确识别自己得到的信息是否有价值。有些人为了经济利益,不慎重考虑全局问题,这对行业运作是危险的隐患。如果客户的目标不符合公关的职业道德标准,索性就不接手这个客户。许多人为经济利益而放弃道德,而一流的公关从业人员知道什么是对、什么是错,什么该做、什么不该做。

其次,公关人员要非常灵活。不光灵活,还要学会从各个角度看问题,要了解各方面的文化;要学会即使对问题有不同看法,也要接受别人的观点,否则很难做一流的公关人士。

最后,还要有语言条件。要擅长语言表达,在涉外公关方面精通外语。

在杜孟看来,以上是最基本的条件,但并不是只要做到上面三个条件就可以轻松成功。公关行业包括很多专业,但无论做哪一行的公关,只有你做到了这三个基本条件,成功才会向你招手。

资料来源:何伟祥. 公共关系原理与实务[M]. 大连:东北财经大学出版社,2006.

无论是性格外向的还是性格内向的,无论是相貌英俊的还是相貌平平的,无论是善于交际的还是不善交际的,作为公共关系人员来说,都需要具备一定的生理和心理素质,主要包括以下几方面。

(1) 广泛的兴趣。公共关系人员的职业特点决定了他必须与各种专业、各方面、各层次的人物打交道，具有广泛的兴趣是建立交往的基础，是寻找共同点和接近点，实现与公众沟通、交流的主要手段。同时，对于公共关系人员来说，具有广泛的兴趣可以博采众长、见多识广，在复杂的环境和关系中机智应变，顺利开展工作。

(2) 坚强的意志。公共关系人员应该在错综复杂的公共关系活动中，在遇到困难时，保持较强的心理承受力、忍耐力和自制力，保持很强的自信心、上进心，敢于承担责任，承认错误，善于动员各种力量从容处置，迎难而上，以达到既定目标。

(3) 开朗的性格。人的性格在公共关系交际中具有重要意义。开朗外向型的人，常常充满热情、富于朝气，可以使人感到亲切，易于创造交流思想、交流感情的环境，能够使人在困难面前保持乐观向上的情绪，形成宽容豁达的精神。因此公共关系人员具有开朗、开放的性格，是公共关系工作顺利开展的重要条件。

(4) 保持良好的仪表和风度。公共关系工作要求经常与公众打交道，从生理的角度看，较好的体形、强健的体格、端正整洁的仪表和潇洒飘逸的风度，会对公众产生天然的吸引力和首因效应，为进一步发展交往、增进友谊、开展工作打下相应的基础和条件。

5. 公共关系从业人员的职业准则

一个学科、一个行业、一种职业的真正成熟，其标志并不是从业人员的大量增加，也不是营业额或客户数量的迅速增长，而是形成该行业的职业道德准则。所谓职业道德准则，是社会对各种不同职业、行业所提出的专门化的道德要求，是一种系统化、条理化的准则。任何一种行业、职业，只有认真地履行自己的职业道德准则，才会得到社会的认可、支持和理解。公共关系行业在长期的社会实践中，其职业道德准则也得到了不断完善。在公共关系发展史上，美国公共关系协会是最早推出自己职业道德准则的专业协会，到1988年推出新的《职业标准准则》时，该准则已先后修订过6次。在美国公共关系协会的带动下，很多公共关系协会推出了自己的道德准则。在已成文的公共关系职业准则中，《国际公共关系道德准则》的影响较大，除此之外，是《美国公共关系协会职业准则》和《英国公共关系协会行为准则》。我国相应制定了《中国公共关系职业道德准则》。多种公共关系职业准则，其目的均是规范公共关系人员的行为，扩大公共关系行业的良好声誉。

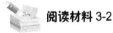

阅读材料 3-2

美国公共关系协会《会员职业道德准则》

倡导：
(1) 我们通过为客户宣传的方式为公众利益服务；
(2) 我们通过媒体宣传、提供事实及观点去倡导成熟的公众舆论。

诚实：
我们本着高度精确与真实的原则去优化客户利益与公众交流。

专业化：
(1) 我们获得并使用的都是专业知识及实践经验；
(2) 我们通过持续的专业开发、研究与教育来推动行业发展；

(3) 我们在一个广阔的学术机构和受众的列阵中建立相互理解、信用及关系。

独立：
(1) 我们为客户提供客观的建议；
(2) 我们为我们的行为负责。

忠诚：
虽然我们对客户忠诚，然而，我们把为公众利益服务放在首位。

公正：
(1) 我们公正地对待客户、雇主、竞争对手、媒体及大众；
(2) 我们尊重所有的观点并支持自由言论权。

 阅读材料3-3

《中国公共关系职业道德准则》

(1) 每个公共关系从业人员必须使自己的公共关系实践和理论符合我国的宪法、法律和社会公认的道德规范，必须铭记自身的一举一动都将影响到社会公众对这种职业的总体评价。

(2) 在任何情况下，公共关系从业人员必须做到全心全意为我国的社会主义事业服务，都应该考虑到有关各方的利益，首先应该考虑社会公众的利益，同时也应该考虑到自己所在组织的利益。

(3) 公共关系从业人员在进行公共关系活动的时候，力求真实、准确、公正和对公众负责。

(4) 从事各种专业公共关系的专职人员应该在借鉴、钻研和实践的基础上努力提高各自的公共关系业务水平。

(5) 公共关系教育工作者应该以一种严肃、认真、诚实的态度对待公共关系高等教育和普及教育。

(6) 公共关系从业人员不得参与不道德、不诚实或有损于本职业尊严的行为。

(7) 公共关系从业人员不得为了个体利益故意传播虚假的或使人误解的信息。

(8) 每个公共关系从业人员不应该有意损害其他公共关系从业人员的信誉和公共关系实务，但是如果有证据证明其他公共关系从业人员有不道德、不守法或不公正行为，包括违反准则的行为，应该向自己所属的公共关系组织如实反映。

(9) 公共关系从业人员不得借用公共关系名义从事任何有损公共关系信誉的活动。

(10) 公共关系从业人员不得利用贿赂和其他不正当手段来影响传播媒介人员真实、客观的报道。

(11) 公共关系从业人员在国内外公共关系实务中应该严守国家和各自组织的有关秘密。

3.2.2 公共关系人员的培养和考评

成为一名合格的公共关系人员并不是容易的事，达到公共关系人员基本要求只是第一步，而接受公共关系教育和培训是必经之路。

1. 公共关系人员的培养

公共关系工作在一定意义上说是一种手段，手段的成功与否关键在于对公共关系人员的运用与把握。公共关系人员的素质并非天生，而是后天有意识、有组织地不断加强教育培养、培训的结果。

1) 培养规格

公共关系人员的培养主要包括以下两种类型。

(1) 通才型。就是知识面广，有较合理的知识结构，有良好的心理素质和综合能力素质，在工作中能独当一面，较好地处理复杂问题的公共关系领导人才或专职管理人员。有人把此类人才结构形象地称为"三个1/3"，即1/3的企业家，1/3的宣传家，1/3的外交家。

(2) 专才型。就是比较精通于某方面的公共关系技术技能，如编辑、写作、设计创意、市场调查、绘画摄影、设计广告等。这类人才是公共关系工作不可或缺的人才，是某一领域的专家，较适宜于公共关系工作中某些具体的业务工作。

2) 培养途径

公共关系人员的培养途径主要包括以下两种。

(1) 学校正规的教育培训。这是一条专门培养公共关系人才的正规途径，也是社会培养公共关系人才的一种方式。在这种方式下，学生可以系统地学习公共关系理论，潜心研究公共关系技巧，掌握信息传播工具，并参加适当的实践与模拟活动。学校正规培养的优点是：课程学习安排具有系统性和科学性，专业基础知识学习具有广泛性和厚实性。

(2) 在职进修培训。在职进修是我国公共关系教育培训中最受欢迎的形式之一，其主要特点是：教学的现实针对性较强，周期短，见效快；学生的学习目的明确，且已有实践经验，故易于理解、接受和领悟，而且能学以致用。

2. 公共关系从业人员的资格认证

早在1953年，美国著名公共关系专家爱德华·伯纳斯就看到不合格的公共关系人员滥竽充数的危害性，提出对公共关系从业人员实行职业许可证制度，以保证公共关系职业的权威性。但直到1965年美国公共关系协会才开始实行专业资格认证制度(Accreditation in Public Relations，APR)，到20世纪80年代中期，该协会11700名会员中的1/3获得了APR称号。

相比而言，英国公共关系协会主持的CAM考试虽然比美国的APR要晚，但其影响力更大。CAM是传播(Communication)、广告(Advertising)和市场(Marketing)教育基金会的缩写。

CAM考试分两个等级：第一等级有7门考试课程：市场学、广告、公共关系媒介、调查与行为研究、传播实践、商业与经济环境。公共关系、广告和市场营销人员只要通过其中6门课程考试，就可获CAM传播研究证书，获此证书后再参加第二等级考试。第二等级的考试分开进行，针对公共关系人员的考试课程有4门——商业组织公共关系、非商业组织公共关系、公共关系战略、管理资源，考生只要通过其中3门就可获得CAM公共关系文凭和公共关系从业资格。该项考试和专业资格不仅英国认可，而且得到国际广告协会的正式承认，已经有越来越多的外国人报名参加这项考试。

1993年，中国公共关系协会也开始推进"公共关系专业资格证书"培训活动。经过几年的实践探索和不懈努力，终获国家有关部门认可，从2000年起，在全国举行统一的公共关系从业人员任职资格考试，合格者获"公共关系员"称号，有资格从事公共关系工作。

3. 公共关系人员的考核方法

考核就是指组织对本单位公共关系人员的思想、品行、技术业务、工作态度、工作能力、工作绩效及健康状况等进行评价。

1) 考核内容

主要有德、勤、能、绩四个方面。

(1) 德。即思想政治素质，包括是否遵守国家政策、法律法规，是否具备良好的职业道德和社会公德，以及敬业精神、奉献精神、廉洁自律和团结协作精神等。

(2) 勤。即勤奋精神，包括工作出勤率、工作积极性等。

(3) 能。即完成各种公共关系专业性活动的能力，包括知识水平、业务水平、表达能力、交际能力、分析判断能力、组织管理能力、预见反应能力、应变耐久力、开拓与创新能力等。

(4) 绩。即工作的实绩(数量与质量)，包括工作业绩、工作效率、工作质量等。

考核中以工作实绩为主，考核项目和侧重点根据考核目的和对象不同而有所选择或偏向。

2) 考核方法

考核的方法要坚持科学性原则，即做到客观、公正、全面。常见的考核方法有以下几种。

(1) 量表评定法。量表评定法是以一种标准化的等级量表为工具，采用组织评议、群众评议、自己评议等多种途径，对公共关系人员进行全面评定的方法。

量表评定法的优点是评定项目设计严格，定义明确，计量方法统一合理，评定结果既可以反映一个人的实际水平，又可以进行相互间的比较。因此，这是一种比较好的判定方法。

这种方法是根据各考核要素把所有的被考核者分别按两两一组的方式进行比较，并判断每组的优者和劣者，然后综合其结果得出最终序列和成绩。采用这种方法，必须把所有被考核者两两相比，每一要素的对比次数为 $n(n-1)/2$（n 代表被考核者人数），因而考核的准确性较高；而且，由于考核者在考核过程中很难判断每个被考核者的最终成绩，因此可以避免考核者的主观影响。但这种考核方法的被考核人数有限，手续烦琐，工作量大。

(2) 考试评议法。考试是检查公共关系人员专业理论、技术知识的重要考核手段，分为口试和笔试两种。公共关系人员的职位不同，对其文化程度和专业理论知识的要求也不同。

评议，就是采取多种方法征求有关人员对被考核人员的意见，并组织进行分析、讨论，最后做出公平、正确的评价。这里关键是需要事先深入了解公共关系人员的全面业务工作状况，以避免评议结果的片面性和主观性。

(3) 工作标准法。这种方法主要是根据从事各个职务的公共关系人员的各项具体要求(包括工作的质量、数量、时间期限、工作方法等)制定工作标准，并以此标准去衡量公共关系人员的优劣。这种方法有明确而具体的客观标准，比较公平合理，特别适合考核工作成绩。这一方法适用于调整职务津贴和奖金分配，但不宜直接套用以决定公共关系人员的晋升和调配。因为有些职务不易制定标准，尤其是复杂的脑力劳动更难制定标准。因此，这种方法的适用范围有一定的局限性。

除上述方法外，公共关系人员的考核方法还很多，如代表比较法、评分法、因素评级法等。各种方法都有优劣，而且考评的侧重面也不同，因此在选择考核方法时，必须从实际出发，不能套用一种模式。

本 章 小 结

公共关系机构是指组织内部从事公共关系活动的部门和社会上提供有关公共关系服务的组织的总称，主要包括：公共关系部、公共关系公司和公共关系社团。

公共关系机构的基本任务主要包括以下几个方面：①建立并维护同组织内部及外部公众之间的关系。②及时了解内部及外部公众的各种意见、建议，并监测客观环境的变化。③选择适当的方式和渠道把组织的有关信息传递给公众。④协调组织内外的各种关系并处理组织与公众之间的矛盾和纠纷。⑤参与组织决策，为决策提供信息和咨询服务。⑥策划和实施公共关系专题活动。

> 公共关系部的设置主要有以下四个模式：①部门附属型；②部门并列型(最高领导间接负责型)；③最高领导直接负责型；④公共关系委员会型。根据组织规模的不同，所设立的公共关系部的内部结构可分为简单型、双层型和复杂型三种不同的类型。公共关系部通常需要配置下几种专业人员：编辑撰稿人员、调查分析人员、公共关系策划人员、公共关系组织人员等专业人员。
>
> 公共关系公司可以根据自身的条件，与委托人合作时间的长短以及委托单位的特点等，为委托人提供多种方式的公共关系服务：①代理服务；②充当对外关系的联系人或协调者；③向委托人提供各种公共关系咨询；④为委托人培训公共关系人员。
>
> 作为一名专业的公共关系从业人员，首先应具备基本的公共关系意识、合理的知识结构和专业技能，其次应有较强的综合能力，此外还必须有良好的心理素质和道德素质。

 关键术语

公共关系机构　公共关系部　公共关系公司　公共关系人员

综 合 练 习

一、填空题

1. 组织内部的公共关系机构包括_____和兼具公共关系职能的其他部门。
2. 组织外部的公共关系机构包括_____和兼具公共关系职能的其他社会组织。

二、简答题

1. 简述选择公共关系机构应遵循的原则。
2. 公共关系部的设置模式有哪几种？各有什么特征？
3. 公共关系公司的业务范围有哪些？
4. 公共关系公司与公共关系部相比有哪些优势？
5. 公共关系公司应遵循什么样的工作原则？
6. 公共关系从业人员应达到哪些基本要求？
7. 公共关系从业人员如何达到这些基本要求？

三、讨论题

1. 某工厂为了扩大影响，搞好各种关系，决定成立公共关系部。他们经过三轮选拔，从数千名职工中选出6名形貌俱佳、落落大方的青年女工，负责接待来订货的客户，陪同客户洽谈业务和娱乐等。你认为作为一个合格的公共关系人员应具备哪些条件？该工厂选拔出来的6名青年女工是一个组织所需要的公共关系人员吗？

2. 许多人认为，他们的性格和气质使自己不具备成为成功公共关系人员的条件。你如何评价这种看法？你认为性格和气质在优秀公共关系人员的成功中起到多大作用？

3. 有些组织实行秘密薪酬制度，员工们不能向外透露自己的工资水平，也不得向同事打听或谈论工资多少问题。你愿意为这样的组织工作吗？为什么？

四、名词解释

公共关系机构、公共关系部、公共关系公司

实际操作训练

课题 3-1：公共关系机构调查

实训项目：了解公共关系机构的工作内容

实训目的：了解公共关系部的工作任务和工作内容

实训内容：以小组为单位采访一家企业，了解该企业公共关系部门的情况。

实训要求：收集所采访企业公共关系部门的具体工作内容，以及该公共关系部的工作任务和工作内容，写出一份书面报告。

课题 3-2：公共关系部门组建

实训项目：了解公共关系部的设置模式及人员配备

实训目的：掌握公共关系部门的设置模式及人员配备

实训内容：你所在的公司是一家总部设在北京的全国连锁型大型装饰公司，你是总部营销部副总经理，现在公司总经理要求你组建公共关系部，并任命你为公关部总负责人。

实训要求：将参加的学生分为若干小组，以小组为单位，写一份组建公关部的方案及所需配备人员。

【案例分析】

根据以下案例所提供的资料，试分析：

(1) 你认为公共关系部应该完成的主要任务是什么？
(2) 你认为公关人员应该具备什么样的条件和素质？

"先搞清这些问题"

有一家宾馆新设了一个公共关系部，开办伊始，该部就配备了豪华的办公室，漂亮迷人的公关小姐，现代化的通信设备……但该部部长却发现无事可做。后来，这个部长请来了一位公共关系顾问，向他请教"怎么办"，于是这位顾问一连问了以下几个问题：

"本地共有多少宾馆？总铺位有多少？"

"旅游旺季时，本地的外国游客每月有多少？港澳游客有多少？国内的外地游客有多少？"

"贵宾馆的知名度如何？在过去三年中，花在宣传上的经费共多少？"

"贵宾馆最大的竞争对手是谁？贵宾馆潜在的竞争对手将是谁？"

"去年一年中因服务不周引起房客不满的事件有多少起，服务不周的症结何在？"

对这样一些极其普通而又极为重要的问题，这位公共关系部部长竟张口结舌，无以对答。于是，那位被请来的公共关系顾问这样说道："先搞清这些问题，然后开始你们的公共关系工作。"

资料来源：张岩松. 公共关系案例精选精析[M]. 北京：中国社会科学出版社，2006.

项目 4　公众及公众心理

教学目标

通过本章学习,了解公众、公众态度、公众舆论等概念,理解公众的分类及特征,熟悉公众态度的形成及其主要影响因素,掌握创设公众舆论的流程及其策略。

教学要求

知识要点	能力要求	相关知识
目标公众	(1) 能够识别不同类型组织的重要公众 (2) 能够鉴别组织的目标公众	(1) 组织的类型 (2) 目标公众的概念
公众态度	(1) 理解公众态度的形成及其影响因素 (2) 能够测定公众态度	(1) 态度的概念 (2) 公众态度的形成过程 (3) 影响公众态度形成的因素 (4) 公众态度的测量方法
公众舆论	能够根据组织不同的舆论氛围采取相应的措施	(1) 公众舆论的概念 (2) 公众舆论的形成过程 (3) 公众舆论创设的流程

项目 4 公众及公众心理

 导入案例

某律师的投诉

某律师在消费当地一家颇有影响的食品企业所生产的食品时,发现产品存在严重的质量问题。于是,他与企业进行了交涉。企业接待人员同意研究后给其一个答复,但此后便没了下文。无奈,律师将有质量问题的食品拿到当地一家颇有影响到的报社,将情况反映给记者。该报社遂派记者到企业进行现场采访。记者在企业拍摄到了许多违反国家食品生产规定的现场画面。企业领导发现后强行索要记者所拍资料不成后,将记者扣留。在当地公安人员的解救下,记者在被困一个多小时后得以安全返回。事后,该报以系列报道的形式将消费者反映的有关该企业的问题,以及记者在企业中所拍摄的材料、经历公之于众,企业经营一时陷入困境。

资料来源:中国教育和科研计算机网

公众是组织赖以生存和发展的基础,也是公共关系的工作对象。任何一个社会组织的生存和发展都离不开公众的信任、支持和合作。公共关系实际上就是组织通过各种传播手段把有关组织的信息传达给各类公众,以建立和维系组织与公众之间的良好关系,树立组织的良好形象和声望,促进各种所期待的公众舆论的形成,从而为组织的发展创造良好的公共关系环境。为此,公共关系人员就必须了解和分析组织所面对的各种公众,了解公众的心理并掌握吸引公众的方法,有针对性地策划和实施公共关系活动,以此影响和改变公众态度并创设对组织有利的公众舆论。

4.1 公众及其基本特征

4.1.1 公众的含义

从公共关系学的一般意义上说,公众指的是与某一特定社会组织机构有着某种关联且相互影响和相互作用的个人、群体或组织的总和。这些个人、组织和群体与组织之间有着一定的利益关系,对组织的生存和发展有着重要的影响,而组织的观念、政策和行为也会对这些个人、组织和群体有着一定的影响。

"公众"一词在社会科学和日常生活中使用得很广泛,但它在公共关系学中的含义不同于在其他学科中的含义,也不同于在日常生活中的含义。比如在社会学中,"公众"指的是大众,指社会上大多数人。而日常生活中我们所说的"公众",指的是普通老百姓、广大群众的意思。此外,公众和其他一些相关的概念,比如"人民""群众""人群""受众"等,也存在明显的区别。

"人民"作为一个政治、哲学及社会历史的范畴,指的是一切推动社会历史前进的人,泛指居民中的大多数,其中包括劳动群众及促进社会历史发展的其他阶级、阶层或集团。

"群众"与人民相比,其内涵大而外延小。就是说,其本质含义在很大程度上是一致的。从范围上看,群众包含于人民之中,但其内涵更具体、稳定。人民是个动态的概念,在不同的历史时期有着不同的内容,但其主体和稳定的部分始终是从事物质资料生产和精神资料生产的劳动者,这部分人就是群众。

"人群"作为社会学用语,在量上指居民中的某一部分,在质上是个松散的结构,不一定需要核心和相互联结的牢固纽带,只要人聚在一起都可以称之为"群"。

"受众"是传播学的概念,在新闻学、广告学中也通用,其含义与公众接近,乃至在公共关系学中也经常使用。但在不同的学科或专业,具有不同的学科含义。从广告的角度讲,受众指的是一些东西、信息或资料的接受者。而公关界则把受众划分为积极受众和消极受众,公众特指积极受众,特指那些被共同利益或共同关心的问题联结在一起的群体(也可能是个人或群体)。这种群体对组织有着重要的影响,因此成为组织传播交流信息的对象。

综上所述,"公众"这个概念涵盖了公共关系工作的所有对象,凡是公共关系传播沟通的对象都可称之为公众。概括而言,公众至少包含以下几项基本含义。

(1) 公众是公共关系主体传播沟通的对象的总称,它与人民、群众、人群、大众、受众等概念是有区别的。

(2) 公众是相对特定组织而存在的。公众并不是抽象的、孤立的,而是和某一特定组织有着一定的关联,离开了特定的社会组织,公众也就不再存在了。

(3) 公众是因共同的利益、问题等而联结起来并与特定组织发生联系或相互作用的个人、群体或组织的总和。组织在具体的公关活动中面对的既可能是分散的个人,也可能是由个人构成的群体或组织。公众既是集合性概念,又是具有指向性的概念。

(4) 公众是客观存在的。公众作为主体的作用对象与主体存在着客观的、不以主体的主观意志为转移的关系。

4.1.2 公众的基本特征

公众虽然与人民、群众、人群、受众等一样都是由一定数量的人构成的群体,但作为公共关系学的特定概念,有着特殊的规定和意义。通过对以上公众定义的分析,可以揭示出公众所具有的一些基本特征。

(1) 整体性。所谓公众就是指所有与某一特定的组织机构有关联且相互影响的个人、组织和群体共同构成的社会群体,它们构成组织运行的公众环境。任何组织的生存和发展都离不开一定的公众环境。比如一家企业,既有内部的职工公众、股东公众,又有顾客、销售商、社区、政府、新闻界等外部公众。公共关系工作不可只注意其中某一类公众,而忽略其他公众。对其中任何一种公众的疏忽,都可能导致整个公众环境的恶化,而公众环境恶化必然影响组织的生存和发展。因此,首先应该将组织面对的公众视作一个完整的环境,要用全面、系统的观点来分析自己所面临的公众。

(2) 共同性。公众不是一盘散沙,而是具有某种内在共同性的群体。这种共同性即相互之间的某些共同点,比如共同的利益、共同的需求、共同的目的、共同的问题、共同的意向、共同的兴趣、共同的背景等。这样一些共同点,使一群人或一些团体和组织具有相同或类似的态度和行为,从而构成组织所面临的一类公众。比如,表面上看相互间并没有联系的许多个人或团体,因为同处一个社区,都受到某家工厂的污染威胁,从而使他们的态度和行为具有内在联系,不约而同地或者有组织地对该家工厂构成一定的舆论压力。因此,了解和分析自己的公众,必须了解和分析其内在的共同性、内在的联系,这样才可能化混沌为清晰,从公众整体中区分出不同的对象来。

(3) 相关性。公众不是抽象的、各组织"通用"的,而是具体的、与特定的组织具有一定的关联。因此,公众总是相对一定的公共关系行为主体而存在的,凡不与这个社会组织发生关系的都不应该成为这个组织的公众。公众的意见、观点、态度和行为对该组织目标的实现和发展具有实际或潜在的影响力和制约力,甚至决定组织的成败;而该组织的观念、政策和行为也对这些公众具有实际或潜在的影响力、作用力,制约着他们利益的实现、需求的满足和问题的解决等。这种相关性是组织与公众形成公共关系的关键。寻找公众、确定公众很重要的一点就是寻找和确定这种相关性,并把它们具体的关系揭示出来,分析清楚,从而确定自己的工作目标。

(4) 多样性。公众的存在形式不是单一的,而是复杂多样的,"公众"仅是个统称。具体的公众形式可以是个人,可以是群体,也可以是团体或组织。日常的公共关系工作对象,包括各种各样的个人关系、群体关系、团体关系、组织关系等。即便是同一类的公众,也可以有不同的存在形式。比如消费者公众,可以是松散的个体,也可以是特殊的利益团体(比如消费者公众),还可以是一个严密的组织(如使用产品的其他公司乃至政府)等。公众形式的多样性,决定了沟通方式和传播媒介的多样性。

(5) 变化性。公众不是封闭僵化、一成不变的对象,而是一个开放的系统,处于不断变化发展的过程之中。社会组织在运行过程中解决了公众原来所面临的共同问题,那么原来的公众随之解体;而随着新的问题的产生,又会产生新的公众。所以,一个社会组织所面临的公众不是一成不变的,而是处于不断的变化发展中的。公众环境的变化,必将导致公共关系工作目标、方针、策略、手段的变化。反过来,组织自身的变化也会导致公众环境的变化,如组织的政策、行为、产品的变化,使公众的意见、评价、态度或行为发生相应的变化,这种变化的结果又可能倒过来对组织产生影响和制约作用。

从群体性、共同性、相关性、多样性、变化性等方面来把握公众的具体含义,有助于我们更好地理解这一概念与人民、人群、群众、受众等相关概念的区别。

4.2 公众的构成分析与目标公众的选择

通过以上分析,可以知道公众具有多样性的特点。公众多样性的特点,决定了组织的公共关系工作必须建立在对公众进行科学分类的基础上,以明确不同类型公众特定的利益、需求和问题所在。为了保证公关工作具有针对性,使所策划的公共关系活动富有成效,需要依据不同的标准对公众进行分类。

4.2.1 公众的构成分析

任何组织面对的公众环境是由多种不同性质、不同特征、不同类型的公众对象构成的,任何公关策略和传播措施的拟定都要针对具体的公众对象"对症下药",增强其可行性和有效性。因此,组织在开展公关活动时,首先要把公众整体细分为各种不同类型的目标对象。

从现实来看,在界定公众时把公众划分为内部和外部公众过于宽泛而不具有太大的实践操作意义。在公共关系的实践当中,可以从不同层次、不同角度、不同标准,对公众的构成进行分析。下面介绍几种常见的分类方法。

1. 根据公众与组织的所属关系分类,可以将组织公众划分为内部公众和外部公众两类

(1) 内部公众。指组织内部的成员,其中包括企业的职工和股东。这类公众与组织的

关系最为密切和直接，因而是一个组织公共关系最重要的一个环节。

(2) 外部公众。指那些除了内部公众之外与组织有着一定关联的公众。这类公众与组织的关系虽不像内部公众那样密切，但他们和组织总是有着各种的利益关系和影响，并且其数量比内部公众大得多。

2. 根据公众与组织发生关系的时序特征及社会组织在运行中与公众发生关系的密切程度，可以将公众划分为非公众、潜在公众、知晓公众、行动公众四类

(1) 非公众。指这样一些团体和个人，他们既不受组织的影响，又不对组织产生任何的影响。虽然非公众与组织之间没有任何的关联，但划分出组织的非公众并不是没有意义的。因为区分出组织的非公众，将非公众排除在公共关系活动范围之外，可以减少公共关系工作的盲目性，避免不必要的浪费。

(2) 潜在公众。潜在公众是指这样两种情况：第一，目前还没有同组织发生任何关系或者还没有对组织产生任何影响，但将来一定会与特定组织发生某种关系或者对组织产生影响的公众。第二，事实上已与组织发生关系和影响但尚未意识到的公众。潜在公众有两个基本特征：第一，还未意识到问题的存在；第二，还未有意识地采取任何行动。由于这个潜在问题尚未充分显露，这些公众本身还未意识到问题的存在，因此他们不会付诸任何行动，这样他们对社会组织的影响是潜在的。但问题早晚会暴露的，潜在公众一旦意识到问题的存在，就迅速转变为知晓公众。

对于公共关系来说，这个阶段需要做的重点工作就是尽量让潜在公众迅速转变为知晓公众。因为所存在的问题如果是对组织有利的话，那么自然应当让公众早些知晓；如果是对组织不利的话，那么也应当在让公众了解的基础上采取补救措施，将问题解决在萌芽状态，避免酿成更大的麻烦。

(3) 知晓公众。指的是那些面临着共同的问题，而且本身也意识到问题的存在，但还没有付诸行动的公众。由于公众已经知晓自己的处境，明确意识到自己面临的问题与特定组织有关，迫切需要进一步了解与该问题有关的所有信息，甚至开始向组织提出有关的权益要求。这时，潜在的公众已发展成现实的公众，构成组织不可能回避的沟通对象。因此，对组织来说，采取积极主动的公共关系姿态，及时沟通、主动传播，满足公众要求被告知的心理，使公众对组织产生信赖感，这对于主动控制舆论局势非常重要。因为知晓公众如果不能从有关组织那里获得必要的信息，便会转向其他信息渠道，各种不准确的小道消息将会流传开来，局势的演变将难以控制，事后的解释将事倍功半。特别是当不利于社会组织的问题已经暴露时，公共关系活动要通过各种传播媒介，积极主动地向公众解释问题的缘由并说明解决问题的办法，否则，公众就可能采取行动来维护自己的正当权益。如美国前总统尼克松处理水门事件时由于没有正视知晓公众的要求，失去了引导公众舆论的最佳时机，使自己越来越被动，最后只好辞职下台。事后，尼克松在总结水门事件的经验教训时认为，这完全是"公共关系的失策"。

(4) 行动公众。指的是那些不仅意识到问题的存在，而且已经采取实际行动的公众。在这个阶段，行动公众是由知晓公众发展而来的。当公众已意识到问题的存在，而社会组织又没能及时解决问题时，公众就会采取行动或准备采取行动，如诉诸大众传播媒介、诉诸政府有关部门，甚至诉诸法律等。无论公众的行动是积极还是消极的，组织的反应也不

能仅停留于语言、文字上，还必须有实际的行为。面对行动公众，公共关系工作应竭力让公众了解组织为解决问题所做的努力，帮助社会组织的有关职能部门开展补救工作，变被动为主动，变不利为有利。高超的公共关系行动方案把行动公众的压力转变为动力，转变为对组织有利的合力。

在导入案例中，当某律师发现所购买的食品存在严重质量问题并向生产企业进行交涉时，该企业中负责处理此类事情的人员只是敷衍了事而没有及时采取相应的措施，该律师无奈之下将此事反映到当地颇有影响的一家报社的记者，最终导致企业陷入困境。该案例充分说明：在知晓公众尚未转化为行动公众以前，就要迅速采取相应措施求得问题的妥善解决，赢得公众的理解和信任，以防止事态进一步扩大。

3. 根据公众对组织重要程度的不同，可以将公众区分为首要公众、次要公众和边缘公众三类

(1) 首要公众。首要公众是指对组织的生存、发展起决定作用的那部分公众，如企业内部的员工、股东和企业外部的顾客和经销商等都是组织所面临的首要公众。组织的公共关系资源都是有限的，虽然有时候首要公众只占到公众总数的20%，可他们给组织带来的效益却可能达到80%以上，因此组织在开展公共关系工作时，都要投入大量的人力、物力、财力来建立、维持和改善同首要公众之间的关系。

(2) 次要公众。次要公众是指那些对于组织的生存与发展有一定影响但没有决定作用的公众，如与企业或组织有着往来关系的金融、财政、税收、社区、新闻等部门。尽管这些部门对组织的生存和发展并不直接产生影响，但他们能从多个方面影响和制约着组织的生存和发展。而且因为次要公众数量较大，在一定条件下也可能转化为首要公众，因此，一个组织在做好首要公众的公共关系工作的同时，要努力协调好与次要公众的关系，为组织的发展创造有利的环境。

(3) 边缘公众。边缘公众是指那些和组织有一定联系，但距离组织各项工作层次较远、对组织的影响比较微弱的公众。组织在处理与这类公众的关系时一般所投入的精力和物力都较少。

4. 根据公众对组织所持态度的不同，可以将公众划分为顺意公众、逆意公众和独立公众三类

(1) 顺意公众。顺意公众是指那些对组织的政策和行为持赞成和支持态度的公众。这类公众对组织的生存和发展很重要，他们的意见、态度和行为对组织的目标和活动具有至关重要的意义。顺意公众不仅在行动上支持组织，还可以通过他们的社会关系扩大组织的影响，提高组织的知名度和美誉度，所以，组织的公关人员要与顺意公众之间保持顺畅的沟通渠道，以争取顺意公众对组织持续不断的支持。

(2) 逆意公众。逆意公众是指对组织的政策和行为持否定态度的公众。逆意公众的产生必定是有原因的，或者是组织机构的政策、行为损害了他们的利益，或者是社会上出现了对组织不利的传言，或者是公众对组织产生了误解。对此，公关人员要注意做好逆意公众的转化工作，改变其敌对的态度，即使不能将其转为顺意公众，也应争取其成为独立公众。

(3) 独立公众。独立公众又称中立公众，这部分公众对组织的政策和行为持中间态度或态度不明确。值得注意的是，顺意公众和逆意公众往往只占少数，多数是无动于衷的独立公众。公共关系工作中大量精力是做独立公众的沟通工作，争取他们对组织的了解和好感，引导他们成为顺意公众，防止他们成为逆意公众。争取独立公众转变为顺意公众常常成为公关工作的重点。

5. 根据组织对公众态度的不同，可以将公众划分为受欢迎的公众、不受欢迎的公众和被追求的公众三类

(1) 受欢迎的公众。受欢迎的公众是指完全迎合组织的需要并主动对组织表示兴趣和交往意向的公众，如自愿的投资者、慕名前来的顾客、为组织采写正面宣传文章的记者等。对于组织来说，这是一种两相情愿、一拍即合的关系。这种关系因双方均采取主动的姿态，不存在传播的障碍，沟通的结果一般来说对双方都有利。

(2) 不受欢迎的公众。不受欢迎的公众指违背组织的利益和意愿，对组织构成潜在或现实威胁的公众。他们对组织表示出一种不友好的意向和交往行为，或者对组织抱有过分的要求从而构成组织的负担。前者如持不友好态度的记者，后者如反复纠缠索取赞助的团体或个人，这都是组织力图躲避、不愿接触的公众。这种关系只是公众一方采取主动姿态，但由于交往结果对组织不利甚至有害，因此，组织往往有意设置障碍，将其拒之门外，以减少对组织的威胁。

(3) 被追求的公众。被追求的公众是指符合组织的利益和需要，能给组织带来一定利益，但其自身对组织并不感兴趣、缺乏交往意愿的公众，如著名的记者、社会名流等。组织希望与他们建立关系来扩大影响，可要与他们建立起密切关系却是件很不容易的事，要想方设法建立沟通的渠道，要讲究交往的艺术，把握传播的时机。

从以上分类方法和标准可以看出，公众的分类是多角度或多维的，每一类公众都可以按各种分类标准细分为相应类型。但实际上，任何现实生活中的具体公众都不纯粹属于某种类型。某一个体公众或组织公众可能同时承担或被赋予多重公众身份。如一类公众既是外部公众，同时也可能是个体公众、首要公众、顺意公众、行动公众等。在具体的公共关系实践中，可以采用"公众细分矩阵"对公众加以分析，这种做法由于贴近现实而更具有实践操作意义。例如可以根据公众所处地理位置和公众对组织的态度对公众进行细分，如图4.1所示。

图 4.1　公众细分矩阵示例

4.2.2　目标公众的选择

对于一个组织来说，所面临的公众很多，但是，在一定时期内，总有一些公众是比较重要的，另一些公众则不太重要。不同的组织，或同一组织在不同阶段、不同情况下，所面临的公众的重要程度也有所不同。而组织可提供的公共关系经费却是有限的，任何组织

的公共关系经费都不足以保证在同一时期对所面临的所有公众开展公共关系活动。因此，公共关系部门对公众对象进行分类之后，在开展公共关系活动之前，有必要根据当时的工作重点，事先选择公共关系工作的目标公众，并对主要公众加以影响，使之转变态度，从而为组织的生存和发展提供一个良好的公众环境。

1. 不同社会组织有着不同的公众对象

我们所提到的公众都是具体的，与某一特定组织有着一定的关联。现实生活中的公众，也一定指的是某一特定社会组织的具体公众。从这个意义上讲，一般的、抽象的公众在现实生活中是不存在的。因此，不同性质和类型的社会组织都有着各自不同的公众对象，因而有着不同的工作对象、目标和重点。

(1) 公益性组织。如政府部门、公用事业部门、公安机关、军事机关、科研单位等。这类组织以国家及社会公众的整体利益为目标，其公众对象是社会各界或所属地区的全体公民。

(2) 互益性组织。如各种党派团体、职业团体、群众社团组织、宗教组织等。这类组织重视组织内部成员的利益和共同目标，所以，首先以内部成员为对象，重视内部成员对组织本身的凝聚力和归属感，重视组织系统内部的沟通。

(3) 营利性组织。如工商企业、金融机构、旅游服务业等以营利为目的的组织。这类组织以其所有者、经营者的利益为目标，其公众包括所有与其经营业务相关的利益对象，如投资者、协作者、顾客、供应商等，首先要与其所有者(如投资者)以及对其经营成败存在决定性意义的顾客等建立良好关系。

(4) 服务性组织。如公立学校、医院、社会福利工作机构等非营利组织，也就是通常所说的非营业性的事业单位。这类组织以满足其特定服务对象的需要为目标，又必须与其资助者、协助者保持稳定的关系，以维持自身的生存。

2. 社会组织基本公众举要

每个组织都有特定的目标公众。组织性质、类型不同，具体的目标公众对象也有所不同。如上所述，政府的目标公众对象、企业的目标公众对象、学校的目标公众对象，相互之间会有很大的差异。以下列举社会组织较为常见的、带有一定共性的基本公众，并对其进行简要分析。

(1) 内部公众。内部公众指组织内部沟通、传播的对象，包括组织内部全体成员构成的公众群体，如企业内部的员工、股东；政府部门的干部、工作人员等。内部公众既是内部公关的对象，又是外部公关工作的主体，这是一种与公共关系主体最密切的公众。因此，作为一个社会组织，首先要处理和协调好与内部公众的关系。

(2) 社区公众。社区公众指本组织所在地的区域关系对象，包括当地的管理部门、地方团体组织、左邻右舍的居民等。社区在地理上与组织密不可分，与组织有着千丝万缕的联系，是组织赖以生存和发展的基本环境和根基。发展良好的社区关系是为了争取社区公众对组织的了解、理解和支持，为组织创造一个稳定的生存环境；同时体现组织对社区的责任和义务，通过社区关系扩大组织的区域性影响。

(3) 顾客公众。顾客公众指购买、使用本组织提供的产品或服务的个人、团体或组织，如企业的用户、酒店的客人、电影院的观众、报社的读者等。其中包括个人消费者和社团组织用户。协调顾客关系的目的在于，促使顾客形成对企业及其产品的良好印象和评价，提高企业及其产品在市场上的知名度和美誉度，为实现组织和顾客公众的共同利益服务。

(4) 媒介公众。媒介公众是指新闻传播机构(包括报社、杂志社、广播电台和电视台)以及新闻界人士(记者、编辑等)。媒介公众是公共关系工作对象中最敏感、最重要的一部分。这种关系具有明显的两重性：一方面，新闻媒介是组织与公众进行沟通的重要媒介；另一方面，新闻界人士又是需要特别争取的公众对象。媒介与公众的合一，决定了新闻界关系是一种传播性质最强、公共关系操作意义最大的关系。因此，从对外公共关系实务工作和层次来看，新闻界往往被摆在显著的位置，或被称之为对外传播的首要公众。与新闻界建立关系的目的就是争取新闻界对本组织的了解、理解和支持，以便形成对本组织有利的舆论气氛；并通过新闻界实现与广大公众的沟通，增强组织对整个社会的影响。应该清醒地认识到，虽然公共关系人员与新闻界人士之间具有"血缘的"、内在的联系，但他们之间不可能总是融洽、一致的，也会有不愉快乃至对抗的时候。公共关系人员必须记住，其他关系对象可能是变化不定的，唯有新闻界关系是伴随终生的——除非不再从事公共关系工作。一个得不到新闻界"把关人"的信任与好感的公共关系人员，对任何组织都毫无用处；一个令新闻界人士讨厌的公共关系人员，对于组织来说是有害的。

(5) 政府公众。政府公众指政府各行政机构及其工作人员，比如工商、人事、财政、税收、审计、市政、交通、治安、法院、海关、商检、卫检、环保等行政机构。任何组织都必须面对和接受政府的管理和约束，需要与政府的各种职能部门打交道，这些行政机构代表社会公众最普遍的、共同的利益来行使社会管理的权力，因此，政府公众是任何组织的公共关系对象中最具社会权威性的对象。组织必须与政府各职能部门建立和保持良好的沟通，这是组织生存和发展的重要保障和条件。与政府保持良好沟通的目的，是争取政府及各职能部门对本组织的理解、信任和支持，从而为组织的生存和发展争取良好的政策环境、法律保障、行政支持和社会政治条件。

(6) 名流公众。名流公众指那些对于公众舆论和社会生活具有显著影响力和号召力的社会名人，比如政界、工商界的首脑人物，科学、教育、学术界的权威人士，文艺或体育明星，新闻出版界的舆论领袖等。这类关系对象的数量有限，但社会能量很大，对公众的影响力很强，能够在社会舆论中迅速"聚焦"。通过社会名流进行公众传播工作，具有事半功倍的效果。与社会名流建立良好关系的目的在于借助社会名流的社会知名度，扩大本组织对公众的影响力和号召力，强化组织的良好形象。

(7) 国际公众。国际公众指一个组织的产品、人员及其活动进入国际范围，对别国的公众产生影响，并需要了解和适应对象国的公众环境的时候，该组织所面对的不同国家、地区的公众对象。国际公众对象具有与本组织完全不同的社会和文化背景，因此传播沟通活动具有显著的跨文化特征。搞好国际公众关系的目的是争取国际公众和舆论的理解、信任与支持，为本组织及其政策、活动、产品和人员塑造良好的国际形象，创造良好的国际声誉。

3. 分析公众的权利要求

任何组织与公众之间的关系都是在利益需求和满足中形成的。因此，就组织而言，必须认识到每一类公众都对组织具有特定的要求，这种特定需求属于公众的正当权利。组织的公关部门及其工作人员必须了解公众对组织的特定权利要求，在对公众进行分类的基础上，对公众的各种权利要求进行分析与概括。表 4-1 主要介绍了企业七种基本公众的权利要求。

表 4-1 公众权利要求结构表

企业的公众	公众权利要求的一般性质
员　　工	在社会地位上的人格尊重和心理满足；不受上级的专横对待；就业安全和适当的工作条件；合理的工资和福利；晋升机会；工会活动；了解公司的内情；有效的领导等
股　　东	参加利润分配；增股报价，资产清理；股份表决；检查公司账册；股票转让；董事会选举；了解公司的发展状况；与公司的合同所确定的各种附加权利等
政　　府	各项税收；公平竞争；遵守各项法律、政策；承担法律义务等
顾　　客	优良的服务态度；公平合理的价格；产品质量保证及适当的保质期；准确解释各种疑难或投诉；提供产品的售后维修服务；使用产品的技术资料服务；产品备用零配件的供应；产品改进的研究与开发；增进消费者信任的各项服务等
竞　争　者	由社会和本行业确立竞争活动准则；平等的竞争机会和条件；竞争中的相互协作；当代企业家的风度等
社　　区	在当地社会提供生产性的、健康的就业机会；正规雇用，公平竞争；就地采购当地社会产品的合理份额；保护社区环境；关心和支持当地政府；支持文化和慈善事业；赞助地方公益活动；公司负责人关心和参加社区事务等
媒　　介	公平提供消息来源；尊重新闻界的职业尊严；参加公司重要庆典活动等社交活动；保证记者采访的独家新闻不被泄露；提供采访的便利条件等

分析公众的权利要求一般应注意以下三点。

(1) 公众权利要求结构表应尽可能全面地反映各类公众共同的、具有一般性和普遍性的权利要求，使之明确清晰，以便比较分析。

(2) 通过比较分析概括出各类公众权利要求的相对共同点。权利要求相同，便属于一类公众，以此为依据，可以确定开展公共关系活动的目标公众。

(3) 分析各类对象的特定权利要求并分辨出轻重缓急。虽然对具有特殊要求的公众都应给予重视，但是根据轻重缓急，选择同组织密切相关的公众作为公共关系工作的工作对象，可以取得事半功倍的效果。

4. 了解公众的态度

公共关系活动的本质就是为组织的生存和发展创造有利的环境形势，变消极为积极，化被动为主动，趋利避害、化险为夷。一个组织所面临的环境因素是多种多样、极其复杂且经常变化的。从公共关系学的角度来看，组织所面临的环境实际上就是指公众对组织的现有态度环境的变化，也就是公众态度的变化。

公共关系学将公众的态度划分为消极态度、中立态度和积极态度三类，每类又各有五种表现形式，其中，消极态度表现为：无知、冷漠、偏见、乏味、敌意。积极态度表现为：了解、感兴趣、赞同、钟情、同情。

根据公众态度的不同，可以将公众划分为不同类型的公众，在此基础上确定公共关系活动的目标公众。公众是组织赖以生存和发展的基础，公众对组织的态度直接影响着组织的各项工作。从某种意义上说，公共关系工作就是影响和转变公众态度的工作。通过各种努力，有效地引导和转变公众态度，使之朝着有利于组织的方向发展是公共关系从业人员的主要任务。

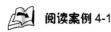

阅读案例 4-1

万科的信任危机

5月12日四川汶川地震当天，万科曾宣布捐款220万元。但在全国人民爱心涌动，全国企业界动辄千万、上亿元的捐款面前，这笔捐款数额以及之后万科董事长王石的表态(王石博客，王石新闻，王石说吧)迅速给万科带来了近年来最大的一次公共信任危机。

去年，万科销售额排名内地房地产企业第一，超过523亿元，净利超过48亿元，此次捐赠的善款不足其净利润的万分之四。在捐出款项的同时，万科就引发了网友对于捐款数额过低的质疑。

与此同时，万科董事长王石，这位在中国知名度极高的企业家却对捐款做了一番"惊人"的解释。

地震三天后的5月15日，王石写下一篇名为《毕竟，生命是第一位的(答网友56)》的博客文章，王石在文章中称："200万是个适当的数额。中国是个灾害频发的国家，赈灾慈善活动是个常态，企业的捐赠活动应该可持续，而不应成为负担。万科对集团内部慈善的募捐活动中，有条提示：每次募捐，普通员工的捐款以10元为限。其意就是不要慈善成为负担。"

一石激起千层浪。王石表态很快为公司以及他本人带来更多铺天盖地的指责甚至漫骂。很多人表示，"万科在我们心中一落千丈"。更有网友指出，万科8.2级的地震从此开始。

在一些公众心目中，市值千亿的全国房企巨头、一直宣扬企业责任的万科无异于宣布，万科的企业责任仅仅值200多万元。

资料来源：东方早报，2008年5月21日．

5．选择目标公众

通过以上分析可以看出，对于一个组织来说，所面临的公众很多，但是在一定时期内和某一公关活动中，总是有一些公众比较重要，另一些公众不太重要。因此，任何一个组织在策划一项具体的公共关系活动之前，有必要对公众做出选择，并对目标公众加以影响使之转变态度。在选择目标公众的过程中，主要从公众对组织的重要性以及对组织的态度两个维度，来考虑公共关系应该针对的对象。

根据前面的分析，我们可以根据公众对组织的重要程度不同，将公众分为：首要公众、次要公众和边缘公众。而根据公众对组织的态度，可以将公众分为三类：顺意公众、独立公众、逆意公众。

次要公众和首要公众中的顺意公众可称为扩散影响的公众。其中顺意公众对组织的生存和发展很重要，他们的意见、态度和行动对组织的目标和活动具有至关重要的意义，而且这类公众对组织比较了解，他们对组织持积极的支持态度。次要公众虽然对组织来说不是很重要，但是他们人数多、力量大，有着较大的社会影响。因而，组织公关工作是努力保持这部分人的支持和赞誉态度，尽可能为组织创造良好的社会环境，吸引更多的人关心组织，以获得社会公众的普遍支持。

首要公众中的独立公众和逆意公众，可以称为集中影响的公众，也是公共关系工作的重点对象。其中，独立公众对组织的方针、政策和行为不够了解，因而对组织持中立态度或态度不明朗。逆意公众因为对组织不够了解或存有偏见而对组织的方针、政策和行为持否定和反对态度。因此，公共关系工作应该运用多种形式，促进这两类公众的态度发生变化，使逆意公众发展成为独立公众，进而发展成为顺意公众；使独立公众从中间态度转变为支持和赞赏的态度。

4.3 公众态度的形成与改变

公众对组织的态度常常是衡量组织公共关系好坏的重要标志。公共关系实际上就是组织通过各种传播手段把有关组织的各种信息传递给各类公众，引导和改变公众的态度，以形成有利于组织的社会舆论，树立组织的良好形象。从某种意义上说，公共关系的工作就是引导、纠偏乃至改变公众态度的工作。

4.3.1 公众态度的含义

公众态度是指公众对社会组织或社会组织的某一问题的认知、情感和行为倾向。认知是指公众对组织或组织的方针、政策、行为等方面的理解和认知，是形成态度的基础。情感是指公众在对组织的认知基础上所形成的喜恶评价和情感反应。行为倾向是指公众对组织的行为准备状态。一旦人们的认知明确后，会演变为一种情绪体验，这种情绪体验会长期作用于人们的行为。积极的情感会使人们在购物选择中倾向于选择所喜欢组织的产品或服务，而消极的情感则会使人们倾向于拒绝组织的产品或服务。

4.3.2 公众态度的形成及影响因素

1. 公众态度的形成

公众态度的形成是一个复杂过程，人类大多数态度是在获得认知性信息时形成的。如当我们看到海尔公司驻广州安装维修人员毛宗良，冒着38℃高温走了4公里把150斤重的洗衣机背到海丰城的故事时，就会对海尔产生深刻而积极的印象。

不过很多时候，公众并不总是依据所获得的信息形成态度。在接受信息后，公众已有的态度和观念、内在的利益需要、情感和群体压力都会对所接受的信息进行再加工。组织信息只有符合公众已有的认知结构、心理定势、价值观念及其利益需要，才能被公众认同并接受，形成良好的组织形象。

2. 影响公众态度形成的主要因素

通过对公众态度的形成过程的分析可以看出，公众对某一组织态度的形成并不总是依据所获得的信息，同时也要受到公众已有的态度和观念、内在的利益需要、情感和群体压力等因素的影响。具体来说，影响公众态度形成的主要因素主要包括以下几方面。

1) 公众利益需要的满足程度

公众态度的形成在很大程度上取决于其利益需要的满足程度。公众往往会根据社会组织满足其利益需要的程度对组织做出评价。当公众认识到社会组织的方针、政策、行为满足了其需要时，就会对该组织形成肯定的态度，反之则可能会形成否定的态度。

2) 群体压力

每个人都有一种归属的需要，希望归属于某一群体或某一社会阶层。这种归属感使公众在态度形成过程时，不仅要依据自己的知识经验、心理状态，还要依据他所在群体成员的态度。为了避免与所在群体的态度不一致导致的紧张和不适,许多公众所形成的态度会与所在群体成员的态度趋向一致。当所在群体凝聚力越强,社会地位越高,这种态度趋向一致的程度就会越高。因为,凝聚力越强,其成员会表现出对所在群体越强烈的顺从意识;群体社会地位越高,成员对其群体的维护也越强。曾经做过这么一个实验,受试者坐在一群朋友当中,请他与朋友们辨认摆在面前的三根木棍哪根最长。坐在受试者周围的朋友们遵守实验者的约定,纷纷提出木棍 B 最长。事实上并不是木棍 B 最长,但因为大家都这么说,受试者会显得犹豫不决,进而怀疑自己的既定判断。实验表明,30%的受试者会附和周围人的错误结论。

3) 公众的心理定势

传播学的研究表明,公众在接受外来信息时,都存在着某些心理定势。心理定势是指,公众受过去经验的影响,在生理和心理需要和所处环境的相互作用下形成的,实现行为目标的心理准备状态。心理定势具有专注性和倾向性,在信息的传播过程中,凡是与公众心理定势相吻合的信息,公众就乐意接受,并在观念中将其放大,尽力去发掘自己的观念与所接受的信息的共同点。而当信息与公众的心理定势不相吻合时,公众就会尽量回避这类信息,并在观念中缩小或否定它。这些心理定势具体表现在以下几方面。

(1) 首因效应。首因效应又称第一印象,是指公众与某一组织或其宣传内容初次接触时所获得的印象,对以后的认知有着重要的影响作用,它往往是进一步交往或认知的依据。直接的第一印象来源于直接的接触,而间接的第一印象则一般是通过大中型传播媒介产生的。因此,一切成功的公关宣传和广告都会在如何给公众留下良好的第一印象上下功夫。心理学家有一个有趣的实验:给两组人看一个人的照片,照片上的这个人额头高耸、目光深陷。在看照片之前,对一组人说,照片上的人是一个屡教不改的罪犯;对另一组人说这个人是一个著名的学者,然后让两组人分别从这个人的外貌来判断他的性格特征,结果两组人对同一组照片做出了截然不同的判断。第一组人说,这个人深陷的目光隐藏着险恶,高耸的额头表明死不悔改的决心;第二组人则说,深陷的目光表明深刻的思想,高耸的额头表明坚强的意志。这一实验充分说明了第一印象对于人的态度形成有着非常重要的影响。

(2) 晕轮效应。晕轮效应也被称为以点盖面效应,指的是公众从所认知对象的某些特征推及它的总体特征,从而产生美化或丑化对象的认知偏差或倾向。公众在对某一组织进行认知时,由于对其中的某种品质或某种特性有着显著的印象,从而掩盖了对其他品质或特性的知觉。这种效应是人类知觉中较常见的一种现象。曾经有个冰箱厂,生产了一批劣质冰箱,在公众中形成了不好的印象。后来,该厂转而生产电暖器,而且质量也是不错的,但由于沿用了与电冰箱相同的品牌,加之是同一厂家生产的,使得电暖器一直销路不畅。人们在形成态度时经常会犯这种以点盖面的错误。移情效应是晕轮效应的极端化,指从喜欢一个人的某种特征推及喜爱他的整个人,或由喜爱一个人泛化到喜爱与他有关的事物,欣赏他所做的一切事情,此所谓"爱屋及乌"(恨的情感同样可以产生移情效应)。晕轮效应和知觉的整体性有关,人们总是倾向于把知觉对象的不同属性、不同部分联系成一个统一的整体,而又往往会根据对事物的关键特征的认知,去把握事物的形象。

(3) 定型效应。定型效应又称刻板效应。这种效应是指人们头脑中存在对某一类人或某一类事物的固定的、笼统的看法和印象。公众对某一社会组织的刻板效应不一定接触之后才产生,即使对素未谋面的社会组织,也会根据间接的资料和信息而产生刻板效应。刻板效应是公众对组织的最初、最简单的认识,是在有限的材料的基础上做出的广泛结论,这种刻板的固定印象常常会使公众对某一类组织带上某种模式,从而影响了态度的形成。

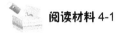
阅读材料 4-1

常用的态度测量方法

1. 瑟斯顿量表

一个早期的态度量表,是 L. L. 瑟斯顿及其同事 E. J. 蔡夫于 1929 年提出的,称之为瑟斯顿量表法。这个方法首先搜集一系列有关所研究态度的陈述或项目,而后邀请一些评判者将这些陈述按从最不赞同到最赞同方向分为若干类,譬如 11 类。经过淘汰、筛选,形成一套约 20 条意义明确的陈述,沿着由最不赞同到最赞同的连续统计分布开来。要求参加态度测量的人在这些陈述中标注他所同意的陈述,所标注的陈述的平均量表值就是他在这一问题上的态度分数。瑟斯顿量表法提出了在赞同或不赞同的因次上测量态度的方法。由于这个方法复杂、费时和不方便,已很少使用了。

2. 利克特量表

1932 年,R. 利克特提出了一个简化的测量方法,称之为相加法。它不需要收集对每个项目的预先判断,只是把每个项目的评定相加而得出一个总分数。利克特量表也是由一系列陈述组成,利用 5 点或 7 点量表让被试做出反应。5 点量表是从强烈赞同(5)、赞同(4)、中性(3)、不赞同(2)到强烈不赞同(1)。7 点量表则分为强烈赞同、中等赞同、轻微赞同、中性、轻微不赞同、中等不赞同、强烈不赞同。这两种量表是使用得最广的。利克特量表的一种改进形式是强迫选择法,为了使被测试者一定做出选择而排除了中性点,如把原 7 点量表改为 6 点量表。

3. 社会距离量表

社会距离量表与瑟斯顿和利克特按赞同或不赞同因次的测量有所不同,主要用于测量人际关系亲疏态度。J. L. 莫雷诺的社会测量是测量人际亲疏态度的一种形式。E. S. 博加德斯 1929 年提出的社会距离测量,主要是用来测量种族之间的社会距离的。博加德斯量表包括一系列陈述,按从最近社会距离到最远社会距离排列开来,如可以结亲(1)、可以作为朋友(2)、可以作为邻居(3)、可以在同一行业共事(4)、只能作为公民共处(5)、只能作为外国移民(6)、应被驱逐出境(7)。括号内分值越大表示社会距离越大。

4. 语义分化法

C. E. 奥斯古德等人 1957 年提出一种较为全面的测量方法。已往的态度测量基本上是在赞同或不赞同一个维度上的测量,不易表达出态度的复杂性。语义分化法提出了三个不同维度的态度测量,所以又称为多维度量表法,这三个维度是评价、强度和活动。在这个方法中,态度对象的评定是通过由对立形容词构成的一些量表进行的,如好—坏、强—弱、主动—被动。好—坏是评价方面,强—弱是强度方面,主动—被动是活动方面。测试时给被试提出一个态度对象,要求他按照自己的想法在有关系列中圈定一个数字,各系列分值的总和就代表他对有关对象的总态度。上述表格中三个维度是不变的,但各维度中的项目是可变的。三个维度中,评价维度被认为是主要的。

上述态度测量方法是具有代表性的几个,其他方法如投射测验、行为观察、生理记录等,也是常常被采用的。

4.3.3 公众态度的改变及其策略

1. 公众态度改变的类型

公众态度的改变是指已经形成的态度在接受某一信息或意见的影响后而引起的变化。根据改变方式的不同,可以把公众态度的改变分为性质的改变和程度的改变。

性质的改变表现为态度发生方向上的改变，即由原来的倾向性转变为相反的倾向性。在程度的改变中，态度不发生方向上的改变，而是沿着原有倾向所发生的量的变化，称之为一致性改变。公共关系工作就是通过各种传播手段传达信息，以达到改变公众态度的目的。

2. 影响公众态度改变的因素

既然公众态度的改变是指已经形成的态度在接受某一信息或意见的影响后而引起的变化，组织所传播的信息能不能达到预期的效果，主要取决于公众能不能接受和理解组织所传播的信息，接受组织信息后是不是感到可信，以及信息能否从情感上打动公众，另外还取决于所传播的信息和公众原有的态度之间是否存在冲突。所以，公众对组织的态度会不会发生改变，主要取决于以下几个因素。

1) 信息的来源

社会组织向公众提供或传播新的信息时，公众是否接受这些信息，原有的态度是否发生改变，首先取决于信息的来源。信息的来源决定了信息的可信性，而信息的可信性主要取决于权威性、类似性和可靠性。

(1) 权威性。权威性是指信息来源的资格和信誉。主要表现在对于同样的内容，公众更倾向于接受权威性高的观念。由于权威效应对组织的公关宣传有主要影响，所以组织应尽量请权威人士或权威组织出面，利用权威性的媒介促使公众的态度发生改变。

 阅读案例 4-2

书商巧语销书

国外有一个书商，出版了一本滞销书，无奈中送了一本给总统，希望有助于销售。总统出于礼貌，称赞说这本书不错。于是书商开始借机发挥，大做广告："这是一本受到总统高度评价的书。"出于好奇，人们纷纷购买。后来尝到甜头的书商又把他的第二本滞销书送给了总统，总统对他的做法十分不悦，直言不讳地说："这书糟透了。"谁知书商又一次借题发挥，大肆宣传说："这是一本遭到总统贬低的书。"该书也为此成为畅销书。如此者三，总统十分谨慎不置可否，书商又一次别出心裁地说："这是一本总统难以做出评价的书。"结果这本书也成为畅销书。

资料来源：远思. 商海奇闻[M]. 哈尔滨：哈尔滨出版社，2006.

(2) 类似性。宣传者与公众在观念、利益、职业、爱好、地域、民族、经历等方面有共同之处而使公众产生信任的感觉，从而愿意接受宣传者的观念。例如，法国一家保险公司为其开办的老人保险业务做广告，先是采取了很多劝说方式，但对老人们吸引力不大。后来，这家保险公司从巴黎郊区请来位老太太，让她在屏幕上同观众们交谈保险的益处，结果引起大批同她类似的老年人的注意。这种"自己人"传播，减小了商业色彩，收到良好的效果。

(3) 可靠性。可靠性是指信息传播者在宣传过程中被认为是真诚的、值得信任的，这样就可以提高信息被接受的程度。有个心理学实验发现，当一名罪犯为要求获得更多的个人自由，反对扩大警方的权利辩解时，他的辩解并没有引起其他人态度的改变；但当他为赞同警察的权利辩解时，则显示了强大的说服力量。

2) 信息的组织

如何对传播信息的内容进行组织，直接影响着对公众的说服效果。这里主要包括单向信息呈现和双向信息呈现及信息呈现的顺序等。

(1) 单向信息呈现和双向信息呈现。传播者只提出对自己观点有利的依据或同时提出正面和反面的依据，对公众态度的改变有着不同的效果。研究表明，当公众对传播者的观点或信息持肯定的态度时，只提出正面的观点和材料比较有效；当公众对传播者的观点持否定或怀疑的观点，或者公众原本对宣传的观点存在分歧和争论时，则双向说明对形成长期稳定的态度更有效。此外，受过良好教育的公众对信息判断能力强，如仅仅提供单向信息会使他们感觉信息不可靠，双向呈现则令他们感到信息传播者一分为二、中肯、辩证，因此更有利于改变公众的态度。

(2) 信息呈现的顺序。公众态度的形成与改变，与他接受信息的顺序有很大关系。研究表明，当发出一系列信息时，最先接收的信息会起到"先入为主"的作用，这就是人们常说的"首因效应"；而最后接收的信息则有使记忆鲜明的效应，这就是人们常说的"近因效应"。而介于中间的信息常常发生记忆模糊。

近因效应和首因效应都是公众认知发生偏见的心理因素，都在人们的认知过程中发挥着重要的作用，只是起作用的条件不同。当公众第一次接触社会组织时，首因效应起的作用大一些，随着接触次数的增加，当公众对社会组织比较熟悉以后，近因效应便可能产生更大的影响。如果多种信息连续地被人所感知，人们一般对第一种信息印象较深，这是首因效应；如果多种信息不连续地被人感知，那么人们就会对最近的信息留下较深刻的印象，这是近因效应。当公众对社会组织和产品不了解时，成功地利用隆重的奠基仪式、开业剪彩或举办产品信息发布会等公关措施，会获得良好的首因效应，使今后的公关活动事半功倍。当社会组织面临不利的舆论状况时，利用一定条件创造近因效应，有利于重新塑造良好的组织形象。

3) 信息诉诸情感

情感是态度中的关键成分，态度的改变在很大程度上取决于情感的改变，因而触动人们情感的信息更有助于公众态度的形成与改变。如深圳南方制药厂在中央电视台的公关广告呈现给观众的是他们与灾民同舟共济的真情：在黑白天地间，一边是一只可怜的被洪水困在山坡上的小狗，一边是孩子们设法营救小狗的真挚感人、令人心动的画面。小狗得救后，推出广告语：滔滔里，风雨同舟。这则广告因为触动了人们受重视和被关爱的情感，因而更容易被公众所接受。

4) 公众的认知结构

公众在根据一些信息资料形成对某一组织的态度时，常常带有明显的一致性倾向，这就是认知和谐性。也就是说，当人们接收到的信息与原有的认知结构不一致时，他们就会有意无意地歪曲、改变或重整信息资料，以便减少或消除该信息与原有态度的不一致。

5) 公众原有的态度

公众原有的态度与传播的信息所包含的态度的距离大小影响着公众对信息的判断和接受。公众常常倾向于接受那些与自己原有态度相一致的信息，当传播的信息超过原有态度一定范围，公众便会拒绝接受。因此，公关人员在宣传自己的观点时，事先应对面对的公众的态度有所了解，选择适当的信息舆论定位。

6) 近因效应

近因即最近获得的印象。近因效应是指最近的印象对人造成的影响，它往往会冲淡过去获得的有关印象，对第一印象形成冲击。例如，南京冠生园公司曾经是一个有一定影响力的公司，其所生产的冠生园月饼曾经给很多消费者留下了美好的印象。可是当冠生园公司将陈馅翻炒以后再制成月饼出售这一事件被媒体曝光后，人们对公司原有的积极态度荡然无存,这就是近因效应。

7) 角色扮演

人们在社会中所扮演的角色不同,因而对同一种事件所形成的态度也往往不同。利用角色扮演来改变公众的对立态度通常是有效的。例如,几年前,纽约出现了一股强烈的反抗浪潮,攻击州政府的社会福利计划。为了解决这个问题,州政府扶助委员会拟订了一个计划:让这些批评者的代表与那些依靠社会福利生活的人,代替扶助委员会的成员处理每天遇到的问题。这些批评者的代表参加了社会福利院,与福利院的人们交谈,与福利工作者进行讨论。结果,最终消除了公众对福利工作的不理解,并转而支持州政府的社会福利计划。

3. 改变公众态度的策略选择

任何公众态度的形成过程,都是在后天的环境中不断学习的过程,是各种主客观因素不断作用的结果。由于促成公众态度形成的因素多具有动态性质,且处于不断变化之中,因此,某种态度在形成之后并非一成不变,而是可以改变的。因此,我们可以根据社会心理学理论来控制或影响公众态度,通常可运用的策略主要包括以下几种。

(1) 强化策略。通过不断增加企业形象信息的正面内容,不断强化公众的注意和兴趣,便能达到影响或改变公众态度的目的。

(2) 定势策略。企业形象是企业实态及员工行为的反映,是员工长期行为的结果。企业只有坚持不懈地以其固有的价值理念和规范统一的行为准则面对公众,使公众对企业产生比较稳定的印象,公众才会对企业形成稳定的态度。

(3) 迁移策略。在利用公众原有态度的基础上引发新的态度,称之为态度迁移。利用态度迁移,比重新建立一种新的态度难度要小得多,速度也快得多,能收到事半功倍之效果。根据此策略,进行企业形象策划时,应将企业名称、品牌名称有机地统一起来,使企业形象协调统一,以利于新的产品领域的开拓和新产品市场开发。

(4) 信度策略。企业在试图影响、改变公众的某种态度时,往往要通过形象传播对公众输入一系列的信息,这些信息必须是真实可靠的。如果是虚假的,是欺骗社会公众的,组织的得益也只会是暂时的,难以持久,一旦事情真相败露,则会引发公众极端的对抗情绪,极大地损害企业的原有形象。所以,根据"信度原理",组织传播的信息必须与组织实态相吻合,使公众对企业产生信赖感。

4.4 公众舆论的形成与创设

在现代社会,由于社会舆论代表的是公众对某一组织的一致性态度、立场和评价,直接影响到社会组织的生存和发展,因此,任何一个组织都希望有一个有利于自身发展的舆论环境,作为组织的公关人员也都把创造良好的舆论环境作为公共关系的重点。

4.4.1 公众舆论及其特性

1. 什么是公众舆论

公众舆论是指公众对组织及其方针、政策和行为等共同关心的问题的一致性意见。这种意见代表着公众对其共同关心的问题的态度、立场和评价。公众舆论总是具有一定的倾向性，并对舆论对象有着明显的影响力和制约力。

2. 公众舆论的特性

(1) 广泛性。公众舆论所涉及的往往是广大公众或社会某一层面所共同关心的问题。譬如与广大的公众利益相关的看病难、看病贵的问题；拖欠农民工工资问题；所谓的天然气价格、暖气价格、电价调价听证会等等同于涨价会等。

(2) 公开性。公众舆论最初可能只是个体意见的表达，由于这些意见反映了广大公众的心声，反映了大多数人已形成但没有明确意识到的意见或观念，因而，当这些个体意见以文字或口头语言表达出来后，就迅速得到了广大公众的附和，变成了呼声越来越高的公开化的舆论，也可能是广大公众对某种现象或某个组织的赞赏或否定的看法和议论，随着现象的深入或日趋严重，这种看法议论成了公开化的公众舆论。

(3) 基本一致性。公众舆论并不一定是绝对一致的。除了存在与公众舆论所代表的观点背道而驰的意见和观点以外，还会有介于两者之间的观点，只不过与公众舆论持相同观点的人数占据大多数。

4.4.2 公共舆论的形成和发展

公众舆论往往是有倾向性的，根据倾向性可以将舆论分成两类：一类是有利于组织的公众舆论，称其为积极性舆论；一类是不利于组织的公众舆论，称其为消极性舆论。

无论是积极性舆论或者是消极性舆论，公众舆论的形成与发展一般经历了以下几个阶段。

第一阶段是以某一事件为起源。能引起公众舆论的事件往往是与公众关系密切或公众共同关心或感兴趣的问题。例如，2005年引发看病难、看病贵的广泛争议的天价药费事件；引起有关部门高度关注的因为拖欠农民工工资而引发的自杀事件和冲突事件等。

第二阶段是舆论的兴起。起先是最先知情者以小道消息的方式在熟人圈里传播和议论，随之，传播和议论的范围越来越广泛，如果这件事涉及千家万户，那么，也可能一夜间成为大家议论的中心。有时由于新闻媒介对某个事件的报道促进了公众舆论的形成，如2005年所发生的天价药费事件被媒体曝光后引起了媒体、有关主管部门和公众的普遍关注。

第三阶段是相应组织的措施。到这个阶段，积极性舆论和消极性舆论的发展有所不同。消极性舆论是公众不满情绪的反映，也是希望得到解决的呼吁，因而组织对此应采取相应措施。如果相关组织对问题觉察迟了或问题没有得到圆满解决，公众可能会将不解或不满的情绪转化为行动，以促使相应部门尽早出面解决问题。如针对看病难、看病贵这一民众和舆论界都十分关注的社会问题，国家发改委和有关部门采取相应措施连续多次对药品进行大幅度降价，并且开始启动新的医改方案。

第四阶段是舆论的稳定。对消极性舆论而言，随着问题的解决，公众舆论中的不满情绪渐渐平息，而只留下对整个事件和舆论对象较为公正、客观的印象。对于积极性的舆论来说，一段时间后，随着公众注意重点的转移，也将不再成为舆论热点。

4.4.3 公众舆论的利用和创设

在当今的信息社会里，任何一个组织的形象的树立，都需要借助社会舆论的力量。作为一个社会组织，在公众心目中的形象越好，对组织具有良好意识的公众就越多。如果这种形象被众多公众以外的舆论形式表现出来的话，那么该组织在社会中的影响将随着舆论的扩大而不断地提高。正因为如此，舆论的利用也就成为公共关系工作的重要手段之一。

1. 根据公众舆论调整组织的方针、政策和行为

公众意愿的满足是衡量一切社会组织方针、政策和行为正确与否的重要标准，任何社会组织要获得生存和发展，必须使自己的政策和措施符合、顺应公众的意愿。因此，组织应该从公众意愿的表达形式——"公众舆论"入手，了解民意，使组织的每一项决策都建立在了解和收集各种舆论的基础上，从而保证能体现出公众的意愿。

通过分析从各种渠道中收集到的舆论，可以发现公众舆论大致可分为三类：①误解性舆论。这种舆论的起因有二：其一是由于公众对组织的方针、政策和行为存在偏差性理解。对于这类舆论，组织应该用已经取得的实绩、未来的发展远景及对出现的不良现象的处理措施来进行解释性指导；其二是由于公众受到别有用心的人的挑唆，或者是假冒伪劣产品的坑害。对于此类因素产生的公众舆论，组织应立即给予澄清并提醒广大公众维护自己的利益。②批评性舆论。这类舆论是由于组织行为不当所引起的。面对这类舆论，组织必须调整自己的行为。根据批评性舆论调整行为要注意在舆论形成的初期，以认真负责和诚恳的态度调整自己的行为，并将调整的过程和结果公之于众，从而树立勇于反省和自我完善的形象。③积极性舆论。研究发现，积极性舆论的传播速度、传播范围较之于消极性舆论的传播速度、传播范围要慢得多、小得多，正所谓"好事不出门，坏事传千里"。所以，公共关系部应该尽力扩大积极性舆论，使之对公众产生更大的影响。不过，在扩大积极性舆论过程中，要注意适度，因为公众对过度的宣传在心理上会形成一种情绪和情感上的对抗。

2. 创设有利于组织的公众舆论

如果公众仅仅是通过与组织发生有关联的行为(如公众购买企业产品，上级主管部门通过管理行为等)来了解组织的话，那么组织的公共关系面就太小了。如果要使组织的名声在公众中广为传播，那么就需要组织有目的、有意识地创设对组织有利的公众舆论，使舆论以公议的形式不断地在越来越大的公众范围内传播。

舆论的创设和舆论的形成的区别在于，后者是先有事件的发生，后有舆论的形成；而舆论的创设是先确定希望兴起的舆论，然后再安排一个什么样的事件发生(人为地安排)。

 阅读材料 4-2

策划新闻的方法

1. 根据社会公众热点来策划新闻

公众在不同时期，关注的"热点"问题也不相同。策划新闻者，要洞悉新闻媒体的运作规律，知道什么时间记者对什么新闻感兴趣，根据"热点"问题来策划新闻。如杭州的一家餐馆，抓住时机，适时推出了伊拉克战争菜。"布什小炒""阿帕奇鲈鱼""战斧式全笋"，不一而足。据这家餐馆的老板介绍说，伊拉克战争开打后，他突然灵机一动，决定在酒店门口两边摆放两排沙包做掩体，掩体后放几盆高大的棕榈树，制造出热带的氛围。门口的迎宾小姐和服务员一律穿上迷彩服，戴上迷彩帽。在大厅里，一张中东地图非常醒目，伊拉克的位置由红色标出。包厢门口本来应是二楼的方位图，现在也被一张伊拉克国家地图取代。地图边还停着两辆玩具坦克和两架"阿帕奇"直升机模型。杭州的这家餐馆利用伊拉克战争的热点进行策划，取得了可观的经济效益。

2. 借助公益活动来策划新闻

1990年5月，上海大江有限公司在收到北京新闻单位的求助信后，决定独自出资25万元人民币支持由新华社体育部、中央电视台体育部及《光明日报》《工人日报》《中国青年报》《中国体育报》等8家新闻单位主办的"迎亚运世界体育知识大奖赛"活动，从而使这一重大活动顺利展开。活动进行期间，大奖赛组委会在首都宾馆主办高层次、高规格的"大江经验座谈会"，请许多政府高级官员和经济学界的专家学者为大江公司的经营管理从理论上进行总结，吸引了众多的新闻记者专程赴上海大江采访，并产生了连续数日各大报纸的"大江系列专题报道"，中央电视台、中央人民广播电台也都有专题报道。这些宣传报道，使"大江"顿时名声大振，美誉四方，产生了远远超出出资25万元广告宣传的强大效应。

3. 借节日庆典来策划新闻

美国的拉蔡食品公司是利用中国传统节日——春节，来制造新闻的。拉蔡食品公司在中国农历新年来临之时，制作了系列拉蔡新年菜谱，以"春节期间全家齐动手烹调美味食品、享受天伦之乐"为题隆重推出。于是，一直默默无闻的拉蔡食品公司在这个新年期间成功地吸引了新闻界的注意，不少报纸和电视台都介绍了拉蔡的新食品。

4. 借名人效应来策划新闻

天津"飞鸽"自行车成为国际名牌就是一例。天津"飞鸽"自行车在国内享有盛誉，是轻工部"金龙"奖得主，但在外国人眼里不过是"阿司匹林车"，即骑上去就累得满头大汗，可治感冒。改变国外公众对"飞鸽"品牌的不良印象是"飞鸽"进入世界市场的关键。一个偶然的机会，天津自行车厂得知布什总统将携夫人访华，就立即决定通过赠车表达中国人民对美国人民的友谊。他们选出造型美、质量轻、骑着方便的84型、83型两辆彩车送到钓鱼台国宾馆。布什夫妇仔细地看了车子，连声夸赞，还兴致勃勃地骑上车子，让众多的记者拍照。对此，国内外有上百家报纸进行了报道。很快，"飞鸽"变成了"总统喜爱的车""国家元首级的礼品"，在美国，一时间兴起争买"布什""芭芭拉"型"飞鸽"牌自行车的热潮。

5. 借新闻机构来策划新闻

一个组织如果和报社、电台、电视台等新闻机构联合举办各种活动，就能增加组织在新闻媒介中出现的机会。因为新闻机构参与了这一活动，自然会在自己的新闻媒介上报道这一活动，组织因此也得到机会和广大公众见面，提高知名度。

资料来源：中国传媒策划网

为了创设所希望的公众舆论，进行事件策划时，应注意以下几点。

(1) 要考虑公众的利益需要。组织要争取的是公众舆论的支持，所以，首先要考虑公众的利益需要。公众大多是以自身利益为出发点来评价事件的，公众对该事件有较为一致的良好评价，就会形成良好的舆论，组织的需要才会得以满足。如果所策划的事件不考虑公众的需要，就难以引起公众和媒体对该事件的注意，也就不可能达到预期的目的。

(2) 要考虑到当前社会的时势。事件策划前，主题的选择和确定要符合当前的社会时势，因为只有符合时势的东西才可能引起较多公众的关注，也容易获得新闻媒介的报道。尤其是针对当时的舆论焦点掀起某种活动，就更能引人注目，从而置身于舆论中心，提高组织的知名度和美誉度。如法国白兰地之所以能在美国一炮打响，很重要的一个原因就是时机选择得好，它所选择的美国总统艾森豪威尔即将过67岁寿辰这个时机，一下子就引起媒体的广泛关注。

(3) 要选好传播媒介。要形成广泛性的公众舆论，仅仅通过事件本身，影响面是不够的，这时候通常需要借助大众传播的威力。对于大众传播媒介的选择需要考虑目标公众的特点，如目标公众的文化层次、活动区域、兴趣爱好、接收信息的渠道等。了解了目标公众的特点，那么媒介的选择也就容易进行了，媒介的选择亦能有效达到目标。另外，也要考虑经济的可行性和实现的可能性。

(4) 事件过程的策划要有应变性。整个事件的策划必须周密可行,一个优秀的策划应该事先考虑到各种可能出现的情况,并要有相应的应对措施。

 阅读案例 4-3

长跑竞赛发生事故

某年夏天在春江市"阳歌杯"全民健身周长跑竞赛中,不幸多人中暑,两人死亡。当日上午,春江市骄阳似火,天气暴热。9时整,3000多名运动员参加了1.5公里长的群众性长跑活动。随后,其中的350名运动员移师江滨路进行长跑竞赛。其中,中年男、女组和青年组赛程为8公里,少年组为3.6公里。由于在烈日下激烈地奔跑,有不少运动员先后出现深度不一的中暑反应。8名中暑较严重的运动员被迅速送往市急救医疗中心抢救。伍思聪在途中中暑摔倒,头部被摔伤,待送达急救中心时,心跳已停止。夺得中年女子组竞赛第二名的春江市第一机床厂的申桂英也因中暑不治,于次日凌晨死亡。

王伟娅.公共关系概论[M].大连:东北财经大学出版社,2006.

(5) 事件的策划有新意。喜新厌旧是人的天性,人们的注意总是追随着新奇的东西。要形成广泛的公众舆论,首先是能够引起公众对事件的注意,就必须有一定的新意。

本 章 小 结

所谓公众,是指与某一社会组织有着某种关联并相互影响和相互作用的个人、群体或组织的总和。这些个人、组织、群体与组织之间有着一定的利益关系,对组织的生存和发展有着重要的影响,而组织的观念、政策和行为也会对这些个人、组织和群体有着一定的影响。公众的特征包括:群体性、共同性、相关性、多样性和变化性。

对于公众有着不同的分类方法。根据公众与组织的所属关系,可以将公众分为内部公众和外部公众;根据公众与组织发生关系的时序特征及社会组织在运行中与公众发生关系的密切程度,可以将公众划分为非公众、潜在公众、知晓公众、行动公众;根据公众对组织重要程度的不同,可以将公众划分为首要公众、次要公众和边缘公众;根据公众对组织所持的态度不同,可以将公众划分为顺意公众、逆意公众和独立公众三类;根据组织对公众的态度不同,可以将公众划分为受欢迎的公众、不受欢迎的公众和被追求的公众三类。

任何一个组织在策划一项具体的公共关系活动之前,有必要明确组织的目标公众,并对目标公众加以影响使之转变态度。公众态度是指公众对社会组织或社会组织的某一问题的认知、情感和行为倾向。公众态度的形成是一个复杂过程。公众态度形成过程中,会受到公众利益需要、群体压力、心理定势等因素的影响。公众态度的改变是指已经形成的态度在接受某一信息或意见的影响后而引起的变化。根据改变方式的不同,可以把公众态度的改变分为两种:性质的改变和程度的改变。影响公众态度改变的因素主要包括:信息的来源、信息的组织、信息诉诸情感、认知和谐性、公众原有的态度、近因效应和角色扮演等。公关事件当中,可以通过强化策略、定势策略、迁移策略、信度策略等策略达到改变公众态度的目的。

公众舆论是指公众对组织及其方针、政策和行为等共同关心的问题的一致性意见。这种意见代表着公众对其共同关心的问题的态度、立场和评价。公众舆论具有共同性、公开性和基本一致性三个特性。公众舆论的形成经历了某一事件的发生、舆论的兴起、相应组织的措施和舆论的稳定四个阶段。社会组织要善于利用公众舆论来开展公共关系工作,并运用公关舆论的形成原理,创设对组织有利的舆论氛围。

关键术语

公众　目标公众　公众态度　公众舆论

综 合 练 习

一、填空题

1. 根据公众对组织重要程度的不同，可以将公众分为：_____、次要公众和_____。
2. 根据组织对公众态度的不同，可以将公众分为：被追求的公众、_____、_____。
3. 根据公众对组织所持态度的不同，可以将公众分为：顺意公众、_____、_____。

二、判断题

1. 第一印象不属于心理定势。（　　）
2. 公众对组织的情感是决定态度形成的关键因素。（　　）
3. 公众舆论具有绝对一致性的特点。（　　）

三、简答题

1. 简述公众的基本特征。
2. 影响公众态度形成的主要因素有哪些？
3. 改变公众态度的主要影响因素有哪些？
4. 简述公众舆论的特性。
5. 简述公众舆论的形成与发展过程。

四、论述题

1. 试述建立良好的媒介关系对于一个组织的重要性。
2. 如何创设对组织有利的公众舆论？

五、案例讨论

"雀巢"危机

雀巢公司在20世纪70年代中期曾遭遇过一次严重的危机。一些国家有传言说："雀巢食品导致了发展中国家母乳哺育率下降，婴儿死亡率上升。"对于这种传言，雀巢公司并没有给予重视。出乎预料的是这种传言最后演变为一场全球性的抵制雀巢食品的运动，使公司蒙受了巨大的损失。

讨论题：

(1) 导致雀巢陷入危机的主要原因是什么？
(2) 当出现对公司不利的流言时，该如何对待流言？

实际操作训练

课题 4-1：公众纠纷

实训项目：处理顾客公众纠纷

实训目的：学习如何处理企业与顾客公众之间的纠纷

实训内容：某公司的王小姐是一位出色的公共关系人员，她恪守"顾客永远是对的"信条，处处为顾客着想。有一天，来了一位顾客买东西，凑巧他想要买的东西卖完了，王小姐在接待时发现了此种情况，就过去歉意地说："先生，对不起，您要的东西刚卖完，请您过几天再来看看。"顾客听了以后不是太高兴，就开始嚷嚷道："怎么搞的，这么大的公司都没有，你们应该将这一天要卖的东西准备好，这么不懂顾客心理。"当王小姐正要开口向他解释时，旁边一位营业员抢先说："先生，你说话怎么这样难听？"那位顾客听了火气更大了，并继续与该营业员对峙，眼看旁边看热闹的顾客越来越多了。面对这种局面，假如你是那位王小姐，该如何处理这个问题？

实训要求：将参加实训的学生分成若干小组，以小组为单位进行讨论，拿出每组的处理方案。

课题 4-2：创设有利于组织的公众舆论

实训项目：创设公众舆论

实训目的：学习创设有利于组织的公众舆论

实训内容：B 公司是一家全球连锁型家电巨头，公司进入中国市场后的扩张缓慢，四年时间只在三个城市开有八家门店。B 公司欲在 H 城开一家新店，而当地公众对 B 公司的了解甚少，所以 B 公司在 H 城开店前要制造一些正向的公众舆论，公司营销部决定策划一些新闻事件。

实训要求：将参加的学生分为若干小组，以小组为单位，写一份策划新闻事件的方案。

【案例分析】

根据以下案例所提供的资料，试分析：

(1) 柯尔斯公司的"反脏乱"运动取得了哪些效果？公众对此有什么评价？

(2) 从这个案例中你得到了哪些启示？

柯尔斯公司的"反脏乱"运动

20 世纪 60 年代末的美国，随地丢弃盛装饮料的废铝罐已成为社会的一大公害。为此，位于美国科罗拉多州的以生产酒类产品而闻名的柯尔斯公司展开了一项以"反脏乱"为主题的废旧铝罐回收运动。

1970 年，"反脏乱"运动揭开序幕。柯尔斯公司宣布，公司将以现金收购本厂及其他厂家的废旧铝罐，并通过该公司遍布全国的 166 个分销处定点收购。这一用自己的资金回收别家的废弃物、承担社会责任、重义轻利的举动赢得了已饱受废旧铝罐之苦的美国公众的一片拥护，人们将柯尔斯视为文明社会的环境卫士。从当时影响看，有利的舆论已经形成，活动也可以到此结束，但柯尔斯公司并未就此罢手。他们在深思熟虑之后，又郑重推出一项"反脏乱"运动的全面的、详细的公共关系计划，并摄制了一部有关此项活动的电影特写片，向全社会宣传"反脏乱"活动的重要意义，展现深入"反脏乱"的姿态。从仅仅回收废旧铝罐到进行全社会的观念教育，为活动注入了新的内容，加之新闻媒介的推动，公众的热情再度高涨起来，柯尔斯公司再度成为社会舆论关注的焦点。

公司董事长柯尔斯从"反脏乱"运动联想到必须综合治理环境这一当代最敏感的问题，以自己个人的名义分别向1500名与社会环境保护工作有关的国会议员及专家写信，阐述了"反脏乱"计划的意义，并希望通过国会把他的想法告诉公众。一时间，回收废旧铝罐的活动成为国会的议题而震动朝野，柯尔斯公司关注社会问题的责任心也因此而人人皆知。由于柯尔斯公司在环境问题上成为公众的代言人，使美国历史上出现了企业与公众在观点、利益上取得惊人一致的罕见现象。

随着"反脏乱"运动的不断深入，公司不断地出版《柯尔斯公司铝罐消息》专刊，报告现金收购的统计资料，并刊登大力帮助这项活动的有关人士的照片。公司把这些专刊定期送到1500名舆论界代表和环境保护专家的手中，使活动始终保持着对全社会的持续不断的影响。

柯尔斯公司激起全社会普遍参与之后，拨出1800万美元专款鼓励参与这项活动的个人和团体，又极大地激起了人们对回收废旧铝罐的热情。从花钱收购别人家的废弃物，到又出钱鼓励人们参与回收，这种为社会尽义务的精神感动了大量公众，人们纷纷把用废铝罐换来的钱捐赠给各种慈善机构和公益事业。柯尔斯公司又对人们这种善行给予大力宣传的支持，使"反脏乱"由单纯的环境保护运动上升到更崇高的境界。

柯尔斯公司的"反脏乱"运动持续了近两年时间。两年中，该公司始终处于社会舆论的中心，知名度和美誉度不断扩大和提高，完全赢得了公众的支持与信赖，赢得了美誉度的极大提高。

资料来源：王伟娅. 公共关系概论[M]. 大连：东北财经大学出版社，2006.

项目 5 传播与公共关系传播

教学目标

通过本章的学习，理解传播的含义和要素，了解主要的传播模式与传播理论，熟悉传播媒介的分类及其特点；明确选择和应用公共关系传播媒介的原则，掌握几种常见的公共关系传播方式及其在公共关系中的运用技巧。

教学要求

知识要点	能力要求	相关知识
传播	(1) 能够理解传播的含义和特征 (2) 能够掌握获得好的传播效果的要素	(1) 传播的概念 (2) 传播的基本特征 (3) 传播的要素 (4) 意见领袖的概念
传播模式与理论	能够了解一些主要的传播模式与传播理论	(1) 5W模式 (2) 新型控制论模式 (3) 两级传播论 (4) "把关人"理论 (5) 议题设置论 (6) 受众选择的"3S"论
公共关系传播媒介	(1) 能够熟悉主要的传播媒介 (2) 能够结合不同情况选择合适的传播媒介	(1) 大众传媒的概念 (2) 大众传媒的分类及特点 (3) 选择和应用公共关系传播媒介的原则
公共关系传播方式	能够熟悉运用几种常见的公共关系传播方式	(1) 人际传播 (2) 群体传播 (3) 公众传播 (4) 组织传播 (5) 大众传播

项目 5 传播与公共关系传播

导入案例

10 万美元寻找主人

香港一家经营保险柜的公司,由于该产品刚上市,生意很不景气。一天,这家公司在当地很有影响的报纸上登了一则消息:"10 万美元寻找主人!本公司展厅保险柜里存放有 10 万美元,在不弄响警报器的前提下,各路豪杰可用任何手段拿出享用!"

广告一出,轰动全城。前往一试身手的人形形色色:有工人、学生、工程师、警察和侦探,甚至还有不露声色的小偷,但都没有人能够得手。各大报纸连续几天都为此事作免费报道,影响极大。这家公司的保险柜的声誉随之大增。

资料来源:番禺日报,2008 年 5 月 15 日,A6 版.

公共关系实质上就是社会组织与公众之间的一种信息传播活动和信息交流过程,公共关系传播是联系主体与客体的桥梁与纽带,是公共关系活动的基本内容和手段,决定了公共关系活动的效果。如何利用传播来创造有利的舆论环境是组织公共关系的基础性工作。

5.1 传播的含义、构成要素及其模式

5.1.1 传播的含义

"传播"一词译自英文 Communication。而 Communication 除了译作"传播"之外,也可译作"交流""联络""交往""沟通"等,凡是人类传递、接受、交流、分享信息的活动过程,都可以称之为 Communication。也就是说,"传播"这个概念泛指人类信息交流的关系和活动。可见,Communication 一词特指人与人之间、人与群体或社会之间双向的信息传递、接受、交流、分享、沟通的过程。"双向交流"和"传务求通"是"传播"的两大性质。

借鉴有关学者所给出的定义,本书倾向于认同以下的看法:所谓传播,是一种社会性交流信息的行为,是个人之间、群体之间、组织之间,以及个人与群体、组织和社会之间在共同的活动中彼此交流各种观念、思想、兴趣、感情及情绪等信息的过程,主要包括制作、传递、接收、储存和反馈信息等环节。

传播具有以下几个基本特性。

(1) 普遍性。无论是在人们的日常生活还是社会交往中,传播无时、无处不在,哪里有人类,哪里就会有传播。传播是人类社会所特有的最普遍的社会现象。

(2) 社会性。人类为了更好地生存与发展,就必须建立广泛的社会联系。任何社会都离不开传播,没有传播就形成不了社会。

(3) 工具性。人类社会的传播行为是一种工具性行为,人类利用传播行为作为监测环境的工具,来适应环境进而改善环境。传播的原理、方式、手段不受社会制度的阶级性的限制,作为工具可以为任何社会服务。

(4) 互动性。传播是一种双向的人际互动过程。纯单向的信息传播是不存在的,即使受传者是被动接受信息,其主观能动性也会参与信息传递的互动,只是此时的互动性、双向性不明显。

(5) 符号性。人类社会的信息传播活动是依靠"符号"来表达的,"符号"是指传播过程中借以表达情意的声音、语言、文字、姿势等。传播者发出信息,受传者能够明白信息内容含义的条件是,受传者所理解的符号含义必须与传播者发出时赋予的含义是相同或相近的。

(6) 共享性。传播就是传播者与受传者共享信息,借以达成共识的过程。

5.1.2 传播的构成要素

传播作为信息交流活动,是由信源、信宿、信息符号、信息通道等要素有机组成的动态过程。

1. 信源

传播者是信息的发出者,也称信息传播者或信息发送者,即信息的制造者,在信息传递关系中处于主动地位。传播者可以是个人,也可以是群体或机构。在传播活动中,传播者作为传播主体承担着对信息进行筛选、制作、发送的责任。

在传播活动中,传播者的形象、知名度、权威性、语言水平、吸引力、信誉度以及与受传者在地域、文化或政治上的相接近都会影响信息传播的影响面和说服力。同时,组织一定要重视建立和维护自己的传播信誉,尽可能地接近受传者,并提供权威的信息,以负责任的态度从事传播活动,这样才能达到长期的良好效果。

2. 信宿

信宿即传播对象,指信息的接受者、受传者,是传播内容的接收者和反应者,这里一般是指公众。信宿可以是个人,也可以是群体或机构,他们接收信息符号并对信息符号传递的内容做出反应。受传者在参与传播活动时,会对信息进行选择,而不是完全被动地接收被传播的信息。受传者的这种选择主要表现为根据自身的背景、价值观、个性、文化程度、接受状态等去选感兴趣的、需要的、有用的或合意的信息来接受、理解或记忆。

3. 信息符号

在传播活动中,任何信息内容都是以一定的符号形式传播出去的,符号是信息的外在形式。信息是组织传达给公众的具体意见、观点等,也包括公众向组织反馈的各种意见、建议等。符号是信息的载体,它是人类拥有的最完整的语言符号和非语言符号,即文字、图像、数字、声音、动作等。

4. 信息通道

信息通道指的是信息在传播过程中必须经过的传播途径。传播者和传播对象之间通过信息符号进行的交流和沟通,需要借助一定的传播媒介形成的具体信息通道,如文字需要写成文章、书籍,通过纸张印刷才能流传。传播媒介是建立在传播双方之间传递信息符号的媒介。传播媒介种类繁多,常见的有印刷媒介,如报纸、杂志、书籍、纪念刊、海报、传单、组织名片与函件等;电子媒介,如广播、电视、录音、录像、幻灯和电影等;此外还有其他传播媒介,如表情、体态、目光等,它们丰富了各种各样的信息通道。

5.1.3 传播的模式与理论

1. 传播模式

1) 拉斯韦尔 5W 模式

1948 年,美国著名政治学家哈罗德·拉斯韦尔发表了《社会传播的结构与功能》一文而成为传播学的创始人之一。拉斯韦尔在该文中首次提出了传播过程的基本要素及模式——"5W"模式。拉斯韦尔认为说明传播过程的一个简便方法是回答下列问题:

(1) 谁传播(Who)?
(2) 传播什么(Say what)?
(3) 通过什么渠道传播(Through which channel)?
(4) 向谁传播(To whom)?
(5) 传播效果怎么样(With what effect)?

其构成要素和传播过程如图 5.1 所示。

图 5.1 拉斯韦尔的 5W 模式

拉斯韦尔认为传播是有目的性的行为,具有企图影响受传者的目的。该模式通过五种要素在传播过程中的关系,概括地反映了传播是一种由组织对其目标公众发起的单向直线性的"劝服"的过程,但它未能反映出"环境""干扰"等因素会对信息的"转换"产生的制约,也未能反映出信息的"反馈"对实现传播"目标"的影响。后来,1958 年布雷多克在传递信息的具体环境和传播者发送信息的意图两方面对"5W"模式进行了补充。

2) 香农-韦弗模式

1949 年,美国的信息学者 C·香农和 W·韦弗提出了传播过程的线性模式,被称为香农-韦弗模式,如图 5.2 所示。

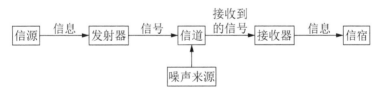

图 5.2 香农-韦弗模式

香农-韦弗模式为传播过程的进一步研究提供了重要的启示。这个模式的第一个环节是信源,由信源发出信息,再由发射器将信息转为可以传送的信号,经过传输,由接收器把接收到的信号还原为信息,再将之传递给信宿。噪声表明传播不是在封闭的真空中进行的,传播过程中内外的各种障碍因素会形成对信息的干扰,从而使传递的信息产生某些衰减或者失真。这对所有形式的信息传播过程来说,都是一个不可忽视的重要因素。信息发送者要提高自己的传播效果,必须十分关注排除传播活动过程中可能产生的各种干扰信息正常传递的因素。不过,香农-韦弗模式存在两个明显的缺陷:一是缺乏信息反馈;二是忽视了影响社会信息传播过程中的两个重要因素,即客观上社会环境的制约因素和主观上传受双方的能动因素。

3) 新型控制论模式

该模式由美国学者奥斯古德首先提出，经美国学者韦尔伯·施拉姆完善而成，是典型的新型控制论传播模式。这种模式中引进了"转换"和"反馈"机制，它弥补了拉斯韦尔"5W"模式的缺陷，将反馈过程与传受双方的互动过程联系起来，使传播成为一种互动的循环往复过程，反映了传播是传播者与受传者之间的互动过程，但它未能明确反映出"环境""干扰"对"效果"及"目标"的影响。此模式传播过程如图5.3所示。

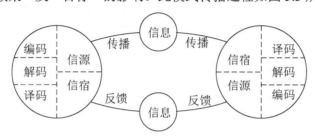

图5.3　新型控制论模式

2. 传播理论

1) 两级传播论

两级传播论是由传播学研究的先驱者之一的美国著名社会学家保罗·F. 拉扎斯菲尔德(Paul F. Lazarsfeld，1901—1976)针对传播效果专门研究而提出的理论。他在1940年主持的一项研究中发现，在总统大选中，选民们政治倾向的改变很少直接受大众传媒的影响，人们之间直接的面对面交流似乎对其政治态度的形成和转变更为关键。

拉扎斯菲尔的"两级传播"假设认为，"观念总是先从广播和报刊传向'意见领袖'，然后再由这些人传到人群中不那么活跃的部分"，即信息的传递是按照"媒介—意见领袖—受传者"这种两级传播模式进行的。媒介的信息大多通过"意见领袖"的过滤才能影响受传者。

2) "把关人"理论

"把关人"理论是由美国社会心理学家、传播学四大先驱之一的库尔特·卢因(Kurt Lewin)在其1947年发表的《群体生活的渠道》一文中率先提出的。

"把关人"(Gatekeeper)，又称"守门人"，有时指个别人，有时指一个集体。它是指在信息传播过程中，对信息的提供、制作、编辑和报道能够采取"疏导"与"抑制"行为的关键人物。通俗地说，"把关人"理论指的是：在大众传播的过程中，负责搜集、过滤、处理传播信息的传播者被称为"把关人"，他们的行为就是"把关"。

1950年，传播学者怀特将社会学中的这个概念引入新闻传播，发现在大众传播的新闻报道中，传媒组织成为实际中的"把关人"，由他们对新闻信息进行取舍，决定哪些内容最后与受传者见面。从此，新闻选择的"把关人"理论从人们的不自觉行为，成为大众传媒组织的有意操作，在更大范围和程度上或明或暗地影响新闻实践。经怀特、麦克内利等众多学者的深入挖掘研究，该理论最终成为传播学控制分析领域最具科学性的理论之一。

一般来说，"把关"行为包括"疏导"与"抑制"两个方面。把关人对某些信息准予流通的便是疏导行为，即报道出去；对某些信息不让其流通或暂时搁置，便是抑制行为，即不予报道。把关人之所以对信息交流采取不同的态度和行为，主要是出于自己所谓的"预存立场",即自己原有的观点、意见、经验、兴趣、精神状态等以及周围信息的影响。在传播者与受传者之间,"把关人"起着决定继续信息或终止信息传递的作用。

因此,公共关系传播活动中切不可忽视新闻媒介这种"把关人"的地位和作用,应当善待媒介,搞好媒介关系,借助于大众传媒的报道,改善组织的公共关系状态。

3) 议题设置论

议题设置论是由美国学者麦克姆斯通过科学调查率先提出的,是研究传播舆论形成的经典理论。议题设置论认为,媒介的议题不仅与受传者的议题吻合,而且,受传者的议题本身就来自于媒介的议题。即在大众传播中越突出某一事件,多次、大量地报道某一事件,就会使社会公众(受传者)突出地议论这一话题,大众传播对某些议题的着重强调和这些议题在受传中受重视的程度构成强烈的正比关系,这便是"议题设置"。

议题设置的理论基于以下两个基本假设观点。

(1) 各种传播媒介对传播信息具有"过滤作用"。传播媒介对复杂而大量的信息总是经过选择后才传达给受传者的。只有当大众传播媒介热衷介绍某个新闻事件时,这个新闻事件才有可能成为受传者关注的"议题"。

(2) 面对过于浩繁的信息环境,受传者通常是无所适从的。他们需要有人出面对复杂的信息加以整理,为他们指明方向,画出重点和优先顺序,为他们选出那些值得关心和注意的事件,这正是"把关人"的作用所在。

议题设置论对大众传媒的效果定位是比较准确和适中的。大众传媒的效果既不像"魔弹论"那样强烈,也不像"有限效果论"那样微弱。特别是随着信息时代的来临,受传者文化水平、自主意识的空前提高,任何外界力量企图强制性地控制个体思想已经不大可能,但是,信息的专业化和复杂化又使得受传者更加依赖大众传媒。这两方面的作用决定了大众传媒能够通过凸现某种事物以引起受传者的注意,但对于该事物的评价,则由受传者依据新闻材料和自身差异,独立做出判断。

在公共关系传播中,应该高度关注媒介和受传者的热点议题,并据此进行新闻策划,使组织或其产品(服务)等成为报道和受传者议题的热点,以取得好的公共关系传播效果。

 阅读案例 5-1

"请留心你家的后窗"

20世纪50年代,好莱坞影片《后窗》曾风靡香港,该片描写了一个脑部受伤的新闻记者,在家养伤时闲极无聊,便买来一架望远镜,每日坐在屋子里从后窗窥视对面楼层的住户的家庭隐私,从而卷入了一场谋杀案。影片上映后,香港人竞相观看,形成了"后窗热"。这时,香港一家生产百叶窗的企业成功地抓住了这一事件。他们在报上连续刊登题目为"请留心你家的后窗"的销售广告,其生意一下子兴隆起来。

资料来源:马纯,张祎. 公共关系学[M]. 合肥:合肥工业大学出版社,2007.第248页.

4) 受众选择的"3S"论

受众选择的"3S"理论是由美国学者约瑟夫·克拉帕提出的,是针对受传者进行专门研究而提出的传播模式理论。它主要强调认知主体的内部心理过程,并把公众看作信息加工主体。

一般认为,信息传播者往往把一些符合自己意图的信息编成特定的符号,然后通过一定的渠道到达目的地。这个目的地就是传播者企图与之共享信息的接收对象,即受传者。

但是，时常发生的结果是信息在受传者那里受到冷遇——视而不见、充耳不闻。例如，人们可以在阅读报纸杂志时跳过某些版面的内容，在收听广播时可以随意转动旋钮换广播波段，在收看电视时可以随意按动遥控器调换电视频道。经过长期的观察和研究，传播学者发现受传者在接触媒介和接收信息时有很大的选择性，这就是受传者心理上的自我选择过程。

克拉帕将这一选择过程的三种现象概括为：选择性注意（Selective Attention）、选择性理解（Selective Perception）、选择性记忆（Selective Retention）。

(1) 选择性注意。受传者的感官只对感兴趣的、需要的、关心的、有用的信息开放，回避那些与自己固有观念相悖的，或自己不感兴趣的信息，这是一种本能倾向。

(2) 选择性理解。受众总要根据自己的价值观念及思维方式对接触到的信息做出独特的个人解释，使之同受众固有的认识相互协调而不是相互冲突，正所谓"横看成岭侧成峰，远近高低各不同"。事实上，所传信息常常并不等于公众所受信息，即受传者所理解、还原的意义与传播者意欲传递的本来意义之间往往会有一定的差距。

(3) 选择性记忆。记忆是一种极其主观的脑的活动。人们根据各自的需求，在已被接受和理解的信息中挑选出对自己有用、有利、有价值的信息，然后储存在大脑中。如果说选择性接触和选择性理解都是有意识的行为的话，选择性记忆往往属于无意识的行为。选择性记忆其实也是人维持自身心理平衡和健康的一种必然选择。

综上所述，传播效果的模式和理论的演变告诉我们，大众传播媒介固然能够改变受传者原有的观念，但其效果不是无限的。同时，受传者的被动地位是相对的，他们对信息的注意、理解和记忆都是有选择的。公共关系人员可以通过各种调查手段了解公众对信息的接受程度。此外，在信息传播过程中，还要重视"意见领袖"的中转作用，设法通过他们影响公众。在实际工作中，公共关系人员不能把大众传播媒介作为唯一的手段，而应当将它与人际传播、组织传播等多种传播方式与媒介方式结合起来，以便收到更好的效果。

5.1.4 传播的类型

从人类传播发展的过程来看，传播可分为人际传播、群体传播、公众传播、组织传播和大众传播五种类型。

(1) 人际传播。人际传播是个人和个人之间的信息传播和交流，是一种最常见、最普遍、最基本、渗透人类生活一切方面的传播方式。人际传播主要借助语言符号和非语言符号来传播信息，其目的是达到人与人之间的信息交流、情感沟通与行为协调。人们常说的人际交往、人际沟通之类的概念都属于人际传播的范畴。

人际传播的方式主要有两种：面对面传播和非面对面传播。面对面传播是人际传播最基本和最主要的形式，主要是通过言语和非语言符号进行的。非面对面传播是个人与个人之间通过一定的媒介进行的信息沟通。

人际传播的信息交流充分而直接，信息真实而丰富，反馈迅速，容易达成共识。但人际传播范围小，信息辐射面窄，传播者与受传者双方易受情感因素影响，信息容易失真。

(2) 群体传播。群体传播主要指介于人际传播和组织传播之间的一种传播形式，即群体内的人际沟通活动。人们总是在若干个小群体中生活、学习、工作或从事社会活动，如家庭、班组、科室、兴趣团体、同学会等。因此，客观上存在着如何与小群体内的其他成员沟通的问题。

(3) 公众传播。公众传播指传播主体向相对集中的较大公众群体进行传播，它利用公众广泛参与的某种活动形式，对公众实现多媒体的现场沟通，如大型集会上的公众演讲、大型的演出活动、展览活动、各种庆典活动、节日活动、开放参观活动等。

(4) 组织传播。组织传播也称"组织沟通"，主要指作为传播主体的组织与其成员及环境之间的信息交流、沟通活动。公共关系传播与组织传播概念是基本一致的，公共关系传播是一种特殊的组织传播行为。从社会传播现象来看，任何一个社会组织都是一个独立的传播沟通主体，必然与环境存在大量的信息交流关系。

(5) 大众传播。大众传播即职业的传播者(如新闻单位、出版发行单位)，通过大众传播媒介(如报纸、杂志、广播、电视、书籍、电影等)，将大量复制的信息传送给分散的大众。

大众传播是现代社会中影响最广泛、作用最重大的传播形式。大众传播的迅速发展是现代社会科学技术高度发展的产物。其显著特点是：传播活动主体高度组织化、专业化，影响性强；传播手段现代化、技术化；传播的受传者不特定且不可预知；传播的信息量庞大、覆盖面广；传播的速度快；传播的信息完全公开化；传播的信息反馈量少且反馈速度慢。

传播的以上五种基本类型既自成体系，又相互包含、互为补充。在这个系统中，人际传播是最基本的传播形式，而大众传播具有最大的传播规模和容量。从人际传播、群体传播、公众传播、组织传播到大众传播，各传播方式的特征出现以下变化：受传者面越来越大；传受双方在感情距离上越来越远；信息的个性化越来越淡；信息的反馈越来越难；组织系统和传播技术越来越复杂。在实际生活中，一个完整的传播过程，往往是各种传播方式并用，它们互相补充、互相促进，共同实现理想的传播效果。

5.1.5 传播媒介的分类

传播媒介是传播活动赖以进行的方式、方法或工具手段。在传播活动中，传播媒介发挥着重要的作用。传播媒介的种类很多，按不同的标准可以分为不同的种类。一般来讲，我们可以按下列标准对传播媒介进行分类。

1. 按照媒介的物质形式分为：语言符号媒介、实物媒介和人员媒介

(1) 语言符号媒介。语言符号媒介包括自然语言在内的所有可能有的符号系统。无疑，人类的各种自然语言是最重要且使用最多的符号系统。用自然语言编制成的各类文字资料也属于语言符号系统。语言符号媒介是现代社会运用最广泛的传播媒介，也是公共关系传播最主要的媒介。以语言符号为载体的信息很大一部分是通过大众媒介来传播的。

(2) 实物媒介。实物媒介是指能够传递信息的实物，即实物充当了信息传递的载体。它包括产品、赠品、象征物和公共关系礼品等。如产品就是一种典型的实物媒介，它运载信息的要素有品牌、商标、包装、外表形态、内在质量、售后服务、广告设计等。实物传播还包括各种示范性服务、操作表演、样品展览等。实物媒介的最大特点是可信度比较高。

(3) 人员媒介。人员媒介主要是指组织成员本身作为信息的显示物。人员媒介借助人员的行为、服饰、素质和社会影响力来作为传递信息的载体。它包括政府领导和员工的形象、社会名流、新闻人物，以及能够影响社会舆论的其他公众等。人员媒介的最大特点，除了可信度较高外，还容易建立传播双方的感情关系。然而，人员媒介往往有特定的运用场合或限制条件。

2. 按照媒介的社会功能分为：组织自办媒介、大众传播媒介、网络媒介和手机媒介

(1) 组织自办媒介。组织自办传播媒介是指组织自身拥有或公共关系人员自己举办的，能直接运用和控制的媒介。因此，组织自办媒介最大的特点就是可控性，主要表现在组织能随时根据需要，运用一切可以运用的传播手段、方式或载体，进行有针对性的传播。

典型的组织自办媒介有内部的有线广播、闭路电视、组织报刊、黑板报、宣传橱窗、宣传手册、CI手册、标语牌、对话室、意见箱、公示栏、液晶显示屏、自己的网站、自办的公共活动等。

(2) 大众传播媒介。大众传播媒介包括印刷类和电子类两大类。印刷类大众传播媒介是指借助于可视的语言文字符号传递信息的媒介，主要包括报纸和书刊，常用的是报纸和杂志。电子类大众传播媒介是指运用电子技术、电子技术设备及其产品进行信息传播的媒介，包括广播、电视、电影、录音、录像、光碟(CD、LD、VCD 和 DVD)等。电子媒介在信息传播中具有适应面广、老少皆宜，对受众的文化层次要求较少，传播迅速、生动，覆盖面广，成本低等特征。

阅读案例 5-2

1036——传情五环

广东电台"城市之声"员工为台庆5周年设计了一个方案：立足将城市之声5周年台庆与申办奥运活动相结合，通过电子传播媒介，传达"城市人盼奥运"的城市之声电台的时代强音，并把这一理念传遍全世界。

围绕"一首歌曲——5个'1036'系列活动"策划主题进行城市之声5周年台庆活动：一首歌曲即以都市人热心申奥为主题，在活动中它将作为一条主线贯穿整个台庆活动的始终。5个"1036"意指与主题有关的5个系列活动：1036个5岁的孩子亲手画制的图画；1036米长的都市人亲笔签名的横幅；1036个市民支持申奥的声音；1036封孩子亲手寄出的信；1036张录有主题歌的CD光盘，在送给1036名市民之时，传递城市之声支持申奥的热诚。活动的实施与网络活动相结合，延长活动的有效性，从而扩大了影响与传播的范围。

资料来源：陈放. 中国创意学[M]. 北京：中国经济出版社，2010. 第190页.

(3) 网络媒介。在网络时代，网络逐步成为重要的传播媒介之一。网络媒介是由多媒体计算机和互联网组成的。通过增加配置而集各种传播功能于一体的多媒体计算机，具有广播媒介、电视媒介和印刷媒介的功能，又具有人际传播的功能。互联网是一个采用TCP/IP协议由无数局域网连接起来的世界性的信息传输网络。这个网包含巨大的国际性信息资源，具有电子邮件(E-mail)、文件传输(FTP)、网络新闻(Netnews)、广域信息服务系统(WAIS，Wide Area Information Servers)、万维网(World Wide Web)查询等非常广泛的服务功能。网络代表了现代传播技术的最高水平，它从根本上改变了人类的传播意识、传播行为和传播方式，并影响到人类社会生活的方方面面。

(4) 手机媒介。任何媒介都是一个进化的过程，手机媒介化的过程就说明了这一点。手机最初只是移动通信终端，全部功用就是拨打和接收电话。短信的出现使手机不但能收发语音，而且能收发文字，有了报纸的功能；彩信的出现使手机可以同时收发图片、文字和音频，有了广播的功能；手机电视的出现使手机有了电视的功能；WAP和宽带网络使手机有了互联网的功能。手机逐渐成为重要的传播媒介之一。媒介化的手机将传播、接收集成于同一平台，

极大地改变了人们的沟通方式，而且极大地改变了公共关系传播。

手机媒介的优点主要表现在：手机媒介消除了时空维度对传播的限制，实现了传播的随时性、随地性，实现超越时空的沟通；手机媒介也消除了不同媒介之间的隔断，实现了媒介大融合，使传播走向全媒介化；手机媒介使新闻传播更多地表现为个体性行为，手机用户对一些社会性突发事件进行的人际传播常常快于、广于大众传播。通过手机媒介可以与手机媒体的内容运营商进行即时的、直接的交流、沟通和反馈。传授双方可以随时根据对方的反应修改、调整、补充自己的传播内容，从而实现传播的高质、高效。

5.2 公共关系传播

5.2.1 公共关系传播的定义

公共关系传播就是社会组织与其公众之间的信息交流行为。具体地说，就是社会组织通过各种有效的传播媒介把组织有关的信息传递给社会公众，以影响或改变公众的态度和行为，创造有利于组织的舆论环境的过程。因此，公共关系传播在公共关系中占有重要的地位，是联系公共关系主体与客体的桥梁和纽带。

公共关系传播属于组织传播的范畴，组织传播是公共关系传播赖以存在和发展的基础，也是研究公共关系传播的起点，公共关系的核心就是开展有效的组织传播活动。

公共关系传播具有以下几个基本特征。

(1) 计划性。公共关系传播的目的是塑造组织良好社会形象和构建舆论环境。因此，公共关系传播具有鲜明的计划性特征。公共关系传播是一个有计划的系统性的行为过程。"有计划"是指公共关系传播必须按照组织的目标，有步骤地进行。

(2) 双向性。公共关系传播是一种社会组织与公众之间双向的信息交流过程。一方面，社会组织为了塑造组织良好的社会形象和构建舆论环境，通过有效的传播向公众传递有关信息。另一方面，社会组织为了使传播方案具有针对性，必须及时收集有关公众接受信息后的信息反馈。

(3) 社会性。社会组织作为社会中的一员，其公共关系传播要站在社会整体利益的高度，体现作为社会一员的社会责任。

(4) 互利性。公共关系传播是一种双向的信息传递和交流的活动，这种活动不能只出于社会组织自身的需要，而应该寻求组织与公众之间的利益相关热点，开展公共关系传播活动。

(5) 创造性。公共关系传播的创造性主要体现在公共关系信息传递的策划环节。公共关系传播策划应通过别具一格、引人注目、最好是具有轰动效应的创意传递信息。优秀的公共关系策划人员善于审时度势，因势利导，把看似平淡无奇的素材加工成令人称奇的公共关系作品，最大限度地吸引公众的眼球，抓住公众的注意力。

5.2.2 选择传播媒介的原则

媒介选择的合理与否直接影响到公共关系传播的效果，合理地选择并较好地利用传播媒介必须遵循以下几项原则。

(1) 根据公共关系传播目标进行选择。除了树立良好形象的根本目标外，组织发展的各个不同阶段，会有不同的具体工作目标。因此，在实施组织大目标的前提下，应紧密联系该项公共关系活动的具体目标、工作要求，选择、使用传播媒介和沟通方法。即选择和使用的手段和方法须符合公共关系工作的性质和要求，才可能充分发挥其功能。

(2) 根据受传者的特点进行选择。受传者的文化层次、生活习惯的不同对传播媒介有不同的要求。根据公共关系对象的特点，因人而异采用不同传播媒介，才可能使信息有效地到达目标公众，并被公众所接受，这对于提高传播效果是很重要的。

(3) 根据传播的内容进行选择。公共关系传播信息的内容丰富多彩，应根据传播媒介的特点，全面考虑传播的内容、容量等因素来选择不同的传播媒介，使传播媒介的优势得以充分发挥。一般来说，比较浅显的信息适合选择电子媒介，而难以理解的信息适合选择印刷媒介。如果是系统的理论、深奥的知识，则应选择书籍；如果是专业性很强但信息容量不太大的信息，则应选择专业杂志；如果是通俗易懂、易引起普通公众关注的信息，则应选择报纸。如果是美好悦耳的声音，可以选择广播；如果是有着丰富多彩的画面、变化多端的动作，则可以选择电视和电影；而如果是要求场面宏大、气势磅礴，则更适宜选择电影。

 阅读案例 5-3

"环青海湖国际公路自行车赛"扬名海外

青海作为西部地区一个重要的省份，自 2002 年以来，已经在每年七八月份成功地举办了多届"环青海湖国际公路自行车赛"。"环湖赛"已成为青海省内三大名片之一，带动了当地的经济、文化、旅游等产业的发展。每年比赛有来自世界五大洲的 20 多个国家的专业运动队、140 多名运动员参加，比赛总距离 1300 多公里，平均海拔 3000 多米，赛程 9 天，奖金总额 25 万美元。

为了扩大影响，"环湖赛"获得了中央电视台的积极参与和大力支持，使"环湖赛"的品牌获得了极大的影响，受到国内外众多媒体的关注。自 2002 年起，每年 4—8 月，中央电视台 1 套、2 套、3 套、5 套和 12 套节目，以及青海省内各大媒体持续黄金时段高密度播放"环湖赛"公益宣传片和赛事主题歌 MTV，使"环湖赛"品牌在短期内获得了很高的知名度。中央电视台每年更是对"环湖赛"开幕式进行长达 90 分钟的现场直播。

每年比赛期间，新华社、中央电视台、中央人民广播电台、凤凰卫视、中国新闻社、《人民日报》《中国体育报》、香港《大公报》、青海电视台、新浪网等全国性媒体 50 余名记者上路对赛事进行全程跟踪报道。为增强宣传效果，第一届和第二届赛事组委会租用军用直升机对赛事航拍，2004 年更是购置了一架海燕轻型飞机和两架动力悬挂滑翔机对赛事全方位、多角度航拍，不但调动了比赛现场的气氛，同时使比赛转播更加精彩、更加生动、更加直观。比赛期间，中央电视台《新闻联播》对"环湖赛"每天进行报道，央视体育频道(CCTV-5)辟出专栏，对赛事进行全面跟踪报道，同时全国各大报刊、网站和各地强势平面媒体也对赛事进行连续跟踪报道，前 5 届累计发稿 1200 多篇、赛事图片和照片 700 余幅。

资料来源：本案例改编自 http://sports.sina.com.cn/o/2007-04-05/15452850398.shtml。

(4) 根据组织的经济实力进行选择。公共关系工作仅仅是组织全部工作内容之一，其经费预算是有限的。这就要求公共关系人员在开展公共关系活动中，根据组织的公共关系预算和传播投资实力，量力而行，精打细算，既使公共关系活动达到目的，又不致耗费过多的资金，争取在最经济在条件下获得尽可能大的传播效益。一般来说，电视所需费用最高，报纸其次，广播最便宜。公共关系活动的实践证明，如果能将两种或两种以上的传播媒介综合利用更适合公共关系的开展。

(5) 根据信息的时效性和频率上的合理性选择媒介。有些信息传播，其目的是为了吸引公众的短时注意，有的则为了引起公众的持久注意；有的信息要求迅速传送出去，有的则无此要求。因此，选择媒介应注意时效性和频率上的合理性。如重大新闻、短期展销广告就宜选用电子传播媒介；而树立组织形象的系列内容，则应选用印刷传播媒介有规律地连续刊出。

5.2.3 几种常见传播方式的应用

为了适应社会的发展和变化，更好地实现组织与公众之间的信息交流，公共关系传播除了运用组织传播手段以外，还需要使用人际传播、群体传播、公众传播和大众传播等传播方式。所以，在公共关系实务工作中，往往需要综合运用人际传播、组织传播、公众传播和大众传播的技术、手段和方法，才能取得好的公共关系传播效果。

1. 人际传播在公共关系中的应用

人际传播是最常见、最广泛的一种传播方式，也是人类赖以生存的最基本的方式。组织往往需要借助面对面的交流或其他非面对面的人际传播，与公众之间建立良好的合作关系。

(1) 面对面的交流。事实上，这种经常性的面对面的沟通是解决问题、消除矛盾的最佳方式。组织与政府部门、新闻界、金融界、社会知名人士及顾客之间的日常联络同样可以通过这种直接而简单的方式进行。具体来说，可以通过工作午餐、相互拜访，甚至喝茶、下棋的方式完成面对面的沟通。

(2) 非面对面人际传播方式。非面对面人际传播突破了空间和时间的限制，适用于远距离的信息交流。具体来说，可以通过书信、电话、电报、传真、录像等传播媒介完成人际传播。

2. 公众传播在公共关系中的运用

作为一个社会组织，可以通过庆典、记者招待会、展览和陈列等多种公众传播媒介把组织的信息传递给公众，为组织营造良好的舆论氛围。

(1) 庆典活动。庆典活动是组织围绕自身重大事件、活动所举行的开业庆典或者周年纪念活动等活动的总称。组织通常可以选择各种节日、组织重要纪念日或取得重大成绩之时，策划并实施诸如开(幕)业典礼、开工典礼、奠基仪式、落成典礼、签字仪式、各种纪念庆祝活动(如店庆、厂庆、周年纪念活动)等丰富多彩、庄重热烈的庆典活动，力争在社会上造成广泛深刻的影响，为建立良好的公共关系营造良好的环境。

(2) 展览会。展览会是一种综合运用各种媒介、手段，通过人员、文字、图表、产品实样以及各种影像资料来展示组织形象、传播组织信息的一种公共关系专题活动方式。展览会需要投入较多的人力、物力、财力，所以在举办前，首先要进行展览会必要性和可行性的科学论证，避免造成盲目上马起不到作用或开支过大得不偿失。

(3) 举行记者招待会。记者招待会又称新闻发布会，它是指以某社会组织的名义邀请新闻机构的有关记者参加，由组织专门人员以会议形式向新闻媒介的记者发布消息或介绍情况，并接受记者采访、回答记者提问的一种信息交流活动。新闻发布会是一种两级传播：先将消息告知记者，再通过记者所属的大众媒介告知公众。通过新闻发布会，社会组织可以将有关信息迅速传达扩散到公众中去，以谋取公众的谅解、信任、支持，并扩大组织的社会影响力。

(4) 赞助活动。赞助活动，也叫捐赠或资助，是社会组织无偿提供人力、物力、财力资助某一项事业，以取得一定的形象传播效果的社会活动。赞助活动是一种超越一般广告宣传的系统化公共关系活动，它是一种花钱少而能达到比广告效应更多的"悄悄的广告"。通过赞助活动，有助于赢得政府、社区及相关公众的支持，从而为组织的生存和发展创造良好的环境。

3. 组织传播在公共关系中的应用

组织传播是公共关系活动中疏通组织内外沟通渠道、密切组织内外公众关系的重要传播类型。组织传播是通过一定的组织形式或利用组织媒介进行的传播活动，包括组织内部传播和组织与其外部环境之间的传播。

1) 组织内部传播的应用

组织内部传播按照传播渠道的不同分为正式传播与非正式传播。正式传播是按组织明文规定的渠道进行传播，例如规定的交流制度、会议制度、上级发布指示或调研制度、下级汇报和投诉制度等；非正式传播是在正式规定渠道之外进行的传播，例如私下交流、个人互访等。任何组织在正式传播之外都还存在着非正式传播，二者如果相辅相成，则组织能良好地协调运转；如果二者相左，则组织内耗加大，矛盾增多，效率降低。除了利用正式传播的管理和传播作用外，公共关系人员更要善用非正式传播的艺术，协调各方关系。

组织内部传播按照传播方向的不同可以分为上行传播、下行传播和平行传播。上行传播是信息由下而上的传播，如下级向上级反映情况、汇报工作、请示意见等；下行传播是信息由上而下的传播，如上级向下级通报情况、布置工作、传达指示等；平行传播是指平行部门或无统属关系的不平行部门和成员之间的信息传播，如交流情况、讨论协作、开展联谊等活动。上行传播、下行传播与平行传播可以逐级，也可以越级，是组织内部信息畅通的重要保证。组织内部的人际传播是组织成员之间个别进行的因公或因私的信息传播。

组织成员每天都有相当多的时间用于组织内部的信息沟通，所以，建立健全传播制度和渠道、完善各种传播媒介(如内刊、年报季报、黑板报、宣传册等)，通过组织传播来改善内部的人际关系和群际关系，对于增强员工的归属感和凝聚力有着重要的意义。

2) 组织与其外部环境之间传播的应用

这种传播是运用组织媒介与外部公众之间进行的信息传播活动。其目的是加强公众对组织的了解、信任和支持，创造有利的舆论环境，争取更多的关系资源。常见的组织媒介和形式包括新闻稿、户外广告、赠品、新闻发布会、企业识别系统、宣传手册、各种报表与报告、展销会、联谊会等。

4. 大众传播在公共关系中的应用

现代公共关系与大众传播是密不可分的，公共关系的迅速发展有赖于各种大众传播手段的发展和完善。有人说，今天的社会是"大众传播社会"，今天的时代是"大众传播时代"，谁要想获得成功，谁就必须认识和掌握大众传播。公共关系工作的主要内容，就是使用大众传播去影响社会公众，使他们产生有利于组织的态度和行为。

1) 确定传播的形式

利用新闻媒介进行宣传有广告和新闻报道两种。广告由于是花了钱的，因此就买来了许多自主权，但广告尽管可以提供富有感染力的信息，给人留下深刻的印象，却不能使人感到信服。新闻报道提供的虽然是可以核实的确凿信息，但报道的重点、播出的时间等都不能由组织做主。因此，一般在以下三种情况下，选择广告的形式更为恰当：①当组织希望按照自己的表达方式传播某则信息；②当组织希望按照自己指定的时间和媒介将某则信息传达给公众；③当组织希望照自己所需要的次数传达某则信息。

成功的新闻报道能在广大公众中产生强烈的影响，而广告却很难达到这样的效果。一般情况下，在紧接着新闻报道之后登出有关的广告进行反复诱导，广告的效果就会大大增强。

2) 选择传播的媒介

大众传播媒介是指能够向众多公众传递信息的专业传播媒介，主要包括报纸、杂志、广播、电视、电影、录像等。不同类型的大众传播媒介有着自身的优势和劣势，要想取得最佳的传播效果，需要考虑不同类型大众传播媒介的特点，并结合传播的目标和内容、受传者的特点、费用预算等多方面约束条件，在此基础上选择适当的传播媒介。

5.3 网络传播及其应用

5.3.1 网络传播的特点和技巧

1. 网络传播的特点

网络传播是指社会组织通过互联网这一特定的传播媒介，将大量的信息传递给受众的一种传播活动，属于大众传播中的一种。网络传播是一种基于网络的信息双向交流。与其他传统传播方式相比，网络传播具有以下特点。

1) 无可比拟的时效性和全时性

任何传播都是在一定的时间和空间中进行的，时效性是网络传播最突出的特点。互联网的运用，大大加快了信息传播的速度，使人们能够更加迅速地了解周围世界发生的新情况、新经验、新问题，帮助人们消除对事物认识的种种不确定性。如今，国内外任何地方发生的任何事情、任何信息，不管正面还是负面，只要一传输到网上，就可以在瞬间传遍全球，而这一信息如果有足够的价值或吸引力，就能引起全世界的关注。在信息传播效率上，网络传播将信息传播过程大大缩短，网络信息可以实现即时更新，大到国际、国家大事，小到生活琐事，均能在网上得到同步反映。以新浪网的报道为例，2001年9月11日美国遭受了"9·11"恐怖袭击事件，第一架飞机于北京时间9月11日20:45撞击纽约的世贸大厦，10分钟后，新浪网就发布了第一条信息。

2) 传播内容的海量性和开放性

具有超大储存能力的计算机与网络连接在一起，把人们带进了"信息爆炸"的时代。网络传播信息海量，内容丰富。网络技术使人人都可成为发布信息的信息源，不同信息发布主体可以根据自己的需要，将详细的信息内容加工制作成网页，接受人们的点击和访问。网络以其超链接的方式将存储信息的容量无限放大。网络传播这种海量性和开放性的完美结合，大大拓展了人们选择和利用信息资源的内容和范围，真正实现了在全球范围内的"信息共享"。各种信息和不同文化通过互联网交流、沟通、对话、碰撞、互相融合和取长补短，促进了社会文化的多元整合和人类文明的进步。

3) 传播过程的双向性和交互性

网络媒体能够整合传统媒体所使用的各种表现手段，发挥文字、声音、色彩、图片、音乐、电影、三维动画、虚拟视觉等信息载体的功能，对所要传播的信息内容进行加工处理，给受众带来具有极强视觉、听觉冲击力的综合信息传播效果。网络传播的交流互动模式，使信息传播活动真正实现了主、客体之间的沟通和交流，受传者的主动性、选择性和参与性也大大地加强，增强了传播的双向性，实现了大范围和远距离的双向互动。在网络传播的过程中，传播者和受传者完全处于平等的地位，传播者和受众的角色位置可以方便地、频繁地交替互换，受众既是信息的接受者，也可以成为信息的传播者，彼此之间不仅可以主动地获取或发布信息，而且可以实现无时空限制的交流沟通。

4) 传播方式的虚拟性

虚拟性是网络媒体与传统媒体相区别的最大的特性。虚拟不是虚假，它是指人们为了满足社会交往的需要，把现实生活的真实图景"搬"到了互联网上，在网上创造了一个既虚拟又实在的"拟态环境"，如虚拟会议、虚拟课堂、虚拟经济、虚拟社区、虚拟游戏等，使得人们生活的现实看起来像一个近似梦幻的场景，而这种虚拟生活恰恰又是人们真实生活中的一部分。

5) 传播形态的多媒体化

互联网从本质上讲是一种多媒体的综合性的信息平台。所谓多媒体，就是利用计算机技术把文字、图形、声音、静态图像、视频动态图像和动画等多种媒介形态综合一体化，使之成为逻辑连接，并能对其压缩、编码、编辑、加工处理、存储和展示的信息产品。

6) 传播环境的个性化

传统媒体传播信息的过程，是一个由传播者向受众(读者、听众、观众)单向流动的过程。由于受众的不确定性及受众对信息的被动接受，使信息传播往往采取高冲突的传播方式进行。换句话说，报社、广播电台和电视台根据自己的倾向性和编辑思想决定的信息内容，却有可能不能满足接受者的需要而不为接受者接受。购买和阅读载有大量自己不需要的信息的报纸，或守着电视机面对着不喜欢看的节目和广告而不断地转换频道，这对读者和观众来说，无疑从资金和时间上都是一种浪费和负担。

2. 网络传播的技巧

在网络飞速发展的今天，信息大量传播，很多企业、团体或者个人都喜欢利用互联网这个平台，有效地传播自己想要传播的信息。那么，如何通过网络传播获得最大的传播效果呢？

1) 建设好自己的网站，树立组织的网络形象

网站是组织的门面，一旦建立，全世界都可以访问它。因此，在建立网站时要注意以下几点：①精心设计网上组织形象识别系统，从网页开始，全面展示组织形象；②提供丰富的内容，网络信息要简洁、易懂、及时、准确，并做到及时更新；③充分利用交互性，做好日常维护，利于目标受众群主动查询及信息保存。

网站建立以后，还要注意充分发挥网络新闻公告在拓展公共关系方面的重要作用。组织在网上发布新闻公告时，一要做到网络信息的即时性，以尽快的速度传播新闻事件；二要注意传统媒体和网络媒体相配合。公共关系人员一方面把有关组织的信息提供给传统的大众传媒，另一方面可以通过自己的网站与目标公众进行直接的交流。公司可以根据公众所关心的具体问题在自己的网站上设置专门的主题加以宣传，从而在传播中处在更为有利的地位。

2) 利用各大平台实时发布组织信息

当组织有新产品或新服务出台时，最好能实时发送信息给那些希望发布此信息的网络媒体。组织可建立用户邮件列表或通过网站邮件列表收集对本组织感兴趣的用户的邮件地址，并及时向其发布组织的最新动态。在新闻公告中加入其他组织的链接，包括合作伙伴、客户等链接。虽然这可能会转移一部分浏览者的注意力，但它也会从一定程度上提升组织形象。

3) 坚持"说真话"，以诚待人，赢得公众的理解、信任和支持

在网络空间里，要开诚布公地对待自己的公众，不要撒谎或者歪曲事实。一些公司不择手段地向公众灌输对自己有利的虚假信息，企图改变公众的态度和舆论。这样一旦被公众发现，这些公众可以在网络空间里通过多种途径与其他公众进行相互交流，谈论跟公司宣布的信息相抵触的事实真相，会让公司限于孤立无援之地。真正的公共关系是与公众保持长久的互惠平等的传播交流，实现互利共赢。这样，公司才能获得公众的理解、信任和支持，实现持续健康的发展。

4) 向公众提供反馈意见的渠道，认真对待公众的投诉和建议

网络可以提供互动式的交流，应该给公众提供反馈意见的渠道，让你的公众知道你在聆听。比如，在公司的网页上加上一个可以发送反馈意见的按钮链接，或者在其他宣传资料上印上你公司的电子邮件联系地址，请公众积极地反馈他们的想法和建议，并认真对待公众的投诉和建议。

5) 监控公众的反应，及时做出调整

公众对组织的反馈意见主要有两种：一种是人们对组织所发布信息的反馈意见；另一种是别有用心的个人或组织散布的对组织不利的造谣、中伤或诽谤。公共关系人员应通过阅读新闻组、事业搜索引擎和其他网络服务，使用自动搜寻浏览网页和新闻组的软件，登记接收电子邮件列表等方式监控新闻组、讨论组以及互联网的相关内容，来了解公众对组织向外传递信息的反应，并根据反馈意见及时在传播交流内容和方式上做出相应调整。

5.3.2 网络传播在公共关系中的运用

1. 利用万维网(WWW)与公众之间保持实时交流

使用互联网的热潮使得人们竞相开发挖掘互联网的新用途和新功能，互联网也因此而成人们各显神通的竞技场。互联网对那些需要与公众保持传播交流的组织而言，有实时迅速、信息不受篇幅限制的优势。互联网是一个高度开放的系统，任何人都可以利用网络平等地获取信息和传递信息，享有高度的自由。万维网可以给公众提供历史上从来没有过的低投入实现数据共享，同时方便公众更有效率地查询网络上的各种信息资源，社会组织可以借助万维网随时与公众之间进行24小时不间断的交流和思想沟通。

2. 利用电子邮件(E-mail)传递组织信息

电子邮件就是通过互联网用电子形式发送或接收的信件。它具有快速、便捷、群发、超越时空等优点，电子邮件自然就成了开展公关活动最有力的互联网工具之一。通过电子邮件可以实现一对一交流，一人对多人的联系以及邮址列表的联系方式。

(1) 一对一交流。利用电子邮件进行一对一交流的方法很多，既可以用它来跟记者建立并发展良好的关系，也可以通过它与某个组织的指定代表进行谈判。事实上，电子邮件

是一种极为有效的交流方式，它正在取代电话成为许多公关咨询业人士的主要交流工具。

(2) 发送和邮递地址列表。发到列表上的电子邮件会自动被传送给列表上所有的人。公共关系人员除了能让公众通过电子邮件根据需要提取信息，还可以用邮递列表让公众了解最新的信息，并且为他们提供一个交流讨论的场所。

(3) 电子新闻通讯。越来越多的人喜欢用电子新闻通讯，因为它们形式灵活、易于撰写。这种电子新闻几乎适用于任何场合和目的。

3. 利用网上论坛(BBS)向讨论组的成员们提供相关信息

随着我国互联网用户的迅速增加，BBS正在逐步成为有影响的社会舆论工具之一。普通百姓可以通过网上论坛(BBS)就一些敏感的政治问题、社会问题和国际问题发表自己的观点和看法。

对于希望能跟其公众传播交流并对公众施加影响的组织，讨论尤为重要，因为讨论组实现了世界范围的对话，使用的是多对多的传播交流模式。在讨论组里，以前从未谋面、志同道合的人们现在可以从世界各地聚集起来，形成关注某一社会问题的团体。整个过程只要几天，甚至几个小时。在新闻讨论组里，人们相互支持，及时传播交流信息，绕过那些逐渐失去他们信任的大众传媒。

因此，新闻讨论组是及时发现并解决问题的绝好地方。讨论组还可被视为一项长期进行的有针对性的公共关系调研，公共关系人员可以随时咨询参与者的意见，还能做到有的放矢，向讨论组的成员们提供相关信息以替公司树立良好的形象。

4. 利用信息检索功能为公众提供个性化信息

互联网本身就是一个巨大的数据库，用户可以从成千上万的图书馆、政府部门、公司企业和非营利组织公开的数据库中搜索各种信息，这就是互联网所具有的信息检索功能。随着网络新闻及其商业应用的日益成熟，用户提高阅读效率的强烈要求使基于用户个体需求的个性化新闻成为一种趋势。也就是说，每个人希望从"大众媒体"获取的仅仅是个体所需的信息而不是媒体所推荐的"大众信息"。正是在这种背景下，许多商业网站纷纷推出个性化服务。在国外比较知名的有Yahoo!的"My Yahoo"和《纽约时报》网站的"My New York Times"等。国内的商业网站中，网易的"我的网易"比较有代表性。在网易首页导航栏中有"我的网易"一栏，点击后出现要求用户输入自己的用户名和密码的页面。输入用户名和密码后，便进入用户自己设置好内容结构的网页。在这一页面，用户可以修改结构。

组织可以借助信息个人化服务手段，向目标公众提供更亲切的信息服务，主要包括以下几个方面：①与一些提供信息个人化服务的网站建立联系，把支持公司或组织主张、理念、商业目标的文字、图片等信息上传给这些网站，由他们按网民的分类进行分发。②在网上为报刊编辑们准备好符合质量的图片以便发表——可包括公司重要人物的照片或者产品包装和标志。③在组织网站中增加信息个人化的服务。

网络传播被企业广泛地应用到了公共关系领域。从组织网站、搜索引擎的排名、网络新闻的发布、网络论坛，到近几年的博客、微信等多种网络公共关系传播方式被广泛应用。科学地运用网络传播以提高知名度和美誉度的组织不在少数，下面是"红牛能量之旅"网络传播的资料。

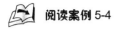阅读案例 5-4

红牛能量之旅

一根线索。新浪网汽车频道出现了一则广告——红牛能量之旅，这个活动包含有三个部分：哈巴雪山行、行者无疆、晒游记。大概的意思是在"十一"期间，征集车友攀登哈巴雪山，然后让大家在各自的博客和论坛上发布游记、照片等，同时还设定了奖项；行者无疆是驴友将各自旅游的照片上传到网站上，进行评选；晒游记大致意思也雷同。

两则数据。新浪网的数据显示，"驴友""大漠，孤城，金色的湖"的博客点击量达到 75000 次左右，该活动网站的总点击在 300 万次以上，300 万人同时关注一个"红牛能量之旅"，似乎的确值得庆幸。另一则数据不得不提，搜索引擎 Google 对"红牛能量之旅"的收录量为 117000 条，有效链接 340 条；Baidu 为 82500 条，有效链接 340 条。数据显示也是很好的结果。

第三方分析。"艾瑞网"对于网民的行为研究数据显示：中国网民截至 2007 年达到 2.2 亿人，比韩国和日本的人口总和还多。数据同时显示，中国网民 74%以上具有大学学历。这说明网民和红牛的目标群是非常吻合的，或许这是"红牛能量之旅"得以成行的基础。

若干"水手"。在 Google、Baidu 搜索上，我们可以看到大致三种类型的稿件，分别为：红牛能量之旅活动征告、红牛能量之旅印象后记、艺人参与红牛能量之旅。根据媒体特性来分析，艺人参与该活动是活动的亮点之一，并且首先在《成都晚报》曝光，引发了大量转载；印象后记一般出现在论坛上，题目相同，Baidu 的搜索引擎显示大约有 260 篇文章，基本上可以判定是"水手"之作。

在红牛的营销跑道上，体育营销是红牛的亮点之一：从 2000 年起，红牛连续多次赞助中国青少年三人篮球赛(TBBA)，在校园中培养红牛拥护者。2003 年，红牛正式成为 NBA 中国战略合作伙伴，多次在中国为广大球迷开展"全明星票选活动"。2004 年，F1 大奖赛首次在中国开赛，红牛大力推广 F1 赛车运动。从 2005 年开始，红牛与 NBA 大篷车活动紧密合作，穿行于中国的许多城市，作为 NBA 大篷车官方合作伙伴，红牛的冠名活动"红牛能量大灌篮"是 NBA 大篷车最激动人心的活动之一。2007 年，红牛将目光转向了网民，联手新浪网开展"红牛能量之旅"活动，在网民中引起较大反响。

资料来源：柳宝珠. 公共关系学[M]. 上海：立信会计出版社.2008，第 156-158 页，有删改.

以上案例足见红牛对网络传播的重视。一个能够汇聚高人气的网站满足了红牛公关传播的需求。网络不仅是一个营销的平台，更是实施公关传播的舞台，网络平台的交互性和平等性，能够最大限度地体现企业公关中所谋求的真诚、沟通和互惠原则，能够收集来自社会各方最直接的建议和意见。在网络时代，这样的合作势必会带来双赢。

本 章 小 结

传播是联系公共关系主体和客体的桥梁，是公共关系的重要手段和实现机制。从本质上讲，公共关系活动就是一种信息传播活动，主要包括制作、传递、接收、储存和反馈信息等环节。传播具有普遍性、社会性、工具性、互动性、符号性、共享性等基本特性。

传播作为信息交流活动，它是由信源、信宿、信息符号和信息通道有机组成的动态过程。传播包括人际传播、群体传播、公众传播、组织传播和大众传播五种传播方式。人们对传播效果的认识和发展不断深入，先后提出了两级传播论、"把关人"理论、议题设置论、受众选择的"3S"理论等传播理论。

公共关系传播是指社会组织为了实现组织目标、塑造组织良好形象，利用各种媒介有计划、有目的地与公众进行双向信息交流的沟通过程。公共关系传播具有计划性、双向性、社会性、互利性和创造性等基本特征。

为了达到不同的公共关系传播目的，需要采取不同的公共关系传播方式。常用的公共关系传播方式除了自身传播、人际传播、组织传播和大众传播以外，网络传播已经成为一种重要的传播形式。

公共关系传播媒介从不同的角度可以分为不同的种类。按照媒介的物质形式分为：语言符号媒介、实物媒介和人员媒介；按照社会功能可分为：组织自办媒介、大众传播媒介、网络媒介和手机媒介。

在公共关系传播活动中，合理地选择和应用传播媒介还必须遵循以下几项原则：根据公共关系传播目标进行选择、根据受传者进行选择、根据传播信息的内容进行选择、根据组织的经济实力进行选择。

关键术语

传播　传播媒介　组织传播　人际传播　大众传播　网络传播

综 合 练 习

一、填空题

1. 传播媒介的四大金刚是指：_____、_____、_____和_____。
2. 传播的基本要素包括：_____、_____、_____和_____。
3. 按照媒介的物质形式，传播媒介可分为_____、_____和_____。
4. 常见的传播方式包括：人际传播、群体传播、公众传播、_____、_____。
5. 受众选择的"3S"论的三种选择现象是_____、_____和_____。

二、名词解释

公共关系传播、把关人、网络传播、意见领袖

三、简答题

1. 传播的基本特征是什么？
2. 获得好的传播效果的要素有哪些？有什么不同？
3. 简述 5W 模式和新型控制论模式的主要内容。
4. 简述议题设置论和受众选择"3S"论。
5. 公共关系传播媒介有哪些？各有什么特点？
6. 选择公共关系传播媒介的基本原则是什么？
7. 简述公共关系传播方式及其在公共关系中的应用。
8. 网络传播的特点和技巧是什么？

四、讨论题

1. 近年来，每当打开电视，总有大量夸张的减肥广告在播放，虽然看的时候很讨厌，总想换台，但奇怪的是，减肥还是成为人们见面后的一个常见的话题，为什么？
2. 甘肃省兰州市某工厂的一个班组评上了"五好班组"，新疆石河子市荣获联合国授予的"人类居住环境改善最佳范例奖"和被建设部授予首届"中国人居环境奖"，北京市获得

了2008年奥运会主办权。要传播这几条信息,请问能否选择同样的传播媒介进行?为什么?

3. 许多知名企业都采用了整合营销传播策略,而某同学为勤工助学与另外两名同学合伙开的校园打字复印社,却采用在校园食堂前的公告栏内贴了一张A4纸的广告进行宣传,为什么?

4. 2006年年初,某单位招聘了一批新员工,由于他们都很努力,年底都取得了较高的业绩。但由于领导没有经验,他经常在开会、布置或检查工作、发行企业简报时,无意识地频繁表扬某些一开始工作成绩较突出或他感兴趣的下属,批评个别他看不惯或一开始工作有缺陷或失误的下属。年底发现,由全单位员工民主参与进行的年终考评得出的员工评价结果与领导的日常评价几乎一致。这符合有关公共关系理论吗?为什么?

 实际操作训练

课题5-1:自我介绍

实训项目:一分钟的自我介绍

实训目的:学会传递关键信息和有效信息

实训内容:采取随机抽查的形式让本班学生向全班师生做一分钟的自我介绍,可以从个人基本信息、性格特点和擅长等方面进行介绍。

实训要求:时间是一分钟。语言表达清楚、流畅,逻辑思维清晰,通过介绍能让大家更好地了解自己,并剖析自己在信息沟通中存在的问题。

课题5-2:新闻发布会的设计

实训项目:设计新闻发布会

实训目的:学会新闻发布会的礼仪、程序、筹划及准备工作

实训内容:华为公司最近推出了一款新型手机,为配合该手机的推广,华为公司准备举行一次新闻发布会。

实训要求:现以学生手机推广主题设计一次小型模拟新闻发布会。由同学们扮演新闻发言人和记者,就大家关心的相关问题进行问答。注意语言符号和非语言符号的运用,注意发问和回答的技巧和发布会的效果。

【案例分析】

根据以下案例所提供的资料,试分析:
(1) 星巴克品牌策划取得成功的关键因素是什么?
(2) 星巴克是如何充分利用微信、微博等新数字媒体的特点创造理想的品牌价值的?
(3) 组织应如何利用新媒体在用户群体中保持较高的关注热度?

 分析案例

星巴克微信新年活动

项目背景:

微信作为目前最热门的移动互联网入口应用,广受社会各界人士关注,并在用户群中保有较高的关注

率。微信已与星巴克合作，成功运作了不少经典的新媒体营销案例。2013年新年期间，微信再次携手星巴克中国上线新年主题运营活动"微信扫一扫，新年星运到"。活动形式为用户关注"星巴克中国"微信公众账号，即可参与定制小游戏，抽取新年红包。

作为微信方推广执行团队，需要多角度挖掘活动亮点吸引用户参与，引爆互动热度，将星巴克微信新年活动打造成又一行业关注热点营销事件，凸显微信开放API可实现的多样化特性，进一步提升微信在新媒体营销格局中的重要价值及战略意义，吸引行业内展开广泛探讨，加深企业主/品牌方对微信公众平台价值的认可度，让微信多样化的用户体验深入人心。

项目调研：

自诞生伊始，在短短几年的时间里，微信已经成为中国最成功的移动互联网产品，而用户对微信这一新型移动社交工具的认知也发生了诸多变化，一大批资深的微信用户/媒体/公众账号开始主动引领微信潮流，并活跃在新媒体领域，时刻关注微信的新动作、新趋势。星巴克通过与微信的强强联合，依托微信庞大的用户基础，利用音乐电台、星巴克闹钟、圣诞活动等一系列创新互动，巩固并完善品牌的数字化战略，积累了较为可观的微信听众。

但我们仍注意到，用户对微信越了解，对微信账号的运营质量要求也越高；并且随着诸多营销人员/机构/大号开通并运营微信认证账号，用户的选择也越来越多元化，面对用户为王的竞争，即便是小众草根也可与国际品牌同台较量。因此，如何挖掘、匹配活动内容与用户的兴趣、需求，使营销活动与用户产生最大正相关，如何使信息的传递、沟通更迎合用户的讨论情境、习惯，进而激发用户主动跟进，实现各营销平台的传播配合，将是微信星巴克新年营销活动传播的主要挑战所在。

项目策划：

传播目标： 传播活动相关信息，号召粉丝关注参与；用户参与活动相关体验信息的二次扩散；以"星巴克与微信再度携手，新年送好运"为主题，再次打造热点营销事件，广泛吸引行业内人士、意见领袖及品牌方关注。

策略基础： 以微博用户、微信用户、星巴克粉丝三大平台重合的用户群作为目标人群样本，以微博为基础数据聆听平台，分析挖掘目标用户群关注点，与项目传播目标进行匹配，产出核心传播点及内容创意焦点。

策略路径： 结合用户关注焦点及社会化分享热点，挖掘"星巴克微信新年活动"自身的互动亮点，积聚与广大网友的互动分享关系链，在传播前期积累大量的草根用户量，形成以微信体验+微博分享、扩散为配合的闭环传播路径，不断深化传播焦点。后期由TOC创意互动向TOB深度探讨递进，通过不断沉淀的社会化舆论基础，进而由面向TOC的用户吸引转向面向TOB的深度价值探讨，塑造新一轮的微信营销热点事件。

TOC传播策略： 以新浪微博为传播主阵地，主打"新年好彩头"的活动利益点，迎合国人的节庆心理。一方面经由星巴克粉丝首发活动内容、分享活动体验信息，形成品牌用户圈层的自发传递路径；另一方面借助娱乐、搞笑类红人大号推转创意互动引导，激发更多微博用户的参与体验及主动UGC产出。全程实时监测、整合用户活动体验信息点，不断调整扩散推转内容以吸引更多网友参与。

TOB传播策略： 以新浪微博+营销/科技媒体为沟通主阵地，以"微信星巴克新年活动"为契机，探讨微信在新媒体营销格局中的重要价值及战略意义。首先，以活跃营销/科技类大号为源头，点评活动亮点及价值；其次，以案例总结盘点等方式，引发更多行业人士多维度探讨过往微信营销方式及此次活动带来的创新借鉴；最后，以第三方媒体视角总结微信新型营销方法论，给予行业参考标准。

媒介策略： 精准筛选目前微博运营较为优质的大号及行业内意见领袖，打通不同领域内的各个传播结点，力图实现多点开花的传播路径，提升信息传播效率；针对星巴克粉丝、微信资深用户、营销/互联网行业用户，分别设置对应的传播媒介及互动话术，多角度围绕微信活动展开深度沟通，促使信息源的二次扩散；为具有高效爆破力度的传播结点设置深度评论内容，重点吸引微博"公知"的参与，形成社会化焦点话题；以案例分享、方法论研究等形式扩散微信营销价值内容，引发优质网媒对长评内容的主动发布，提升传播效力。

项目执行：

Step1：分布真实用户活动体验信息分享源头，草根网友微信互动晒图分享，奖品分享扩散，吸引网友参与。

Step2：结合星座热点，发布十二星座遭遇星巴克微信新年礼遇活动的不同反应——《当十二星座遭遇意外之财》，通过漫画形式，利用星座类大号与用户展开创意互动，戳中用户痒点，植入活动信息，引导用户参与体验；大范围告知活动参与方式与奖品，提升活动影响力。

Step3：一方面，结合年终奖热点，盘点用户晒出的奇葩年终奖，将活动信息进行创意植入，以搞笑类大号发布引发网友关注、推转，刺激用户体验。另一方面，不断以结合天气、节庆氛围的创意点主动发布草根原创内容，与星巴克官微形成互动推转，扩大用户接触面。

Step4：盘点年底各个洋品牌(星巴克、阿迪达斯、肯德基、可口可乐等)如何进行春节营销。借助此项内容，一方面为用户提供更多可参与的新年活动，吸引用户关注；另一方面，为后续转向行业分析提前打下内容埋伏，吸引行业人士看点。以互联网大号与用户互动，跨行业扩散活动信息。

Step5：借洋品牌活动盘点内容发表深度分析长微博，集中针对活动形成热议氛围，提升关于微信价值的讨论，借势发布"微信年度运营账号类型总结分析""新媒体营销方法论总结"等专业内容，快速、精准利用IT、营销大号打通各领域分析人士关注，爆发微信价值热议。

活动全程设置"星巴克微信""开红包 星运到"两大关键词进行微博、论坛、新闻媒体的全面监测，实时抓取用户热点内容进行整合二次扩散，并调整创意点，连接微信、星巴克官微、星巴克核心用户、IT圈、媒体圈多个节点，串联内容以迎合不同类型用户的视角进行发布。

项目评估：

品牌热度综合分析：在为期9天的传播中，星巴克以及微信公众平台的关注量持续快速增长，其中"星巴克中国"的热议度增幅超600%，而"微信"的热议度也以361027的数值达到半年内的又一制高点，对微信营销价值的推广起到了良好的指引。借助星巴克微信营销案例的分析研究，预计在日后的营销活动中，微信公众平台将以更重要的营销配比出现在新媒体营销当中，对社会化营销的格局起到较为深远的影响，从而提升企业对微信公众平台的认可度。

用户关注热度综合分析：传播过程中的用户实时信息搜索量取得了上万量级的突破。其中在有关"星巴克 微信"的信息发布量当中实现了20000余条增长量，而"开红包 星运到"则实现了300余条原创内容的增长量。通过主动内容创造引发用户的关注与原创内容发布，在新浪平台当中实现了良好的循环，且持续保持高速增长，在用户群体中形成了出色的参与热度，并且引发整个微博平台的热议。另外，加上后期的营销案例化转移，也让企业获得了对微信公众平台极高的认可度，并引发大量企业官微主动跟进与内容产出。

行业用户关注热度分析：此次基于新浪微博平台的微信推广活动当中，引发了包括新浪V字认证、企业蓝V以及各领域微博达人共计1045人(或企业)的主动跟进，营造了真实的基于星巴克微信营销案例的点评热潮，对整个平台的影响度更是不可估量。不仅实现了此次活动的营销广度覆盖，同时借助企业蓝V以及V字认证用户的主动跟进以及积极点评，更是将此次活动的深度影响力推向了新的高度。

媒体关注热度分析：相关案例化内容发布后引发25家企业账号(蓝V认证)转载发布，覆盖范围涉及营销机构、电商企业、电信企业、影视机构、培训机构、媒体等，各大官微均予以推荐，新浪微博热门公知"@丁辰灵""@陈亮途"等均加入探讨互动中，形成了良好的舆论关注及价值挖掘氛围。其中以新媒体营销案例分析、微信营销优质案例分享为主要内容的两篇图文微博，共计被各类企业账号(蓝V认证)收录转载15篇次，其中包括纵贯咨询、首席营销官观察网站、奇才互联、成都尚扬文化传媒有限公司等。部分传播文章获得市场部网、艾瑞网、中国公共关系网主动转载发布，SocialBeta更是专门撰稿分析报道此次星巴克微信案例，与用户关注热点结合的创意类内容更是获得猫扑网热点转载。企业、自媒体、专业营销/互联网等各领域的广泛赞誉与深入探讨，为微信价值提升奠定了基础。

资料来源：中国公关关系网编委会.2013最具公众影响力公共关系案例集[M].北京：企业管理出版社，2014.第156-160页.

项目 6 公共关系的工作程序

教学目标

通过本章学习,了解公共关系工作的一般程序,熟悉公共关系调查的意义和方法,掌握公共关系策划的方法、原则和技巧,明确公共关系评估的内容。

教学要求

知识要点	能力要求	相关知识
公共关系调查	(1) 熟悉公共关系调查的流程 (2) 明确公共关系调查的内容 (3) 能够灵活应用公共关系调查的方法 (4) 能够撰写公共关系调研报告	(1) 公共关系调查的流程 (2) 公共关系调查的内容 (3) 常用的公共关系调查方法
公共关系策划	(1) 能够搞一些简单的策划 (2) 能够为组织撰写简单的公共关系策划书	(1) 公共关系策划的定义 (2) 公共关系策划的原则 (3) 公共关系策划的基本要素
公共关系实施	(1) 明确公共关系实施的步骤 (2) 能够组织公关关系的实施	(1) 公共关系实施的意义 (2) 公共关系实施的步骤 (3) 公共关系实施的原则
公共关系评估	(1) 熟悉公共关系评估的程序 (2) 能够运用公共关系评估的方法进行简单的公关评估工作	(1) 公共关系评估的程序 (2) 公共关系评估的内容 (3) 公共关系评估的方法

导入案例

法国白兰地的精彩亮相

多少年来，法国白兰地生产厂家一直想将白兰地打入美国市场。美国在20世纪20年代颁布实施的禁酒法令，曾一度阻挡了白兰地进军美国的进程。禁酒法令取消后，随之而来的"二战"烽火烧遍世界，白兰地的美国梦再次破碎。战后，白兰地生产厂家觉得进军美国的时机已经成熟，决定大举开拓美国市场。目标确定后，策划人员便开始着手分析市场形势：美国是世界上最大的市场，也是竞争最激烈的市场，白兰地想要一炮打响、赢得美国人的青睐，必须出奇制胜。明确了策划思路后，策划人员推出了如下的公关方案：

当时的美国总统艾森豪威尔即将过67岁寿辰，可以以此为宣传突破口，在艾森豪威尔总统寿辰前一个月，利用"美国之音""时代"等传播媒介散布信息：为了表示他们对美国人民的情谊以及对美国总统的友好感情，法国人民将赠送两桶极为名贵的、酿造达67年之久的白兰地酒作为贺礼。

贺礼由专机送往美国，酒桶特邀法国著名艺术家特别设计制作，白兰地公司为此付出了巨额保险费。
……

无数的美国公众被这连续的报道所吸引，在总统寿辰前夕，关于这两桶酒的传说，便成了华盛顿市民街头巷尾议论的热门话题。

然后于总统寿辰日，在白宫的花园里举行隆重的赠送仪式，由4名英俊的法国青年身穿法兰西传统的官廷侍卫服装抬着这两桶白兰地正步前行，进入白宫。

当这两桶仪态不凡的美酒亮相时，群情沸腾，欢声四起，有些人甚至大声唱起了法国国歌《马赛曲》。总统寿辰当天，为了观看这个不同凡响的赠酒仪式的实况转播，华盛顿竟出现了万人空巷的罕见场面。而有关白兰地酒步入白宫的各种新闻报道、专题特写、新闻照片挤满了当天各报版面。

于是，法国名酒白兰地就在这种热烈氛围中昂首阔步走上了美利坚的国家宴会与市民的餐桌，半个世纪的美国梦终于实现了。

资料来源：边一民. 公共关系案例评析[M]. 杭州：浙江大学出版社，2004.

为了确保公共关系活动的顺利开展，必须在公共关系调查的基础上，对公共关系活动进行精心的策划并为此制定行之有效的活动方案，然后按照一定的程序组织实施并对实施的效果进行评估。公共关系调查、公共关系策划、公共关系活动的实施及其评估，是公共关系活动的四个重要步骤。对于一个社会组织的形象管理而言，这四个步骤相互衔接、相互影响，形成一个持续循环的完整的公共关系工作过程。

6.1 公共关系调查

公共关系调查是整个公共关系活动的先导，又是公共关系实务的基础，是运用定量分析和定性分析的方法，全面准确地了解社会组织的公共关系现状，预测公共关系发展的趋势，检测公共关系活动的效果，为管理决策提供科学的依据，在整个公共关系活动中起到举足轻重的作用。通过公共关系调查，可以帮助组织了解其在公众心目中的形象和地位，开展公关工作的条件、困难及竞争对手的情况，实现目标的可能性等，为组织决策提供科学依据，从而增强公关活动的针对性，提高公关活动的成效。

6.1.1 公共关系调查的流程

为了使整个调查工作有计划、有步骤地进行，保证整个活动的科学性，公共关系调查应包括制定调查方案、搜集调查资料、整理分析资料、撰写调查报告四个步骤。

1. 制定调查方案

在确定了调查课题以后，调查者必须根据调查的课题制订调查计划。一个完整的调查方案主要包括以下几方面。

(1) 确定调查的目的。调查的目的是指调查所要解决的问题。对一个组织来说，要调查的内容很多，但涉及一项具体的调查，总有自己特殊的目的。在进行调查之前，首先要明确为什么要调查？要收集什么信息？需要了解什么？了解后有什么用途？明确调查目的是制定调查方案的关键所在。只有确定了调查目的，才能确定调查的范围、内容和方法，才能有针对性、有目的地进行公关调查，避免盲目行动导致的工作失误。

(2) 确定调查对象。调查对象是根据调查目的、任务，来确定调查范围与调查单位。调查单位是构成调查对象中的一个个具体单位，是我们搜集信息、分析信息的基本单位。在实际调查中，注意选择调查对象的科学性，保证公众的代表性。社会组织的公众范围十分广泛，开展公共关系状态调查时，不可能也没有必要对所有的公众进行调查，只要注意选择公众工作的科学性，按照随机原则，通过抽样技术，就可以取得接近公众总体的资料。

(3) 确定调查项目和调查表。调查项目是调查的具体内容，确定调查项目就是要明确向被调查者了解些什么问题，如消费调查中消费者的性别、民族、文化程度、年龄、收入、动机、态度等。对项目进行科学的分类、排列，构成调查提纲和调查表。

(4) 确定调查时间和地点。调查时间的确定应包括两个方面：一是要明确规定调查资料所反映的是调查对象从何时起到何时止的资料；二是规定调查工作的开始和结束时间。调查地点应与调查单位相统一。

(5) 确定调查方式和方法。在调查方案中，应明确采用什么组织方式和方法取得调查资料。搜集资料的方式有普查、重点调查、典型调查、抽样调查等多种。具体调查方法有访谈法、观察法、问卷法和实验法等。调查采取的方式、方法不是固定和统一的，往往取决于调查对象和调研任务。大中型调研要注意多种方式和方法的结合运用。

(6) 确定调查工作的组织实施。调查组织计划是指实施整个调查活动过程的具体工作计划，主要是指调查的组织领导、调查机构设置、人员的选拔和培训、调查工作步骤及其善后处理等。

(7) 制定调查预算。在进行调查预算安排时，要将可能需要的费用尽可能全面考虑。一般来讲，调查经费预算应包括四个方面：调查方案设计及实施费用、调查资料整理分析费用、调查报告撰写费用及相关办公费用。

2. 搜集调查资料

搜集调查资料的主要任务是按调查计划的要求与安排，系统地搜集所需要的各种资料。调查资料的搜集可以从两方面进行：一方面是搜集未做加工整理的原始资料，也称第一手资料或初级资料；另一方面是搜集他人已调查整理过的资料，也称第二手资料或次级资料。

初级资料搜集的方法包括访问法、观察法、实验法等。次级资料往往是已经公开出版或发表的资料,对这类资料的搜集采取文案调查法。

3. 整理分析资料

整理分析资料是指运用科学的方法,对调查所得的各种零散的资料进行审查、检验和综合加工,使之系统化和条理化,从而以集中、简明的方式反映调查对象总体情况的工作过程。资料的整理分析,通常包括下列工作。

(1) 审查核实。在进行资料汇总前,首先对调查得到的资料进行审核,这是保证调查工作质量的关键。审核的内容主要是对其及时性、完整性和正确性的审核。

(2) 分类汇编。资料经过检查核实后,为了便于归档查找和统计方便,还应按照调查的要求进行分类汇编。资料的分类是根据事物内在的特点和调查研究的要求,按某种标志将所研究现象的总体划分为若干组成部分,然后进行分类登录及归档,以备查阅。汇编是按照调查的目的和要求对分类后的数据和资料进行计算编辑和汇总,使之成为能反映调查对象客观情况的系统、完整、集中、简明的材料,为分析工作打下良好的基础。

(3) 分析处理。资料的分析包括定性分析和定量分析。前者是以资料或经验为依据,主要运用演绎、归纳、比较、分类和矛盾分析的方法找出事物本质特征或属性的过程。后者是运用概率论和数理统计的测量、计算及分析技术,对社会现象的数量、特征、数学关系和事物发展过程中的数量变化等方面进行描述。为了取得比较符合实际的结论,不仅要进行定性分析,而且要进行定量分析,要在定性的基础上尽量根据不同要求把资料量化,在此基础上编制成统计表或统计图,或计算百分比、平均值等,然后运用这些量化资料进行分析,并将分析所得的结论提供给相关的决策部门,作为策划的依据。

4. 撰写调查报告

撰写调查报告是公关调查的最后程序。作为调查工作的结束,最终要形成一个调查报告。撰写调查报告的目的是对调查活动过程及调查数据分析整理的过程及其工作成果进行总结汇报,为制定科学的公共关系方案提供依据,为领导者决策提供参考,寻求领导的支持和帮助。调查报告撰写的好坏影响着调查结果在有关决策中的作用。撰写出一份具有说服力的好的调查报告,是卓有成效地进行公关调查的一个不可忽视的方面。

一般来说,调查报告主要包括以下内容:①序言。主要介绍研究课题的基本情况。②摘要。概括地说明调研活动所获得的主要成果。③引言。介绍研究进行的背景和目的。④正文。对调研方法、调研过程、调研结果及所得结论和建议做详细的阐述。⑤结尾。结尾即报告的结束部分,凡是写有前言的报告都要照应开头,以起到归纳的作用,渲染全文,加深印象。⑥附录。呈现与正文相关的资料,以备读者参考。包括样本的分配、图表及重要的数据资料等。调查报告形成以后,应对调查结果和整个调查过程进行一次总结评价,就调查的科学性、准确性加以说明。调查结果和调查报告应及时提供给组织中的有关人员。

调查报告是调查活动的成果的体现,调查的成败以及调查结果的实际意义都表现在调查报告上。因此,撰写调查报告时,要特别认真细致,尤其应注意以下几个问题:①要考虑读者的观点、阅历,尽量使报告适合于读者阅读。②尽可能使报告简明扼要,不要拖泥带水。③使用普通词汇,尽量避免行话、专用术语。④务必使报告所包括的全部项目都与报告的宗旨有关,删除一切无关资料。⑤务必使资料准确无误。⑥充分利用统计图、统计表来说明和显示资料。⑦务必使报告打印工整匀称、易于阅读。

6.1.2 公共关系调查的内容

公共关系调查的内容非常广泛，具体可分为组织自我期望形象调查、组织实际形象调查和组织形象要素差距分析三个方面。

1. 组织自我期望形象调查

自我期望形象是一个组织自己所期望建立的形象，它是一个组织公共关系工作的内在动力、基本方向和目标。自我期望形象的确立应注意主观愿望和实际可能相结合。作为动力和方向，自我期望形象的要求越高，组织自我努力的可能性就越大；作为目标，自我期望形象越高，实际成功的可能性就越小。科学的自我期望形象的调查应包括三个方面的内容：

1) 组织领导层的公共关系目标和要求

公共关系活动的目标必须服从组织的整体目标，并支持组织整体目标的实现，而整体目标的形成则始于领导阶层。作为组织的决策者和领导者，他们对自己组织形象的期望水平，对于组织目标和组织信念的形成，对组织形象的选择和建立具有决定的意义。因此，公共关系调查首先必须认真详尽地研究领导者所拟定的各项目标决策，研究领导者的意图和决心，测定他们对组织形象的期望水平和具体要求，并以此作为设计组织形象的重要依据。

2) 组织员工的要求和评价

组织员工是实现组织目标最基本的力量。一个组织的目标和政策只有得到广大员工的认可和支持，才能有效地转化为该组织的实际行动，从而实现组织的目标。因此，必须通过调查了解员工对组织的要求、看法和建议，了解他们对领导层提出的目标的信心和支持程度，确定他们对组织自我期望形象的认同。

3) 组织的实际状况和基本条件

组织形象的自我期望必须依据组织自身客观条件，公共关系调查必须完整地掌握本组织的基本材料，包括经营方针、管理政策、生产状况、财务状况、技术开发状况、市场营销状况、人事组织状况等，并以此作为确定组织形象的客观依据。

2. 组织实际形象调查

组织形象是指社会公众心目中对一个组织机构的全部看法和总体评价，亦即一个组织的实际表现在公众中的投影。对于组织而言，良好的社会形象是最重要的无形资产，拥有它就会得道多助，兴旺发达。用来衡量一个组织实际形象的标准有两个：社会舆论和公众评价。为此，要通过以下步骤调查本组织在公众心目中的形象。

1) 确定调查的对象和范围

首先要明确在什么范围内进行调查，以及针对哪些公众进行调查。

2) 形象地位测量

主要是调查组织的知名度和美誉度，测量组织在公众中的形象地位。组织实际形象的评价分析指标可以采用百分制，并通过计算平均值求得。

3) 组织形象要素分析

如果组织形象不好，那么要调查为什么处于这种状态，影响组织形象的主要因素有哪些，究竟是哪些因素导致这种状态的出现。例如，某管理顾问公司针对 100 个公众进行组织形象调查，调查之后将所收集的信息制成调查表，如表 6-1 所示。

表 6-1　组织形象要素分析信息表

正评价调查项目	非常	相当	稍微	中等	稍微	相当	非常	负评价调查项目
经营方针正直		70	20	10				服务方针不正直
工作效率高			25	60	15			办事效率不高
服务态度诚恳				20	15	65		服务态度不诚恳
管理手段有创新				20	15	65		管理手段缺乏创新
管理水平高						15	85	管理水平低
经营规模大					20	60	20	公司规模小

这份调查表所显示的公司总形象是低知名度和低美誉度，具体表现为：公司服务方针正直，但办事效率一般，服务态度欠诚恳，业务缺乏创新精神，企业管理没有名气，公司规模过小等。通过这个调查结果可以进一步用来分析组织形象差距及其原因，并且有必要针对这些原因去制订公共关系的计划和措施。

3. 组织形象要素差距分析

由于组织自我期望形象只是反映了组织对树立自身形象的主观要求，带有较强的主观性，这种形象与组织在公众中的实际形象会有差距。要使公众对组织的实际形象与组织所期望的形象一致，就必须通过比较组织的实际形象与组织的自我期望形象，找出两者差距，以此作为组织公共关系应该努力的方向，从而帮助组织制订切实可行的工作计划。绘制"组织形象要素差距分析图"能比较直观地显示出这一差距。

组织形象要素差距分析图的绘制分三个步骤：第一步，将组织形象要素调查表中表示不同程度评价的 7 个档次数据化，使其成为数值标尺。第二步，将组织实际形象数据和自我期望形象数据标在图中，分别连线，实线表示组织的实际形象，虚线表示组织的自我期望形象。第三步，将实线所表示的组织实际形象和虚线表示的自我期望形象对照比较，就可以清楚地看出两者之间的明显差距，并从中得到一定的启示。

以上面提到管理顾问公司为例，其"形象要素差距分析图"如图 6.1 所示。

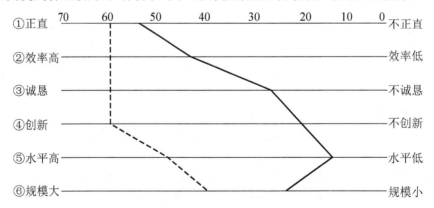

注：实线表示组织社会实际形象；虚线表示组织自我期望形象。

图 6.1　组织形象要素差距分析图

6.1.3 常用的公共关系调查方法

公共关系调查有多种方法，根据不同标准可以将公共关系调查方法分为不同类型。在进行公关调查时，应根据调查研究的目的、意义、规模、对象、范围的不同，选择适当的方法来进行。

1. 按获取调查资料的方法分类

根据所要获取调查资料的方法不同，可以将公共关系调查方法划分为观察法、询访调查法、问卷调查法、实验法、文献调查法等。

(1) 观察法。观察法是指调查者深入现场，通过直接观察、跟踪和记录被调查者的情况来搜集第一手资料的一种调查方法。这种方法要求调查者事先做出观察的计划，事后要对所观察到的事实得出实质性的结论。采用这种方法时，调查者既可以直接参加他所观察的活动，以一个参与者的身份来观察，也可以作为一个旁观者置身于他所观察的情景之外进行观察。

 阅读案例 6-1

公关调查作用大

日本松屋百货公司曾一度不景气，于是求助于某公关公司。该公司经过调查研究发现：
(1) 该百货公司的顾客年轻人居多。
(2) 来松屋购物的顾客主要是为了送礼。
公关公司的建议是：
(1) 针对年轻人爱美求新的心理，对该公司的销售场所进行美化，摆上新鲜水果以招待年轻人。
(2) 特别设计一种独特漂亮的礼品包装纸，吸引顾客。
(3) 为松屋公司设计出各种新奇的宣传广告。
松屋的变化一时轰动了当地市场，从此名声大振，经营业务蒸蒸日上，顺利度过了濒临破产的危机。
公关公司通过充分发挥咨询建议的职能，在充分调查的基础上，为松屋公司提供了颇有针对性的建议，一举扭转了松屋百货公司濒临破产的局面。

资料来源：本书作者根据相关资料整理

(2) 询访调查法。询访调查法是公共关系调查中常用的信息资料搜集方法之一，它是指公共关系调查者根据一定的调查目的和调查任务的要求，通过对调查对象提问、与调查对象交谈而搜集所需的公共关系信息资料的公共关系调查方法。

询访调查法按其所采用的信息媒介与手段区分，可分为面谈询访、书面询访、电话询访、电子邮件询访等。面谈询访不仅适合听取用户意见，还适用于对社会名流、政界代表、权威人士、新闻工作者、协作单位的个体面谈和集体面谈。面谈询访的优点是灵活方便，可以针对某个问题进行深入的沟通，所获得的信息详细、具体。电话访问可跨越空间距离障碍，但只适用于有电话的场合。信函调查是将设计好的调查表邮寄给被调查者，由被调查者根据要求填好后寄还的一种调查方法，这种方法对于居住分散的调查对象最为适用，不仅成本较低，而且可使被调查者有充足的时间考虑作答。

(3) 问卷调查法。问卷调查法就是调查者把需要了解的情况设计成不同类型的题目，并组合成书面问卷(又称调查表)，由被调查者做书面答案，然后由组织进行统计分析，从而获得公众态度和意见的一种调查方法。

问卷调查法可以大规模进行，省时、省力，但其调查质量的关键在于题目的设计。因此，调查者绝不能想当然地闭门造车，最好事先做好典型调查，了解实际情况之后，再由个别扩大至一般，设计出符合一般情况的问卷。调查问卷是进行直接调查的重要工具，要提高调查问卷的科学性，就要了解问卷的结构、形式及设计原则。

(4) 实验法。实验法是在人为控制某种因素的前提下，通过各种对比实验从而取得资料的方法，其结果比较客观、准确、可靠，但往往费时、费力、成本高，而且存在许多实际因素无法人为控制，从而导致实验结果可能出现误差。

(5) 文献调查法。文献调查法，也叫历史法、文件法，是一种搜集、分析、整理现成文献资料的调查研究方法。这是第一手资料不够用或不可能取得第一手资料时，利用第二手资料的方法。运用这种方法对于获取资料较为方便、容易，调查成本低，但所取得的资料可能在时间上、资料的完整性上具有一定的局限性。

2. 按调查对象的选择方法分类

根据调查对象的选择方法不同，公关调查可分普查、重点调查、典型调查和抽样调查。

(1) 普查。普查是将调查区域中的每个对象都列为调查对象，无一遗漏地逐个进行调查。这样的调查比较全面，但是工作量大，成本高。普查的特点决定它一般在较小规模的公关调查中运用，较大规模的公关调查一般不采用普查方法。

(2) 重点调查。重点调查是从调查总体中选出少数重点单位进行的调查。所谓重点单位，是指在总体中处于十分重要地位的单位，或者在总体某项标志总量中占较大比重的那些单位。重点调查的调查单位少，能够用较少的人力、物力、财力进行深入调查，从而能够较快地掌握调查对象的基本情况。

(3) 典型调查。典型调查是指在调查总体中有意识地选择若干具有代表性的对象进行调查，达到推算一般的调查方法。典型调查由典型单位的情况可推断调查总体的情况，一般都比较接近实际。因此，典型调查适用于调查总体庞大、调查者对总体情况比较了解、能准确地选择有代表性的公众作为调查对象的情况。

(4) 抽样调查。抽样调查是遵循一定的原则从调查区域中的所有调查对象中抽取一部分样本进行调查，以此推断总体特征的一种调查方法。这种调查方法由于针对性强、调查次数少，因此可以降低调查成本、提高调查效率，是公共关系调查经常采用的一种方法。抽样调查可分为随机抽样和非随机抽样两种。随机抽样是在若干个平等的调查对象中随机地选择几个作为调查对象，具体抽样方法包括单纯随机抽样、分层随机抽样和分群随机抽样。非随机抽样是在若干个调查对象中主观地选择几个作为调查对象，具体抽样方式可分为便利抽样、判断抽样和配额抽样三种。

各种调查方式与调查形式都有自己的特点，也有自己的长处和不足。因此，为保证公关调查所搜集的资料的可靠性、准确性和科学性，在选择调查方法时，应注意多种调查方法、技术的综合使用，集中各种调查方法的优势，充分而准确地搜集信息资料。

6.2 公共关系策划

在公共关系调查的基础上需要确定公共关系活动的目标，并为实现这一目标创造性地谋划有效而可行的实施方案，这就是公共关系策划。公共关系策划在公共关系工作程序中处于核心的地位，发挥着承上启下的功能，其作用格外重要。

6.2.1 公共关系策划的定义

策划，是指策划者利用手中有限的资源去创造性地谋定有效而可行的实施方案，以实现组织预期目标的思维过程。所谓公共关系策划，则是指公共关系策划者为实现组织的公共关系目标，对公共关系活动的性质、内容、形式和行动方案进行谋划与设计的思维过程。公共关系策划的目的在于：通过科学的策划思想和方法，设计和选择出有效的公关活动方案，从而增强组织公关活动的目的性、计划性、有效性，提高组织开展公关活动的成功率，最终在社会公众中不断提高和完善组织的形象地位。

 阅读案例 6-2

奉 送 金 币

香港一家经营强力胶水的商店，坐落在一条鲜为人知的街道上，生意很不景气。一天，这家商店的店主在门口贴了一张布告："明天上午9点，在此将用本店出售的强力胶水把一枚价值4500美元的金币贴在墙上，若有哪位先生、小姐用手把它揭下来，这枚金币就奉送给他(她)，本店绝不食言！"这个消息不胫而走。第二天，人们将这家店铺围得水泄不通，电视台的录像车也开来了。店主拿出一瓶强力胶水，高声重复广告中的承诺，接着便在那块从金饰店定做的金币背面薄薄涂上一层胶水，将它贴到墙上。人们一个接着一个地上来试运气，结果金币纹丝不动。这一切都被录像机摄入镜头。这家商店的强力胶水从此销量大增。

资料来源：http://wenku.baidu.com/view/

6.2.2 公共关系策划的基本要素

在进行公共关系策划的过程中，公共关系人员首先要依据公关调查中所确定的组织形象的现状，提出新的形象目标，并据此设计公共关系活动的主题。然后，通过分析组织内外的人、财、物等具体条件，提出若干活动可行方案，并对这些活动方案进行比较，择优确定出能够达到公关目标要求的最适当、最有效的活动方案。因此，公共关系策划应包括以下内容：公共关系目标的确立、公共关系主题的提炼、公众的鉴别和选择、公共关系活动模式的选择、时机的选择、媒介的选定、预算的编制、形成方案、审定方案等。

1. 公共关系目标的确立

在公共关系发展的历史中，任何一个成功的策划，都始于发现和提出问题，并由此提出组织的公共关系目标，这是公共关系策划要素组合的第一步，也是公共关系活动成功与否的衡量标准。

公共关系目标主要包括知名度、美誉度、和谐度三种类型。在确立组织公共关系活动目标时，需要注意以下几点。

(1) 目标必须是具体的。目标不应是一个抽象的概念或空洞的口号，如"良好形象"或"真诚的奉献"。它应当是组织在内外环境条件下必须达到的实际结果，如"在某区域提升组织认知度5个百分点""与内部公众的和谐度提高3个百分点"等。

(2) 目标必须是可测量的。公共关系的认知度、美誉度、和谐度这三大目标，均是可以测量的，因此，目标不应是模糊含混的。比如"使员工的参与意识得到极大提高"中，"极大"一词便是难以准确把握的，应是可以通过计算得到明确数据的结果，比如"使80%的员工参与到这次活动中来"。

(3) 目标应当是能够达到的。在确立目标时，必须考虑在组织现有条件下，能否解决问题、实现目标，能在多大程度上解决问题、实现目标。目标过高，必然导致失望和沮丧；不考虑自身条件的盲目蛮干，也只会以失败告终。

(4) 目标必须要有时间限制。组织公共关系活动要实现的目标，必须是在规定的时间内应当达到的结果。

2. 公共关系主题的提炼

公共关系主题是联结所有项目、统率整个活动的思想纽带和思想核心。提炼公共关系主题，是公共关系策划过程中一个极其重要的环节，能否提炼出鲜明突出的公共关系活动主题，主题能否吸引公众、抓住人心，可以说是公共关系策划成败的一个重要标志。任何一个成功的公共关系活动都是由一系列活动项目组成的系统工程。为避免活动项目过多，给人杂乱无章的印象，需要设计出一个统一、鲜明的主题，以统领整个活动、连接各活动项目。

主题的表现方式多种多样，它可以是一个口号，也可以是一句陈述或一个表白。主题设计得是否精彩、恰当，对公关活动的成效影响很大。要设计出一个好的主题，必须满足以下四个要求。

(1) 目标的一致性。提炼主题，是为了更好地凸现公共关系目标，主题必须与公共关系活动目标保持一致，必须服务于目标。偏离目标的主题会给公众造成错觉，从而对公众产生误导。

(2) 主题的实效性。主题的实效性，一是要合乎公共关系活动的实际，不能话说得好听而实际做不到；二是要真正打动公众，而一味哗众取宠、迎合低级趣味的主题是要不得的。

(3) 主题的稳定性。主题一经确定，就应贯穿公共关系活动始终，不得半途而废、中途改换，以免造成公众感知的混乱。

(4) 主题的单一性。一次公共关系活动，只应有一个主题，一般不要出现多个主题。对于大型的综合性的公共关系活动，虽然也可以设计一些次主题，但不能喧宾夺主，造成主题的混乱无序。

3. 公众的鉴别和选择

在公共关系策划过程中，必须根据实现目标的需要，在组织众多公众中认定哪些是该项公共关系活动必须关注、交流和影响的目标公众。目标公众的确定，有利于制定具有针对性的公共关系方案；有利于确定工作的重点，科学地分配资源；有利于更好地选择传播媒介和传播技巧等。

因为时间、精力、资源所限，社会组织在开展某项公共关系活动时，不可能也没必要把所有的公众作为目标公众，而选择哪些公众作为目标公众是策划者必须考虑的一项重要问题。在选择目标公众时，通常需要综合考虑以下几个因素：①根据活动范围选择目标公众。比如商场的促销活动，就应当把商场所在社区的公众当作目标公众。②根据组织需要选择目标公众。比如，当组织出现形象危机时，逆意公众和行动公众就应当视为目标公众，以防止危机的扩散和加剧。③根据组织实力选择目标公众。比如,在公共关系实践活动中,有时组织需要面对的公众很多,组织的人力、物力、财力不足以应对。这时,组织就应根据公众对组织的亲近程度、影响程度,根据相关事情的急缓程度,选出当下最为重要的部分作为目标公众。

4. 公共关系活动模式的选择

公共关系活动是多种多样的,没有一成不变可以重复使用的模式,下文给出的只是一些可以借鉴的,在以往公关实践中曾经使用过的模式。

1) 战略性活动模式

(1) 建设型公共关系活动模式。该模式是指适应初创时期或新产品、新服务首次推出时未打开局面而进行的公共关系活动模式。这种活动模式的主要功能是提高知名度,开展的重点是宣传和交际,向社会公众介绍组织的状况,争取社会公众的了解和信任。建设型公共关系活动模式可选择多种多样的活动项目,如开业广告、开业庆典、新产品展销、新服务介绍、免费招待参观、开业折价酬宾等。

(2) 维系型公共关系活动模式。该模式是企业或社会组织在稳定发展之际,用来巩固良好的公共关系的模式。它的主要功能是在潜移默化的过程中,千方百计地让公众对组织产生信任与好感,给组织营造一种有利于发展的氛围。如对长期顾客提供低价优惠。

(3) 防御型公共关系活动模式。该模式是当组织与外部环境之间出现了不协调或与公众之间的关系出现了摩擦苗头的时候,组织为防止自身的公共关系失调而采取的一种公共关系模式。如美国电话电报公司担心因为其业务具有独占性而引起社会舆论的干涉和责难,为了防止公司的公共关系失调,他们在并没有任何危机的情况下,制定了一套能起防御作用的公共关系方案:①在设备方面系统地进行改进,以求进一步提高服务质量;②在服务费用和各种价格方面尽量尽快地降低,以引起社会的注目,达到取悦公众的目的;③加强与政府机关和有关业务机构的来往,培养公司与他们之间的良好关系;④全部接线员改由女性担任,以减少与顾客的争执;⑤装线人员须特别小心对待用户的地板和墙壁,尽一切可能不使其受损害。通过以上努力,该公司在各个方面都赢得了良好的声誉。

(4) 进攻型公共关系活动模式。该模式是一旦环境发生激变,冲突已经发生时,公共关系人员为了摆脱被动局面而采用的一种公共关系模式。摆脱困境,变被动为主动,力争创造一种新的环境,使组织的声誉不致受到损害。

(5) 矫正型公共关系活动模式。该模式又可称补救型公共关系活动模式,指的是组织公共关系严重失调,组织形象已受到不同程度损害时,而采取的一种应急措施。

组织形象受损一般有两种情况:一是由于外在的原因,如误解、谣言甚至是人为的破坏,致使组织的形象受到损害。此时,公关人员应及时准确地查明原因,迅速制定对策,采取行动,纠正或消除损害组织形象的行为和因素,而不能掉以轻心。组织形象受损的另一种情况是由于组织内在的原因,比如产品质量下降、服务不周、工作失误造成环境污染等而引起公众对组织的不满。此时,组织及其公关部门应主动出面承担责任,向有关公众赔礼道歉。甚至可以通过媒介公开道歉,同时表明自己已经或将要采取的补救措施,以尽快平息这场风波,使组织形象受损的程度和范围控制在一定程度。

阅读案例6-3

"荷兰宫"逆转舆论

"荷兰宫"受到致命打击,因为新闻媒介在广泛传播一些权威的食品评论家对烹调酒的"攻击性言论"。食品评论家指出,烹调食品时,用上等酒代替烹调专用酒做调料,做出来的菜味道会更好。有一位食品评论家还干脆地说:"烹调酒只会让食品变质"。"荷兰宫"正是专门生产烹调酒的企业。面对舆论界的强大攻击,该公司决定求助于公共关系公司。公关专家们认为最有效的办法是让权威说话。于是他们邀请了一些名牌大学酒店管理专业的教授进行品味研究,对烹调酒做出了公正的评价。接下来是如何把权威说的话传播开去。他们特地到美国纽约的劳伦特大饭店,举行了一次别开生面的味道品尝新闻招待会。会上同时提供两份同样的菜肴,一份用上等好酒做调料,一份用烹调酒做调料,让记者们自己做"味道对比"。在记者们品尝时,专家教授们又当场宣读他们的研究成果以提供"理论指导",使品尝者们真正品尝出"门道"来。在此基础上,他们还安排专家教授与公众对话,直接解答公众的疑问。很快,《烹调酒做菜,味道最佳》《教授们证明烹调酒做菜味道好》等一系列报道出现在全国各大报刊上,公共关系活动使舆论界出现了一百八十度的大转弯,使"荷兰宫"生产的烹调酒家喻户晓。

资料来源:郎群秀. 公共关系学[M]. 北京:科学出版社,2008.

2) 战术性活动模式

根据公共关系工作的业务特点,可以将公共关系战术性活动模式划分为以下五种类型:

(1) 宣传型公共关系活动模式。该模式主要是运用印刷媒介、电子媒介等宣传性手段,向公众传递组织的信息,迅速扩大组织的社会影响。这是组织最经常采用的公关模式,包括发布新闻稿、刊登公共关系广告、召开记者招待会、举行新产品发布会、印发宣传材料、发表演讲、制作视听材料等。其特点是:主导性强,时效性强,范围广,能迅速实现组织与公众的沟通,获得比较大的社会反响。但这种模式存在着一定的局限性,主要表现为:传播层次浅,信息反馈少,使传播效果一般停留在"认知层次"。

(2) 交际型公共关系活动模式。该模式主要运用各种交际方法和沟通艺术,广交朋友,协调关系,缓和矛盾,化解冲突,为组织创造"人和"的社会环境。其具体活动项目主要包括:招待会、座谈会、宴会、茶会、慰问、专访、接待等。交际型公关特别适于少数重点公众。其特点是:灵活而富有人情味,可使公共关系效果直达情感层次;但缺陷是活动范围小,费用高,不适用于大数量的公众群体。

(3) 服务型公共关系活动模式。该模式主要以实际服务行为作为特殊的媒介,使组织与公众之间关系更加融洽、和谐,提高组织的社会信誉。其具体活动项目主要包括:售后服务、消费引导、便民服务、义务咨询等。服务型公关能够有效地使人际沟通达到"行动"层次,是一种最实在的公共关系。例如,IBM公司曾提出"IBM即最佳服务"的口号。公司规定:"对任何抱怨或疑难,必须在24小时内解决。"一次位于亚特兰大的兰民尔公司使用的IBM主机出现了故障。IBM公司在12小时之内请了8位专家,其中4位来自欧洲,1位来自加拿大,1位来自拉丁美洲,及时为用户排除了故障。IBM公司就是靠这样的服务型公关,不断提高公司的美誉度,从而成为一家优秀公司的。

(4) 社会活动型公共关系活动模式。该模式是指要以组织的名义发起或参与社会性的活动,在公益、慈善、环保、文化、体育、教育等社会活动中充当主角或热心参与者,在支持社会事业的同时,扩大组织的整体影响。其主要活动项目包括:开业庆典活动、周年纪念活动、主办电视晚会，向文体、福利、公益事业等提供赞助等。一个组织不论属于什么行业，它都是社会整体中的一员，负担着不可推卸的社会责任。

 阅读案例6-4

华润三九通过赞助《爸爸去哪儿》提升形象

一档亲子真人秀节目——《爸爸去哪儿》，毫无征兆地突然火爆。这档被称为有史以来"最萌真人秀"的亲子类节目，自开播以来不仅收视、口碑双丰收，网络播放量也不断刷新综艺类节目纪录，并由此带红了节目背后的主冠名赞助商——999感冒灵和小儿感冒药品牌所属的华润三九。一个组织要想将公关赞助做成功，首先要有准确的自我认知，了解自己的财务状况。999感冒灵作为年销售量20亿的全国第一感冒药品牌，其营销策略和手段都有过人之处，在此次冠名的争夺中，凭借三天即敲定与芒果台的合作，充分反映了其公关团队敏锐的判断力和惊人的胆魄。当然，机会都是留给有准备的人的。华润三九市场与品牌管理部决定冠名《爸爸去哪儿》是进行了全面的市场调研的，经过市场调研，认识到湖南卫视的制作水平和频道影响力非常优秀。同样是湖南卫视从韩国购买版权的综艺节目《我是歌手》，被引进后创造了较高的收视率。而《爸爸去哪儿》也是韩国的一档节目，其在韩国的收视率是超过原版的《我是歌手》的，因此，《爸爸去哪儿》的收视率一定不会低。另外，《爸爸去哪儿》是国内首款亲子类真人秀节目，主打"温情、关爱、家庭温暖"等主题，这与999感冒灵近年来的品牌理念"温馨、关怀"不谋而合，再加上公关赞助中独一无二的公关策划，使得999感冒灵通过对《爸爸去哪儿》的公关赞助，成功提升了公司的形象。

资料来源：作者根据有关资料整理

(5) 征询型公共关系活动模式。该模式主要运用收集信息、社会调查、民意测验、舆论分析等信息反馈手段，了解舆情民意，把握时势动态，监测组织环境，为决策提供咨询建议。其具体活动项目主要包括：信访接待、民意调查、接听热线电话、收集报刊资料等。征询型公关是一项日常的工作，要坚持不间断地进行下去。

 阅读案例6-5

美国亨氏集团的母亲座谈会

美国亨氏集团与我国合资在广州建立婴幼儿食品厂。但是，生产什么样的食品来开拓广阔的中国市场呢？筹建食品厂的初期，亨氏集团做了大量调查工作，多次召开"母亲座谈会"，充分吸取公众的意见，广泛了解消费者的需求，征求母亲对婴儿产品的建议，摸清各类食品在婴儿哺养中的利弊。之后进行综合比较，分析研究，根据母亲们提出的意见，试制了些样品，免费提供给一些托幼单位试用；收集征求社会各界对产品的意见、要求，相应地调整原料配比。他们还针对中国儿童食物缺少微量元素、造成儿童营养不平衡及影响身体发育的现状，在食品中加进一定量的微量元素，如锌、钙和铁等，食品配方更趋合理，使产品具有极大的吸引力，普遍地受到中国母亲的青睐。于是，亨氏婴儿营养米粉等系列产品迅速走进千千万万中国家庭。

资料来源：http://zhidao.baidu.com/question/214448913

5. 时机的选择

我国自古以来，就流传着"机不可失，时不再来"的说法。从普遍意义上看，凡牵涉事情成败的关键因素，都可以称作"机"。时机的选择或捕捉，有两层意思：第一是捕捉时机要准确；第二是把握时机要及时。时机具有不可逆转性，它公平地赐予每一个组织和公共关系策划者，就看你能否抓住它。谁先抓住它，谁就将在竞争中获得先机，谁就有可能获得成功。

(1) 组织可预先选定利用的时机有以下几种。

① 组织创办或开业之时。

② 组织更名或与其他组织合作、兼并、资产重组之时。

③ 组织内部改组、转型、品牌延伸之时。

④ 组织迁址之时。

⑤ 组织推出新产品、新技术、新服务之时。

⑥ 组织周年庆典或周期性纪念活动之时。

⑦ 组织新股票上市之时。

⑧ 国际国内各种节日和纪念日之时。

(2) 组织需即时捕捉、稍纵即逝的时机主要有以下几种。

① 重大的社会活动和社会事件出现之时。

② 组织形象出现危机之时。

③ 组织或社会突发性灾害爆发之时。

④ 国家或地方政府新政策出台或新领导人上台之时。

⑤ 公众观念和需求发生转变之时。

⑥ 组织经营出现困难之时。

⑦ 国际国内政治经济大环境转变之时。

⑧ 组织内部资源条件发生变化之时。

6. 媒介的选定

不同的传播媒介都有自身的特性，既各有所长、又各有所短，只有选择合适媒介，才能取得良好的传播效果。在选择传播媒介时，应注意以下几个方面。

(1) 与公关目标相结合。各种传播媒介都有其特定的功能及优势，选择传播媒介时应首先考虑组织的公关目标和要求。

(2) 与传播内容相结合。不同的传播信息内容有着不同的特点，而不同传播形式也有着各自的特点和适用范围，在选择时应将所传播的信息内容的特点和传播媒介的优缺点结合起来综合考虑。

(3) 与传播对象相结合。不同的公众对不同的传播方式和传播媒介的接受机会和感受是不同的，组织应根据目标公众的年龄结构、职业性质、生活方式、教育程度、接受信息的习惯等选择合适的传播方式来传播信息。

(4) 与经费预算相结合。由于公共关系活动的经费是有限的，组织应根据自己的具体经济条件选择传播沟通媒介，尽可能用有限的经费和资源创造最大的效益和有效性，提高组织开展公关活动的成功率，最终在社会公众中不断提高和完善组织的形象地位。

7. 预算的编制

任何一项公关活动都需要花费一定的人力、物力和财力，通过编制预算，使公关人员预先了解活动的投入成本，做到心中有数，并能在事前进行统筹兼顾的全面安排，保证公关工作正常开展，便于监督管理，堵塞漏洞。公关预算主要包括以下三个方面。

(1) 经费预算。经费预算既是公共关系策划的"目标",也是对实施经费开支的控制。策划中的精打细算,既可给实施带来事前心中有数的方便,也使决策者认可策划方案成为可能。美国内布拉斯加大学著名传播学教授罗伯特·罗雷在《管理公共关系学——理论与实践》一书中指出:"公共关系活动往往由于以下原因归于失败:第一,由于没有足够的经费,难以为继,关键时刻不得不下马;第二,因经费不足,只得削足适履,大幅度修改原计划;第三,活动耗资过大,得不偿失。"这是策划时必须引为戒的。

公共关系预算的经费大致可分为基本费用和活动费用。基本费用是指相对稳定的费用,包括人工报酬、办公费用、房租和固定资产折旧费等。活动费用是指随某项公共关系活动的开展而形成的费用,包括专项设施材料费、调查研究费、专家咨询费、活动招待费、广告宣传费、赞助费等开支。

(2) 人力预算。人力预算是指对实现既定公关目标所需的人才进行初步的估算,应落实公关计划的实施需要组织投入多少人力,什么样的人才结构,是否需要外借人员等。

(3) 时间预算。时间预算是指为公关具体目标的实现制定一个时间进程表,规定出各阶段的具体工作内容及所持续的时间,以便公关人员按部就班地进行工作。

8. 形成方案

形成方案是公共关系策划中的关键环节,它使公共关系策划由确定目标与公众、提炼主题、选择时机、确定媒介、编制预算等准备阶段进入实际策划阶段,即计划编制阶段,它是以上几个阶段的具体化和可操作化。

9. 审定方案

审定方案是公共关系策划的最后一项工作。公关人员根据组织的现状,提出各种不同的活动方案,每一个方案都是策划者智慧的结晶,但这些方案未必都适宜,也未必能同时采用。因此对这些方案进行优化和论证才能选定最终方案。审定方案工作可分为两个步骤:第一步,优化方案。就是尽可能地将公关方案完善化、合理化,提高方案合理值,强化方案的可行性,降低活动耗费。通常可采用重点法、转变法、反向增益法、优点综合法等方法进行方案优化。第二步,方案论证。一般由有关高层领导、专家和实际工作者对方案提出问题,由策划人员进行答辩论证。论证方案应满足系统性、权变性、效益性和可操作性要求。

 阅读材料 6-1

公共关系策划书的制作

公关活动方案经过论证后,必须形成书面报告——公共关系策划书。公共关系策划书是公关策划工作的表现总结,又是公关活动的实施指导、依据和规范。它为公共关系工作的开展提供了一个蓝本和标准。制定公共关系策划书的目的是方便计划制订者随时查看项目进展,管理层能够对公关结果进行有效评估,以便获得更好的公关传播效果。

公共关系策划书可以分为长期战略规划、年度工作计划和专题活动计划,它们的基本结构和写作方法大致相同,但也有一些区别。一份标准的公关策划书通常包括以下五个部分:

1. 封面

封面是策划书的"脸面",是对策划书的"第一印象",因此,封面不能太随意,格式要规范;要大方、典雅；要求设计独到、紧扣主题，可以图文并茂，也可以用不同颜色、不同规格、不同字体的文字来设计。封面要注明：

(1) 标题。标题应有制订计划的组织的名称、活动的内容、活动方式及文种，如"美的 MPV 产品全国巡展策划书"。

(2) 密级。可以分为秘密、机密、绝密；或密级：A、AA、AAA。

(3) 落款。落款中应注明制作策划书的单位名称及日期，并加盖公章。

2. 序文

序文是指把策划书内容概要加以整理，简明扼要，让人一目了然。序文一般不超过 400 字，视情况可加些说明，不过也不要超过 500 字。

3. 目录

目录务求使人读后能了解策划的全貌，它具有与序文相同的作用，十分重要。

4. 正文

这是策划书中最重要的部分。正文的内容因策划种类的不同而有所不同，但必须以让读者能一目了然为原则，切忌过分纷杂。正文的写作方式以文字为主，也可以配以表格或图示，内容层次一定要清楚、具体。

(1) 背景分析。这部分主要目的在于就公关传播中存在的问题进行陈述与分析，并阐明公关计划的首要目标。

(2) 本次活动的主题词。用一句简练、新颖、独特、富有感染力的语言概括本次活动的宗旨、目的、意义，使活动主题更加突出。

(3) 本次活动的主办单位、协办单位、赞助单位及承办单位。主办单位、协办单位、赞助单位或承办单位，必须一一"对号入座"，切不可混淆不清而影响责、权、利的划分。

(4) 本次活动的时间、地点、参加者及邀请者。应写明活动的时间、地点和参加者的来源、人数、具体落实的情况。

(5) 本次活动的实施方案。这是策划书的核心和"重头戏"，也是本次公共关系专题活动的创意体现和水平检验。每项具体活动项目应包括：活动名称；活动目的及在整个活动中的地位、作用；活动主要内容、方式和基本要求；项目负责人、参与者及分工、项目完成时间及进度表；经费、设备总量和分配；所需的传播媒介及场地等。

(6) 本次活动的成效检测标准及方法。应写出负责检测的主持者与参与者，检测的各项具体标准以及检测的多种方法，检测的程序。

5. 附件

附件主要是指策划的相关资料。这部分内容可附也可不附，只是给策划参与者提供参考。资料不能太多，择其要点而附之。

资料来源：http://baike.baidu.com/view/8058854.htm

6.2.3 公共关系策划的原则

所谓公共关系策划的原则，即是指导我们进行公共关系策划的思想认识基础和行为规范准则。在公共关系策划的实践中，应遵循这些从千百次公共关系策划的经验和教训中所总结出来的原则，使之成为我们进行有效公共关系策划的行为依据和思想指南。公共关系策划的基本原则主要包括下列 6 点。

1. 目标导向原则

目标导向原则，指的是组织的公共关系策划活动必须在一个明确目标的指引下完成。也就是在每次公共关系策划活动之前，策划者必须清楚此次策划究竟是为了解决什么问题，以及问题的大小和难易程度。另外,它指的是公共关系策划的每一步骤和环节都必须紧扣组织的公共关系总目标——量化的三大目标:认知度、美誉度、和谐度。

2. 实事求是原则

公共关系策划要以事实为依据,根据组织的实际情况和现有的资源,设计出符合公众真实需要和自身利益的最佳公共关系形象。不能脱离实际情况去搞一些不着边际的设想,也不能编造事实,欺骗公众。只有这样才能取得公众的信任,才能树立社会组织的良好形象。公共关系策划中这一原则具体表现在:①在策划全过程中,尊重事实、尊重实践、尊重科学。②在策划传播交流内容时,注意信息的真实准确。③在策划公共关系活动方式时,要以解决实际问题、达到切实效果为佳。④在对公共关系策划效果进行预测评估时,要实事求是。

3. 尊重公众原则

尊重公众的原则是公关策划的首要原则,要求在公共策划中,组织在考虑自身利益与公众利益的关系时,把公众的利益放在首位,坚持公众利益至上;同时,组织应重视公众对自身行为的反应,并按公众的需求调整策略,争取达到公众的满意,取得良好的美誉度和知名度,更多地为社会做出贡献。

 阅读案例 6-6

丰田汽车的"霸道"广告

2003年12月,《汽车之友》杂志刊登出丰田汽车在中国推出的三款新车广告,即陆地巡洋舰、霸道、特锐的平面广告,意在中国传统节日——春节期间取得销售佳绩。未曾想到,雄心勃勃的广告推广活动最后演变成四处灭火救急的危机公关事件,让《汽车之友》、盛世长城广告公司、一汽丰田颜面无存。

在"霸道"的广告中,一辆霸道汽车从城市中驶过,其右上方正好设置了两尊石狮,一只呈俯首侧目状,而另一只夸张地举起右爪向霸道越野车敬礼,整幅广告的背景采用了没有明显建筑特征的城市建筑,根据外观大概可以猜出是上海、广州或香港之一,其相应的广告语为"霸道,你不得不尊敬"。

在"陆地巡洋舰"的广告中,一辆丰田"陆地巡洋舰"越野车拉着一辆绿色的大卡车,广告左侧的图案告诉人们那是一辆军用卡车,而广告诉求中透露出来的地点是可可西里。根据广告的综合信息分析,那辆军用卡车无疑是国产的"东风"汽车。

此两则广告一出,引起了轩然大波,观者的民族情结高涨,甚至提升到政治的高度。网友开始全面反击,制作丰田负面广告,最有代表性的有二则:两尊威风凛凛的石狮把夹在中间的"霸道"车翻了个面;一辆加长东风汽车装载着一辆丰田"陆地巡洋舰",广告语为"东风汽车为丰田陆地巡洋舰指定施救车"。

一汽丰田汽车广告问题出在哪里?

盛世长城广告公司无疑采用了"直译"的办法,以强映强,找最有说服力的东西去表达一汽丰田的产品风格,石狮、东风汽车则成为理想的参照物。石狮在中国作为权力、地位、财富的象征,也是极具民族特征的代表,石狮的屈服正体现了"霸道"的风格;东风汽车笨重,小个头"陆地巡洋舰"在斜坡上拉大块头的东风汽车是最好的强悍佐证。同时,石狮、东风汽车在消费者中认可度较高,石狮、东风汽车出现在广告中一方面很"中国",另一方面形成了良好的视觉冲击力。

然而广告商与广告主忽略了汽车品牌构成中的重要组成部分:人文背景。丰田作为日本的品牌,与中国应该融入而不是征服。诚如众多网友评论:"霸道"广告中的石狮,让我想起卢沟桥的枪声。中日关系因为历史的原因,造成了巨大的民族伤害,日本的汽车业在中国的发展还得认真研究中国的人文背景,一汽丰田在广告产品风格诉求以及人文背景的表达上无疑犯了一个最大的错误。

资料来源:http://news.163.com/2003w12/

4. 利益驱动原则

策划者必须事前弄清组织公共关系行为的深层次动机。马克思说过:"人的一切行为,都是为了利益的获取。"利益应当是公共关系策划和公共关系行为的原动力。公共关系行为不是慈善施舍行为,公共关系行为的每一分投入都必须考虑利益的产出。高明的公共关系策划,总是在利于公众的同时也有利于自己,那种毫不考虑组织自身利益的公共关系策划方案是没有实际价值的。

5. 合理可行原则

公共关系策划是一种思维活动,但它却不能脱离实际而存在。它既然是事前对公共关系活动的通盘谋划,就必须考虑它在未来的实施中是否合理与可行。实施方案要适合组织的实际情况,适合公众对象的心理需要。如金利来公司的创始人曾宪梓先生在创业之初,也曾为产品的销售问题大伤脑筋。这时,一年一度的父亲节快到了,曾宪梓灵机一动,立刻在报纸广告栏刊登了一则广告:"向父亲致意,送金利来领带。"第二天,销售金利来领带的百货公司顾客盈门。

 阅读案例6-7

"老鼠和猫"的故事

传说有一群老鼠,它们为了降低被猫捕杀的机会,开了一个家族会议。会上,一只"聪明"的幼鼠提议在猫的脖子上挂一个铃铛,这样的话,一旦猫有动静,它们就会听到铃铛的响声,大家就可以"闻铃而逃",不少老鼠对此建议表示赞同,认为这是一个再好不过的办法。但是,一只年长的老鼠的声音打断了他们欢呼:"这个办法很好,但是由谁去挂这个铃铛呢?"众鼠哑然。是呀,谁去挂呢?

资料来源:王银平,王爱君. 现代公共关系[M]. 北京:高等教育出版社,2007.第112页.

6. 灵活创新原则

策划方案必须具有相当的弹性。实践证明,事前再周密完善的策划,在实施过程中总会遇到这样那样突如其来、猝不及防、意料之外的问题,方案如果毫无事前应变的思考和留下回旋的余地,则事到临头措手不及,从而束手无策或举措失当。另外,公关策划活动的创意要独树一帜、不落俗套;内容、形式具有较强的艺术性,力求新颖、独特、精致,以奇制胜。

 阅读材料6-2

公共关系策划的方法:创造性思维的方法

公共关系是一门创造性的学问,这种创造性充分体现在公共关系策划中。公共关系策划的灵魂在于创新,所策划的公共关系活动越是新颖独特、出神入化,就越能吸引公众。但强调策划的创造性、新奇性,并不意味着策划越玄越好,策划仍然有一定的规律。有效的公共关系策划离不开科学的策划思想和巧妙的策划艺术。离开了创造性思维,公关策划就会变得平淡乏味、苍白无力。公关策划的方法,其实就是创造性思维的方法。

成功的公共关系策划，离不开创造性思维。策划者有意无意地总在运用着各种各样的创造性思维方法。一般来说，常见的创造性思维方法有以下四种。

(1) 头脑风暴法。公关策划中最常用的产生创意的方法就是"头脑风暴法"，又称思维碰撞法、自由思考法。头脑风暴是利用群体共同探讨和研究，通过相互间的某些激励形式，以提供能够相互启发、引起联想的机会和条件，使大脑处于高度兴奋状态，不断地提出新颖、新奇的创意的思维方法。

(2) 发散思维法。发散思维是从给定的信息中产生出新的信息，其侧重点是从同一来源中产生各种各样的为数众多的信息输出，并可能会发生转换作用。通俗地说，发散思维是针对一个问题，沿着各种不同的方向思考，从多方面提出解决问题的方案，寻求各种各样的解决办法，以求得最佳解决问题的答案的思维方法。

(3) 逆向思维法。公关策划中的逆向思维，就是要突破常规，突破习惯，以出惊人之效果。即人们应从与习惯思路相反的角度，突破常规定势，做反向思维，以找到出奇制胜之道。在公共关系策划中，策划者就常常用到这种创造性思维方法。人们都熟悉的"司马光砸缸"的故事就是一个典型的逆向思维实例。一般儿童的思路是"人离开水"，而司马光的思路是"水离开人"，一反常规之思维，达到了出人意料的效果。

(4) 联想思维法。联想思维是在原先并不相关的事物之间，搭起一座由此及彼的桥梁，将表面看来互不相关的事物联系起来，从而达到创造性思维的境界。这种联想思维，可以使自己以往的经验为新的创造性思维服务。在公关策划中，当我们为某个问题所困扰的时候，也可以受某一事物的启发而想到另一事物。这种联想的形式，或由于事物在时间上和空间上接近而形成，或由于事物具有相似的特点而形成，或由于对比关系、因果关系而形成。我们通常说的由此及彼、举一反三就是这种情形。

资料来源：乜瑛，郑生勇. 公共关系学[M]. 杭州：浙江大学出版社，2010.

6.3 公共关系实施

制定富有创意的公共关系方案固然重要，但更重要的是将公共关系方案付诸实施，才可能真正产生效用。公共关系实施是在公共关系计划方案确定后，将方案所确定的内容变为现实的过程，它是整个公共关系工作的中心环节。

6.3.1 公共关系实施的意义

公共关系实施是公共关系被采纳以后，把计划所确定内容变为现实的过程。整个公共关系计划要借助于调查与策划的"双翼"，通过实施而开始"腾飞"。

1. 公共关系实施决定计划能否实现以及实现的程度

成功的实施过程，不仅可以圆满地完成计划中确定的公关任务，实现预期目标，甚至可以通过实施人员创造性的努力工作弥补计划的不足。而失败的实施，不仅不能实现计划的目标，有时还可能使计划中想要解决的问题更加恶化，甚至完全与计划背道而驰。

2. 公共关系实施的结果是制定后续方案的重要依据

公共关系实施过程无论成功与否，它都会在社会上造成一定的影响和后果。制订公共关系计划时都要借鉴以前公共关系活动实施后的经验和教训，特别是要注意将前一项公共关系计划实施后反馈回来的信息作为依据，从而可以汲取以往公共关系活动获取的宝贵经验,并避免重犯以往同样的错误。因此,公共关系计划实施的情况,对后续方案的制定具有重要的意义。

 阅读案例6-8

古怪水上运动会

据报载,广州市某单位计划举行一次别开生面的"古怪水上运动会",以提高组织的知名度和美誉度。他们在媒体上刊登广告,说凭剪下的报纸广告就可以参加这次活动。然而,出乎他们意料的是,原计划允许500人入场,却一下来了1万多人,结果,绝大多数人都被拒之门外,从而引发一场骚动。本想让人开心的一次活动,由于主办单位组织得不好,却令许多人"高兴而来,悻悻而归"。可见,虽有好的构思与策划,没有良好的组织能力是搞不好公共关系活动的。

资料来源:本书作者根据相关资料整理

6.3.2 公共关系实施的步骤

公共关系实施是将公共关系策划变为实际行动的过程,是公共关系活动程序中最复杂、最重要的一个关键环节。公共关系实施是一个完整的过程,这个过程包括以下六个步骤:

1. 确定负责人员及实施者

组织的公关活动面向多层次、多领域、多类型的传播媒体及各类公众,并与之开展信息沟通、观念分享和关系维护等活动。因此,组织应设置公关部,由公关部负责人主抓全面宣传事宜,并指派专人负责广告联络、媒体联络、公关协调、美工及摄影等。

2. 准备宣传资料

公关人员在宣传活动开始之前要准备有关的宣传资料,如向媒体提供有关该组织高层管理人员的任命、慈善助学活动、新产品推广、员工所获得荣誉等方面有价值的新闻事件,准备有关文字、图片和影视资料、各种新闻稿等。

3. 选择传播媒介

公共关系活动目标一经确定,就要明确传播媒介。面对众多的媒介,应该如何选择和使用才更加有效和经济,是公共关系活动能否成功的关键。由于各种传播媒介各有鲜明的特点和一定的适用范围,同时又具有各自的局限性,因此,公关人员必须对各种传播媒介进行深入、全面的了解,并根据自己的宣传内容和宣传形式扬长避短,选择不同的媒介,这样才能取得良好的宣传效果。

4. 确定活动的时间、地点及范围

活动时间选择得是否恰当,直接影响到公共关系活动的总体效果。选择恰当的活动时间,也就是在最能强化公共关系效果的时间内,把所要传播的信息及时传播出去。确定公关活动地点,最好安排在组织所在地或公众熟悉且有好感的地方进行,并且交通要便利。一般情况下离公众越近的事情,越能引起公众的兴趣。宣传范围的确定要视组织的活动目标、主题、经费等因素综合考虑。

5. 建立信息反馈系统

在公关活动实施过程中，组织应设专职机构和人员收集各类与公关活动有关的信息，诸如国家政策、法规、经济、技术、资源、竞争者、消费者、社会公众等方面的信息。公共关系人员必须对收集到的信息资料进行认真的整理、分析、处理，及时总结并将情况反馈到组织决策者那里，用于指导组织的公关活动，调整活动策略，以适应各种客观环境的变化，保证公关活动效果。

6. 设计灵活机动的经费预算和应急预案

在制定公关活动预算时，应留有机动性较强的活动经费，以便在计划外的重大公关活动举办时应变自如，避免因费用的限制而使工作陷于被动。而且，在实施公共关系计划之前，公关人员须检查各方面的准备工作，分析研究可能会产生的不利因素，以及出现意外状况时的对策。总之，意外事件的应急预案在实施公关目标时是必不可少的。有了应急预案，公关负责人在意外事件发生时就能得到实施人员的帮助。

 阅读案例 6-9

亚都"收烟"的风波

5月30日是世界禁烟日，颇具声势和规模的戒烟活动在全国各地接连举行。黄浦江畔的上海外滩，由上海市吸烟与健康协会主办的万人戒烟签名活动如期举行。政府官员、接受咨询的专家学者和闻讯而至的市民云集陈毅广场。以生产空调换气机在市场"闹腾"得颇为火爆的北京亚都科技股份有限公司上海办事处斥资30万元也介入了这次活动。

在活动的前一天，亚都公司在上海有影响的两家报纸上，以"亚都启事"为题打出广告："请市民转告烟民——亚都义举，全价收烟。"具体内容是，亚都公司按市价收集参加此次活动的烟民的已购香烟，并在公众的监督下集中销毁。为使活动顺利圆满，亚都的工作人员兑换了用于收烟的5万元零币，购置了"销烟"用的大瓷缸、生石灰，并按当地商场的零售价格核准了烟价，可谓万事俱备。

上午10时，活动开始后，人群向亚都戒烟台前聚集并排起了长队。队列中既有老者，也有时髦女郎，还有小孩，这与亚都人设想中的烟民形象相去甚远。更引人注目的是，排队中的许多人拎着成条的香烟，少则一两条，多则20条，绝大多数还是价格不菲的"中华""红塔山""万宝路"等高档香烟。但从外包装上一眼就能看出是假烟。精于计算的上海人让亚都的工作人员乱了阵脚。收烟台前，为了鉴别烟的真假，吵嚷、争吵之声不断。为使活动得以进行，亚都公司临时决定，每人只限换一条，香烟是真是假也不再计较。可烟民也有对策，让工作人员奈何不得。

下午2时，亚都公司的5万元现金已经用光，宣布活动结束。尚在排队的数百名烟民不干了，他们把收烟台和10余名工作人员团团围住，纷纷指责亚都公司"说话不算数"、活动内容和广告不符云云，并对工作人员有撕扯、推搡的现象。双方僵持了约半个小时，仍没有缓和的迹象。为平息事态，尽早脱身，工作人员只得拿出200件文化衫免费发送，之后，在闻讯赶来的保安、巡警的协助下，工作人员才得以离开广场。

资料来源：http://wenku.baidu.com/

6.3.3 公共关系实施的原则

公共关系实施过程中的动态性、创造性及影响的广泛性造成了实施活动的复杂性。为了在复杂的实施活动中不偏离既定的公共关系战略目标，公共关系实施人员必须遵循实施的原则。

(1) 目标导向原则。在计划的实施过程中，要保证不偏离既定的公共关系目标。在计划的实施过程中，由于环境的变化需要对计划做一些调整，但这些调整不能背离原来的目标。

阅读案例 6-10

转 给 你 看

南京长江机器制造厂曾经开发出一种蝙蝠牌电扇。当时，在我国的电风扇市场上，已有 3000 个生产厂家在激烈竞争。蝙蝠牌电扇较之于其他名牌产品来说，还是一个"小字辈"。它还没有参加全国性的质量评比活动，消费者对它也很陌生。在这种情况下，如何使蝙蝠牌电扇迅速打开市场，在消费者中建立起自己的形象呢？

于是，他们决定采用出奇制胜的战术，打破常规，别出心裁地租用了南京一家比较大的商场橱窗，让蝙蝠牌电扇在橱窗里昼夜不停地运转，并在橱窗内醒目地写着："自某年某月某日起连续不停地运转，请您计算一下，现在已经运转了多少小时？"这种旨在"转给你看"的传播方式，立刻吸引了许多消费者的注意。当他们发现这台电扇确实昼夜不停地运转而没有中断时，对蝙蝠牌的质量也就确信无疑了。很快，蝙蝠牌电扇首先占领了南京市场。随后，南京长江机器制造厂又在全国其他城市进行复制，如在广州租用了一家有名的市场的橱窗，在北京的西单百货商场也租用了一个橱窗，让蝙蝠牌电扇夜以继日地转动，以引起消费者的注意。后来，蝙蝠牌电扇果然成为家喻户晓、备受消费者青睐的名牌产品。

资料来源：http://wccep.com/

(2) 控制进度原则。由于公共关系人员分工的不同和能力的差异，在公共关系计划实施时，会出现进度快慢不一致的情况，有时会造成工作的脱节。控制进度就是要使工作同步协调，防止超前或滞后情况的发生。

(3) 整体协调原则。在计划实施中，要努力使公关工作的各个方面达到和谐互补、配合默契的状态。一旦出现矛盾，就要及时协调，减少或杜绝人力、物力和财力的浪费，保证公共关系目标的圆满完成。

(4) 反馈调整原则。由于公关计划实施的环境和目标公众是复杂多度的，在实施过程中，必须不断地把公共关系实施的结果与计划目标进行对照，如果发现偏差，就要对计划、行动和目标做出相应的调整。

阅读案例 6-11

美国平等生活保险公司的保健教育宣传活动

美国平等生活保险公司在策划保健教育宣传的公关活动时，严格遵循统一性的策划要求，及时调整策划过程的程序和步骤。最初，保险公司策划在全国范围内发行一种预防共同性疾病的小册子，但是，他们通过国家公共保健局了解到，50%以上的学龄儿童已经进行了流行病的防疫，而社会人口中的中下层社会集团却严重地存在着对疾病预防漠不关心的问题。这群人生活范围狭窄，文化素养较低，很难进行沟通。于是，保险公司决定改变原来的设想，将原先的长篇宣传文章改编成文字活泼、通俗并附有详细图解的小册子，为新的目标公众服务。此后，他们先印刷了140份在一个居民区散发进行摸底，了解公众的反应，结果多数公众表示对这一宣传手册没有能力接受。于是，他们又一次请专业通俗文学作家将文字缩减到 3000~5000 字，使之更通俗、更浅显易懂，从而符合这些公众的欣赏水平，最终使这次宣传策划获得成功。

由此可见，一项精心策划的公共关系活动方案要经过实施过程的检验，并在实施过程中不断调整，才能取得预期效果。

资料来源：http://wk.baidu.com/view/

6.4 公共关系评估

公共关系的评估是对公关计划实施工作的总结和最终效果的评价。它是公关活动的最后的一个程序，也是下一轮策划的开始。通过公关评估，可以总结成功的经验，也可以发现公共关系活动的缺陷与不足之处，作为组织今后公共关系具体目标政策和行为调整的依据。因此，公共关系评估有其重要的作用。

6.4.1 公共关系评估的程序

公共关系评估的程序是指评估从开始到(结束)最后结束过程中工作安排的先后次序和具体步骤。一般来说，评估工作主要包括以下几个步骤：

(1) 明确评估的对象。公共关系评估是检查、分析和评价公共关系活动及其成效。评估时要明确评估对象是什么？是对某个具体项目的评估，还是对整体活动的评估？是对个别过程的评估，还是对全过程的评估？

(2) 确定评估的主持者。评估的主持者可以是公共关系机构本身，也可以是社会组织或公共关系专家。因此，一般来说，公共关系评估可以分为自我评估、组织评估和专家评估三种形式。

(3) 选择评估的标准。由于公共关系的评估对象是公共关系活动及其成效，对这些不同的对象应考虑使用不同的评估标准来进行检验、分析和衡量。如果是对公共关系活动进行评估，那么评估的标准就是公共关系计划。如果是对公共关系的成效进行评估，评估的标准就是公共关系的目标。

(4) 确定搜索资料的方法和途径。对一些评估项目，评估所需的资料应通过与公共关系调查阶段所使用的一样的渠道和方法搜集，以增加现在和过去公共关系状态和组织形象地位的可比性。

(5) 开展评估。搜集了所需要的资料以后，下一步就是按照评估标准对公共关系活动及其成效进行评估。具体来说，就是围绕以下方面进行评估：公共关系计划是否完成，目标是否实现，目标的实现是否是公共关系活动所带来的，未能实现或是能实现的原因是什么，还存在什么问题，有哪些经验等。

(6) 评估结果的汇报。将评估的结果向决策层和相关管理部门进行汇报。这应该成为一项固定的制度，其作用表现为两个方面：一方面可以保证组织管理者及时掌握情况，有利于进行全面的协调；另一方面可以说明公共关系活动始终与组织目标保持一致，并在实现组织目标的过程中发挥重要作用。

(7) 评估结果的利用。除了利用总结性评估说明公共关系工作的作用、影响和效果外，更重要的是要把公共关系的评估结果用于决策。

6.4.2 公共关系评估的内容和方法

1. 公共关系调查评估的内容和方法

在调查过程中或结束后,就要对调查活动及其搜集的资料进行验证和分析,这一评估有利于发现调查中没有明确的问题,并提供及时补救的可能性。公共关系调查评估的内容和方法有:

1) 调查方案计划和计划的可行性衡量

其评估内容主要包括:

(1) 调查的目的、对象是否明确?样本的选择是否有代表性?调查程序是否合理?

(2) 调查方法的选择是否得当?调查方法的使用是否正确?搜集资料的过程有什么问题和失误?能否据此获得普遍、深层的信息资料?

采用的评估方法主要有:

(1) 逻辑分析。即用逻辑学的原理和方法对调查计划和方案的可行性进行检验和分析。

(2) 经验判断。即用以往的实践经验对调查计划和方案的可行性进行分析和判断。

(3) 试验分析。即通过小规模的实地调查对调查计划和方案的可行性进行检验和评价。

2) 搜集资料的准确性和完整性衡量

要评估的主要内容包括:

(1) 收集的资料是否满足了制订公共关系计划工作的需要?这些资料的完整性、准确性、可比性与及时性如何?

(2) 资料的分析是否准确?组织公共关系现状是否明确?面临主要公众的判断是否正确?是否发现组织公共关系存在的问题?有没有找到这些问题存在的原因?是否提出了解决问题的方法?

对搜集的资料的准确性和完整性衡量的主要方法是信度和效度评价。信度是指调查结果反映调查对象实际情况的可靠程度。效度是指调查结果反映调查所要说明问题的正确程度。因此,信度是针对调查对象而言的,它主要验证调查资料和结果的可靠性;效度是针对调查所要说明的问题而言的,它主要验证调查结果的正确性。信度评价有两种基本方法:其一是交错法或折半法。交错法是指调查人员使用设计项目表面不同而实质相同的两种同类调查手段对同一调查对象进行调查验证的方法。折半法是指调查人员使用的调查手段中包含了设计属性相同的两部分调查项目对调查对象进行调查验证的方法。其二是重复检验法。重复检验法是指调查人员通过对同一调查手段的重复使用对调查对象进行验证的方法。而效度评价则是通过表面有效度、准则有效度和构造有效度三个方面来衡量。

2. 公共关系策划评估的内容和方法

1) 公共关系目标的衡量

该部分要评估的内容主要包括:

(1) 公共关系目标是否明确?是否具有操作性?公共关系目标是否与社会组织总目标相符?

(2) 目标公众的选择是否准确?目标公众是否遗漏了关键公众?哪些关于公众方面的

假设被证明存在问题和错误?

(3) 公共关系活动所期望发生的变化在何时产生?追求的公共关系目标是长期、中期还是短期的,是立竿见影还是渐进的?

上述方法只提供了一般性的意见,在评估实践中,还需要针对具体的公共关系活动,根据不同的目标特点,灵活地选择并运用适合于该目标的特定方法。

2) 公共关系活动项目的衡量

该部分要评估的内容主要包括:

(1) 公共关系活动项目的选择是否合理?是否围绕着公共关系目标进行?

(2) 公共关系活动项目所需的资料是否准备好?准备的资料是否适合新闻媒介的需要?传播活动在时间、地点、方式上是否符合目标公众的需要?

(3) 公共关系活动项目的计划与方案是否产生了预期的影响?

3) 公共关系计划编制的衡量

该部分要评估的内容主要包括:

(1) 公共关系计划和方案是否合时宜?计划和方案是否围绕目标制定?方案与目标是否一致?

(2) 公共关系计划是否符合公共关系活动的需要?公共关系计划的主题和重点是否突出?

(3) 媒介选择及媒介策略是否得当?

(4) 公共关系预算编制是否准确?人力、物力和财力的配备是否充足?

对公共关系计划评估的主要方法有:

(1) 经验判断。即用以往的实践经验对公共关系计划和方案的可行性进行检验和分析。如根据经验来评价分析公共关系计划中的语言文字的运用、图表的设计、图片及展示方式的选择等是否合理、新颖,是否能达到引人注目、给人印象深刻的程度。

(2) 试验分析。它通过小范围的试验对公共关系计划和方案的可行性进行验证和分析。具体地说,是将计划和方案在小范围或者样本公众中实施,并通过对公众调查或利用剪报、广播录音或录像对信息资料进行内容分析,取得经验后再进行调整,最后在大范围内实施。在公共关系计划评估中,应主要采用现场试验法。

3. 公共关系实施评估的内容和方法

1) 准备情况的评估

准备是否充分,包括实施方案的准备、组织机构统筹分工准备、信息资料准备、实施人员训练的准备、各种实物准备、沟通协调工作等。

2) 制作并发送的信息数量的衡量

公共关系部门或人员的工作效率如何?在一定时间内撰写并发送的新闻稿件、专题报道、信件及其他宣传材料的数量是多少?拍摄的图片的数量是多少?举行了多少次展览会和新闻发布会?等等。这一过程主要是了解所有信息资料的制作、发送情况及其他宣传活动进行的情况。其主要方法是清点并统计制作、发送信息资料及其他宣传活动的数量。

3) 信息曝光度的衡量

新闻媒介是否采用了本组织提供的新闻稿、背景材料和图片等信息资料?采用信息资料的新闻媒介的数量及层次如何?接触并注意这些信息的公众数量大致有多少?展览会、演讲等宣传活动吸引公众的数量有多少？等等。

评估信息覆盖面的最常用方法是：

(1) 搜集剪报，检查报刊索引和广播电视记录，以统计信息被新闻媒介采用的数量。

(2) 统计新闻媒介的发行量，推算可能阅读报刊或收听、收看广播电视节目的人数，以测定接触信息的公众数量。

(3) 统计展览、演讲、专题活动等的次数，也能反映组织开展活动的影响程度。这一过程主要了解信息资料被新闻媒介采用的数量以及注意该信息的公众数量。

4) 信息准确度的衡量

信息资料正在被哪些新闻媒介采用？这些媒介的主要受众是否是目标受众？目标受众是否收到信息？新闻媒介的报道是否转载了信息资料的要点？信息资料是否被重点地区的新闻媒介所采用？等等。

评估信息准确度常用的方法有：

(1) 内容分析。通过对新闻媒介的系统分析可以了解信息资料正被哪些新闻媒介采用；信息资料是否被重点地区的新闻媒介采用；这些新闻媒介采用最多的是哪些信息资料；通过这些媒介接收到信息的目标公众的数量。

(2) 对组织目标影响的检测。即测定新闻媒介传播的信息能在多大程度上帮助这个组织实现它的目标，是衡量新闻媒介是否准确传播信息要点的方法之一。

(3) 受众调查。通过选择小组座谈、个人访问及电话访问，或者问卷等方法来调查公众对信息的理解程度。

(4) 公众到席率。展览、会议、演讲或事件的到席率可以说明收到某一信息的人数，到场的人数也可以作为评估宣传工作效果的依据。

4. 公共关系效果评估的内容和方法

公共关系效果评估是一项总结性评估，它主要检测评价公共关系活动对受众的作用和影响程度，以及整个公共关系目标的实现程度。具体包括以下内容：

1) 接受信息的公众数量的衡量

社会公众从社会活动中了解了哪些信息？社会公众掌握的组织信息是否得到了补充？这些信息对公众产生了哪些影响？等等。

评价公众从公共关系活动中了解到了什么，或者他们所掌握的组织的信息是否得到了补充，可以采用事前事后测验法，即对公众在开展公共关系活动前后对组织的认识、了解和理解等变量进行调查比较。采取的形式是，或者在开展公共关系活动前后对同一组公众进行重复测验，或者在一组公众当中开展公共关系活动，而在另一组公众中不开展这样的活动，然后将两组测验结果加以比较。

2) 转变态度的公众数量的衡量

主要评估内容包括：一段时期内社会公众对组织有关问题的立场和观点如何？社会公众对组织所持的认识、评价和倾向性是够发生了变化？转变态度的公众数量有多少？转变的程度有多大？等等。

对转变态度的公众数量的衡量，比接受信息的公众数量的衡量更难。一般来说，对态度转变进行评估的常用方法也是事前事后测验法，它是对公共关系活动前后的公众态度进行衡量，在图表上标出公共关系工作前后公众态度变化的百分比，并用方差分析说明公众态度变化与公共关系工作的关系。

3) 产生行为的公众数量的衡量

该阶段的评估主要内容包括：组织期望公众产生的行为是否发生？出现所期望的行为的公众的数量是多少？公共关系活动对公众行为的影响程度有多大？公共关系活动是否达到了目标和解决了问题？等等。

对公众行为的衡量常常利用下列方法：

(1) 自我报告法。这种方法由公众对象自己说明行为变化的方向、程度和原因。

(2) 直接观察法。这种方法是公共关系人员在公共关系活动期间，根据确定的主题对公众的行为进行直接的观察。

(3) 间接观察法。这种方法是公共关系人员利用仪器或有关部门的记录对公众行为进行观察。

 阅读案例 6-12

李娜崛起背后的职业公关团队

在法网历史性的突破，对于李娜而言，更像是她逐步蜕变的过程。从一个体制内的性格球员，逐渐成长为国际级的明星球员，代表着中国职业体育迈出的全新一步。在路透社看来，李娜的成功值得尊敬，就像他们撰写的文章《李娜被动成为中国体育掌旗人》一样。但李娜从一个刺头球员成长为如今中国体坛一姐的背后蕴含了更多。

1. 职业化的团队

李娜成功的背后，是一个高效率的职业团队——新教练莫腾森负责训练，姜山提供心理和后勤支持，德国人阿历克斯负责她的体能，而莎娃的经纪人、IMG 的王牌经纪人麦克斯·埃森巴德则对她进行商业统筹。正是这种对国际惯例的遵循，让李娜适应了国际化的生存空间。

李娜绝不是传统意义上的中国优秀运动员。她穿耳洞，文身，16 岁谈恋爱，后又私自离开国家队，有时无视媒体的存在，有时又吼丈夫、吼裁判，甚至吼体制……但恰恰是这份率性、直接，让李娜成为国际媒体的宠儿。

她周围的团队也并非一朝而成。当初她毅然退役进入大学读书，也是国家队和网管中心主任孙晋芳的三顾茅庐才最终让李娜回到了球场。没有当初在国家队的训练和参赛的基础，没有中心的保障，那么李娜也承认不可能走得这么远，甚至，也是网管中心把她的丈夫姜山调入国家队，组成夫妻档。同样，也恰恰是网管中心的单飞政策给了李娜最初冲击梦想的动力。

2. 媒介公关的包装

可以说，李娜是这个时代的产物。她依赖网球在这个国度的新兴，以个人才华实现了自我价值的最大兑现。

李娜自幼丧父，曾经内向、偏激。年少成名，更令她有一种近乎本能的逆反心理。在当初的国家队，提及李娜，人们最大的印象或许是她的炮轰以及场上的不冷静。但如今，人们眼中的李娜时尚而幽默，甚至令澳大利亚媒体直言"非典型中国人"。

这究竟是怎样的变化？其实，在两年前签约著名的经纪公司 IMG 后，昔日的"刺头"李娜就不见了，取而代之的是一个幽默、言辞犀利的明星。网管中心的一位工作人员透露："这是李娜身后的团队，在公关培训方面所做的卓越努力。李娜在把握媒体问题的时候，经过训练，这个度变得比较好。以前她是很抗拒媒体的，她不太喜欢跟陌生人沟通。现在李娜接受采访就显得很得当。"

这样的转变，也难怪在美国媒体的一份"最受西方人关注的中国人排名"中，李娜以第六名荣膺"体育界状元"，甚至超过了章子怡、郎朗及刘德华。李娜能有如此大的影响力，优异的成绩无疑是基础，但其独特的人格魅力更是关键。美联社在澳网决赛后就评价说:"她的英语很棒,有敏捷的思维,锋利的幽默感。她在场下的生机勃勃和场上的稳定发挥让她的球迷像军团一样增长。"

是的,现在的李娜代表了更开放的中国所塑造的职业运动员。

资料来源:http://course.onlinesjtu.com/mod/tab/view.php?id=51135

本 章 小 结

公共关系活动的开展应遵循一定的程序有条不紊地进行,公共关系工作的基本程序可分为公共关系调查、公共关系策划、公共关系实施和公共关系评估四个步骤。

公共关系调查是运用科学的方法,有计划、有步骤地搜集相关信息并进行综合分析,了解组织面临的公共关系方面的实际问题,从而为组织的形象设计、公共关系活动的策划提供依据。公共关系调查应包括制定调查方案、搜集调查资料、整理分析资料、撰写调查报告四个步骤。

公共关系策划是指公关人员根据组织形象的现状和目标要求,分析现有条件,设计最佳活动方案的过程。公共关系策划应包括目标的确定、公众的选择、主题的提炼、活动项目的选择、时机的选择、媒介的整合、预算编制、形成方案、审定方案。

公共关系实施是将方案所确定的内容变为现实的过程。实施时应遵循准备充分原则、目标导向原则、控制进度原则、整体协调原则、反馈调整原则,并注意有效地排除实施中的障碍、及时妥善处理突发事件及正确选择方案实施时机。

公共关系评估是对公关计划实施工作的总结和最终效果的评价。通过公关评估,可以总结成功的经验,分析失败的教训,进一步提高公关活动质量与水平;同时可以发现公共关系活动的缺陷与不足之处,作为组织今后公共关系具体目标政策和行为调整的依据。

 关键术语

公共关系调查　公共关系策划　公共关系实施　公共关系评估

综 合 练 习

一、填空题

1. _____是公共关系工作的基础,它在整个公共关系活动中起到举足轻重的作用。

2. _____主要是采集组织内部各层级员工对组织实际形象评价与期望形象要求的相关信息和数据。

3. 社会环境是指与组织有关的各类_____和各种_____的总和,它影响着组织的生存和发展。

4. 公关策划中最常用的产生创意的方法就是_____。

二、判断题

1. 公共关系活动的成功实施,依靠实施方案的有效落实,所以,制定目标实施方案要尽量具体化。　　　　　　　　　　　　　　　　　　　　　　　　(　　)

2. 公共关系的评估是对公关计划实施工作的总结和最终效果的评价。　　(　　)

3. 公关策划中的联想思维,就是要突破常规,突破习惯,以出惊人之效果。 ( )
4. 独特创新的原则是指公关策划活动的创意要独树一帜、不落俗套。 ( )

三、简答题

1. 简述公共关系工作的一般程序。
2. 简述公关关系调查的基本流程。
3. 简述公关关系策划的原则。
4. 简述公共关系策划的基本要素。
5. 简述公关关系实施的意义。
6. 公共关系实施的原则有哪些?
7. 公共关系效果评估按照哪些步骤来进行?

四、名词解释

观察法、头脑风暴法、公共关系调查、公共关系策划、公共关系评估

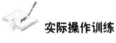
实际操作训练

课题6-1:公关状态调查

实训项目:组织公共关系调查

实训目的:

(1) 强化对公共关系调查的内容、程序和方法等知识的理解,能根据具体企业的要求制定调查方案,组织实施调查,分析调查资料、撰写调查报告。

(2) 能对具体企业的认知度、美誉度、和谐度进行量化确定,深化对相关公共关系知识的理解。

(3) 树立公共关系意识,提高组织协调、交流沟通、团队合作能力。

实训内容:

(1) 5~6人为一组,主动联系一家企业,获得为其进行公关活动调查的真实任务。

(2) 通过与企业相关人员的沟通,确定调查主题,制定调查方案,设计调查问卷与访谈提纲。

(3) 分工组织实施调查,汇总分析调查资料。

(4) 撰写评估报告,并向企业有关领导汇报。

实训要求:

要求学生在整个实训结束后要完成以下内容:

(1) 公共关系调查方案。
(2) 公共关系调查问卷。
(3) 公共关系调查访谈提纲。
(4) 调查过程中搜集的书面材料或录音等。
(5) 3000字以上的调查报告(企业的意见)。
(6) 实训总结(PPT)。

课题 6-2：公共关系策划

实训项目：组织公共关系策划

实训目的：使学生掌握公共关系策划的要素，提高学生的策划能力。

实训内容：

5～6 人为一组，主动联系一家企业，在收集了相关的信息之后，针对调查中发现的问题，策划该组织一项或几项公共关系专题活动，要求"对症下药"。

实训要求：

要求学生在整个实训结束后要完成以下内容：

（1）认真撰写策划书，每组要上交一份公共关系策划书。策划书要求有以下部分：活动目标、目标公众、活动主题、活动传播渠道、活动具体实施安排(时间、场地、人员、事件、设备等)、经费预算、活动评估。

（2）每组采用多媒体展示自己的公共关系活动策划书，并接受答辩。

【案例分析】

根据以下案例所提供的资料，试分析：

（1）联想集团在项目策划过程中使用了哪些策划技巧？

（2）此案例对你有哪些启示？

分析案例

"祥云"让世界一起联想
——联想奥运火炬发布传播案

项目主体：联想集团

项目执行：凯旋先驱公关公司

2007 年 4 月，世人的目光转移到了东方，2008 年北京奥运会火炬样式公布，"渊源共生 和谐共融"的"祥云"创意在 388 件有效应征作品中脱颖而出。作为奥运全球赞助商更是火炬设计方的联想集团，为奥运发展史写下了浓墨重彩的一笔。联想力图借此机会在全球范围内提升其品牌形象，达成商业与社会双重价值。如同所有与奥运有关的创意出炉一样，"祥云"诞生过程的一波三折，也反映出"联想奥运赞助商的身份与火炬设计最终被采纳没有任何关系"。

"祥云"火炬背后是一支 34 人的庞大设计队伍，从最初竞标到最终胜出，整个设计过程经历了一年多的时间。北京奥运火炬外形修长，线条流畅，造型略微弯曲，好似一根纸卷轴。火炬以银、红两色为主，上半部以银色为基色，立体浮雕有红色祥云花纹，顶端正面有"中国印""Beijing 2008"的字样和奥运五环标志，火炬下半部全部为中国红色，红色部分的顶端印有"Beijing 2008"字样。火炬的顶端和尾端的截面都呈现出纸卷轴的纹样，看上去像一朵祥云。这支火炬的设计中体现了联想一贯坚持的人本理念，无论是火炬的高度(720mm)、重量(985 克)，还是握柄尺寸(截面 50mm×40mm)和握手般的触感，都追求最便捷、舒适的感受，透露出人文关怀。

联想集团 34 人多种专业为背景的设计团队为"祥云"的诞生提供了强大的技术支持。共有来自中国、德国、意大利和法国的设计师参与创作，跨越工业设计、平面设计、材料工程、机械工程、人类学和社会学等十大学科专业。联想集团创新设计中心与北京奥运设计的渊源可以追溯到 2002 年，当时联想参与了北京奥运会会徽的设计竞标，与中标会徽设计理念极其相似的"北"字篆刻印章给北京奥组委和评委留下了深刻印象。

在北京奥组委对外界(包括对赞助商)封锁消息、发布会现场安检严密种种传播不利的情况下，运用多种传播策略最终在与三星、可口可乐"三足鼎立"的情况下引得"风景这边独好"，更使得联想突破重围、受到媒体瞩目，并合理传递出"引领探索新世界"的联想品牌理念与超越进取的奥运精神的结合。

项目策划

在"点燃激情，传递梦想"口号的映衬下，北京2008奥运会火炬接力传递计划路线及火炬按时发布。北京2008年火炬接力是北京奥运会的重大仪式之一。以"和谐之旅"为主题，火炬接力活动将在世界五大洲和中国广泛开展。北京奥组委强调"这将是现代奥运史上路线最长、范围最广、参与人数最多的接力活动"。

公关目标

利用北京奥组委发布2008年奥运火炬这一重大社会新闻事件，借势发布联想成为奥运火炬接力全球合作伙伴、2008年奥运火炬设计单位，并传递出联想创新的企业形象。

向世人揭晓2008年奥运火炬设计背后的故事。

传播主题

突出联想设计团队的多国、多专业人员协同，先后参与北京奥运会徽、火炬设计和联想作为奥运火炬传递合作伙伴的传播主题。

核心信息

联想设计团队设计的象征文化、传递和平的"祥云"火炬作品从全球388件火炬设计中脱颖而出，成为2008年北京奥运会火炬。

联想全球领先的研发和创新实力，为消费者提供最新的产品。

作为国际奥委会全球合作伙伴的联想，加上可口可乐和三星，成为北京奥运会火炬接力全球合作伙伴。

公关策略

公关团队制定出方案，将最大限度地利用官方资源以推广联想奥运战略。在官方发布前，各类信息稀缺、国际媒体的特殊性等因素使然，联想要借此把奥运火炬推广计划的触角伸到全球——特别是覆盖到火炬传递沿途的20多个国家和地区，需要做的是几方面策略"多管齐下"：

(1) 利用多种创新及突破性的新闻发布方式，如网络视频发布会、影像资料卫星传播等。

(2) 对国际媒体可能的"埋伏"提前做好充分准备，如可能提及的由"火炬传递路线不经过台湾"而引起的"台湾问题"及"火炬传递将首次登上珠峰"引起的环境、安全问题等。

奥运火炬出炉时间表

2005年12月6日，北京奥组委向全球发出公开征集火炬设计的邀请。

2006年2月28日，北京奥组委共收到海内外设计机构和设计师提交的应征参赛作品847件，其中有效应征作品388件。联想提供了三份方案，即"祥云""凤凰"和"长城"。

2006年3月16日，"祥云"设计方案从388件作品中进入前九名。

2006年6月1日，"祥云"进前四。

2006年6月至8月，根据选择最好艺术设计和技术设计方案的原则，北京奥组委执委会审议确定联想设计的火炬外形"祥云"为北京2008年奥运会火炬艺术设计方案，由航天科工集团设计研发的火炬内部燃烧系统为北京2008年奥运会火炬技术方案，二者结合形成北京2008年奥运会火炬的完整设计。

2007年1月，"祥云"方案经国际奥委会批准。

2007年4月26日，2008北京奥运火炬在中华世纪坛向全球公布。

资料来源：孙延敏. 公共关系入门：理论与案例[M]. 上海：上海大学出版社，2013. 第207-211页。

项目 7 公共关系新闻宣传

教学目标

通过本章学习,了解新闻宣传的含义、特点及一般过程,明确新闻宣传的时机,熟悉新闻摄影的操作、新闻稿的撰写和新闻事件的策划技术。

教学要求

知识要点	能力要求	相关知识
新闻宣传	(1) 了解新闻宣传的重要性和一般原则 (2) 掌握新闻宣传的含义、特点及新闻宣传的程序	(1) 新闻宣传的内涵 (2) 新闻宣传的程序
新闻宣传技术	(1) 掌握新闻稿的撰写和新闻事件的策划技术 (2) 熟悉新闻宣传的时机和新闻摄影的操作	(1) 新闻事件的策划 (2) 新闻宣传的时机 (3) 新闻摄影的操作

项目 7 公共关系新闻宣传

 导入案例

康乐氏橄榄油征集女博士担任形象代言人

康乐氏是享有国际盛誉的橄榄油大品牌，但中国国内消费者对其还知之甚少。当康乐氏正式进入中国市场时，如何采用最低的广告成本，将品牌最大限度地传播出去，成为专家顾问们绞尽脑汁思索的问题。经过慎重策划，项目团队决定根据产品的功用及市场定位，为产品选择一名形象代言人，并将形象代言人定位为"健康、智慧、美丽"。康乐氏极富创意地在北大、清华两大国内顶尖高校征集女博士来担任形象代言人。消息一经传出，由于社会上对女博士话题的敏感性而在网上引发了网友们的热烈讨论。曾有一种幽默的说法，说世界上有三种人，男人、女人和女博士。女博士是"灭绝师太"，女博士担任形象代言人能否做好科研，等等。招募形象代言人的活动，首先就在国内高校及网络上引起了广泛的关注与讨论，成为红极一时的话题。

最后，形象清丽可人、阳光健康的北大女博士遇辉，因完美匹配康乐氏"健康源泉、美丽伴侣"的形象定位，脱颖而出。消息一传出，中央电视台、凤凰卫视、北京青年报、中国青年报、新浪网等各大媒体抓住女博士这个易为普通人误解的特殊群体进行深度挖掘，掀起了对女博士应聘产品形象代言人事件报道的热潮。

资料来源：http://cache.baidu.com/

新闻宣传是一种覆盖范围最广、速度最快、最具可信性的传播手段，也是一种与政治、文化、经济等社会生活的各个方面联系最紧密的传播形式。为了有效地开展公共关系业务，公共关系人员必须充分了解新闻宣传的特点、一般程序和基本原则，自觉地运用新闻媒介进行新闻宣传。

7.1 新闻宣传概述

作为公共关系活动的一项重要内容，新闻宣传深刻地影响着人们的生活、工作和学习。社会组织通过发布新闻，能够同公众进行广泛的交流与沟通，从而赢得社会各界的理解、支持与合作。

7.1.1 新闻宣传的含义及特点

1. 新闻宣传的含义

新闻是新近发生的有社会意义的事实的报道，有广义和狭义之分。广义的新闻包括各种新闻传媒中使用的一切新闻报道体裁，狭义的新闻则仅指消息。

宣传是指依据一定的目的而通过各种方法以影响他人意识和行为的社会活动。宣传活动的内涵极为广泛，无论政治领域、经济领域、文化领域还是其他领域，都需要目的明确、有说服力的、经常不断的宣传活动。

新闻宣传是运用新闻报道的形式为外界公众提供信息，为组织制造声势，塑造良好的社会形象的一种公关宣传形式。新闻宣传的含义可以从以下几个方面来理解：

(1) 人是新闻宣传的主体。这里的人，既可以是个人，也可以是新闻宣传媒介。新闻宣传是社会的活动，人在其中发挥重要作用。因为任何一篇新闻稿，都是通过人来精心选材，认真构思并通过一定的宣传方式，有计划、有组织、有系统地向公众宣传，才让公众了解并支持组织的。

(2) 新闻宣传的目的就是要把组织的信息与外界沟通，为组织做广泛的宣传，塑造良好的组织形象。

(3) 新闻宣传必须用新闻报道的媒介来进行，主要有印刷媒介和电子媒介两大类，如报纸、杂志、广播、电视、新闻发布、卫星通信等。

2. 新闻宣传的特点

新闻是客观存在事物的反映，是对新近发生的事实的报道。新闻宣传是新闻机构以第三者的立场传播新近发生的、重要的客观事实，以影响舆论的特殊手段。新闻宣传具有以下明显特点：

(1) 客观性。新闻宣传是新闻机构从第三者的立场报道新闻，不带商业色彩，可给公众留下客观、公正的印象，容易得到公众的信任，比组织自我宣传的效果好。

(2) 社会影响大。一方面，新闻传播媒介覆盖面广，新闻宣传的对象不只是组织的顾客，还包括社会各阶层，有着广泛的社会影响。另一方面，新闻传播媒介对所传播的信息具有"授予地位"。社会上每天发生的事情非常多，能被新闻媒介报道出来的只是其中很少的一部分。因此，一条信息经过新闻机构的重重筛选被报道出来，这一事实本身就表明此信息是重要的、有典型意义的。若能被多家新闻机构争相报道、连续报道，其社会影响更大。

(3) 传播成本低。新闻宣传可能是组织提供的新闻素材被新闻机构证实后通过新闻媒介与公众见面，或者是新闻记者自己挖掘的有关组织新闻素材，这种宣传一般不需付费，相当于组织的免费广告，因此，也被称为"免费传播"。不过，目前新闻机构中也存在某些不正之风，为有偿新闻宣传，影响了新闻宣传的信誉。

(4) 传播的主导性差。新闻媒介是独立于组织的机构，是一般社会组织无法控制的，组织提供的新闻素材、新闻稿件能否被采纳，安排在什么时间、位置等，主动权不在组织。当然，组织在新闻宣传中并不是完全被动的，可有意识地策划一些新闻事件，吸引新闻界的注意，争取被新闻报道的机会。

7.1.2 新闻宣传的一般过程

新闻宣传是一个有规律的新闻信息流动过程。要使新闻宣传达到预期的最佳效果，就必须使新闻宣传的整个过程符合传播的客观规律。尽管新闻宣传所运用的媒介不同，宣传的具体手段不同，但它们都遵循着传播的基本模式。新闻宣传的一般过程包括新闻形成、新闻传送、信息接收、引起效果和信息反馈五个基本环节。

(1) 新闻形成。专业的新闻信息传播者，即报社、杂志社、广播电台、电视台的记者和新闻电影的编剧，或公共关系人员通过采访收集信息，将采集到的新闻信息进行加工制作，变成新闻稿或新闻电影脚本。

(2) 新闻传送。经过采访获得的信息和素材，通过报社、杂志社、广播电台、电视台的编辑和电影制片厂导演的加工制作，在报纸、杂志上刊登出来，在广播电台和电视台上播放出来，在制片厂拍成影片向公众放映。这一环节，编辑们必须审读、编选、加工稿件，制作标题，设计印刷版面或播放方式，在需要的时候还要撰写文章，增加编者按或评论内容，电影导演还要把电影剧本改编成分镜头剧本，进行再创作。

(3) 信息接收。刊登着新闻信息的报纸、杂志传到读者手中，广播、电视节目播放到听众耳边或观众面前，新闻电影在观众面前放映，使受众获得未知或欲知的信息。这个过程是新闻宣传中的重要环节。因为无论采访多么迅速，编辑多么及时，假如这一环节受阻，信息迟迟达不到受众那里，那么新闻宣传就不可能取得应有的效果。因此，如何使新闻媒介所传播的信息畅行无阻地传达到受众那里，这是新闻传送工作必须考虑的重要内容。

（4）引起效果。受众通过不同途径获得新闻信息后，产生了一系列心理活动，引起他们的感知、注意、联想和思维的变化，并导致他们新态度和新行为的出现。因此，公共关系的新闻宣传，一定要引导受众的态度和行为朝着有利于组织的方向转变。

（5）信息反馈。信息传播的客观效果有积极的，有消极的，也有暂时无明显变化的，展现出纷繁复杂的态势。它们通过函件、电话、传言、来访或公关人员的调查研究等多种渠道，把受众的意见反馈到传播者那里。这些来自受众的反响对信息的传播者进行信息的再传播，有着极为重要的作用。

7.1.3 新闻宣传的基本原则

新闻宣传是公共关系活动的基本方式和手段，但公共关系活动的丰富内涵不是新闻宣传所能完全涵盖和容纳的。公共关系新闻宣传的基本原则既要体现宣传的基本原则，又要受公共关系活动基本原则的决定和制约。因此，公共关系新闻宣传应遵循以下基本原则：

1. 明确宣传意图

明确宣传意图，是搞好新闻宣传的基本点。公共关系人员在新闻宣传之前，必须明确这样的问题：为何目的一定要有这篇新闻稿？这一目的是否正确？是否合乎事宜？要达到目的现实可能性取决于什么？如果这些问题都能弄清楚，那么就说明宣传意图已经明确了。

2. 熟悉宣传对象情况

新闻宣传的效果，主要不在于宣传者说了什么，而在于受众怎样理解，理解了多少，以及在多大程度上接受宣传者的观点。因此，只有熟悉宣传对象的需求、心理特征、文化程度、接受信息的习惯等方面的情况，才能使新闻宣传做到有的放矢。

3. 了解大众传播媒介的优点和局限性

新闻宣传主要依靠报纸、杂志、广播、电视及新闻电影等大众传播媒介作为信息传播工具，向众多分散的大众传播信息。由于各种大众传播媒介具有自身所特有的优点和局限性，这就决定了公共关系人员在运用大众传播媒介时，必须详细了解它们的特点，并根据自己的宣传内容和宣传形式，扬长避短，选择适当的媒介，从而取得理想的宣传效果。

7.2 新闻宣传的操作技术

7.2.1 新闻宣传的时机选择

所谓新闻宣传的时机，是指具有时间性的有利于新闻宣传活动的客观条件。实践经验表明：时机选准了，不仅为新闻宣传工作的顺利进行创造了有利条件，而且能使新闻宣传工作取得最大的收获。一般来说，应根据具体情况和新闻宣传的具体要求来选择新闻宣传的时机。

1. 事件性新闻宣传的时机选择

事件性新闻分为突发性事件和一般性事件，两者在时机选择上有所不同。

(1) 突发性事件，是指在人们毫无预料或没有预报的情况下突然发生的事件。对这类事件，尤其是影响较大的突发性事件，要在事件发生时立即抓住时机进行现场报道，并在事件发展及变化过程中进行连续报道，不断挖掘其新闻价值。

(2) 一般性事件，指的是可以事先预知的事件。对它的报道，虽然不要求像突发性事件那样分秒必争，但也应抓住时机进行采写报道。尤其是对那些预知性的重大事件，如重要会议的召开、重大工程开工、商场开业及展览会、酬宾活动等，一般要求在正式活动开始之前就对相关的准备工作进行报道。当然，对诸如新产品、科研成果等的报道，往往选择在鉴定会召开之时进行为好。

2. 非事件性新闻宣传的时机选择

所谓非事件性新闻，是指事件性新闻以外的新闻。它的特点是反映事实发展变化的进程或阶段性，一般是宣传实际工作、生产、经营、科研、教学和社会道德风尚等的进展情况以及取得的经验、成就、矛盾和问题。这类宣传报道内容不是突发性的，其发生、发展均需要较长的时间和过程。

那么，对非事件性新闻的宣传报道，应该选择哪些时机为好呢？通常的做法是：

(1) 从事物发展的渐进性过程中，通过捕捉最新的变动情况，如企业重大的技术改造活动、科研活动的阶段性成果等，采写出有一定创意的新闻稿件。

 阅读案例 7-1

阿里巴巴"火爆"上市，互联网经济创新未来

2014年9月19日，中国互联网巨鳄阿里巴巴在美国纽交所挂牌上市。阿里巴巴每股发行价68美元，成功募集资金高达218亿美元，一举成为美国史上规模最大的IPO募股。以当日的收盘价计算，阿里巴巴市值已超过2285亿美元，超越"脸书"，成为仅次于"谷歌"的全球第二大互联网企业。

阿里巴巴此次赴美上市，可以使公司更加透明、国际化，在全球市场上的声誉信用度、认可认同度都将上升到一个新的阶段，有利于进一步实现阿里巴巴的长期愿景和理想。

作为信息网络化时代产生的一种崭新的经济现象，阿里巴巴的发展壮大只是互联网经济发展的一个缩影，以互联网为支撑和主体的信息经济将会在开启未来经济发展中发挥重要作用，成为未来发展的新增长极。

资料来源：光明日报，2014年12月26日.

(2) 利用事物发展过程中具有特殊意义的活动的绝佳时机。例如，每年"三八"节前，是报道妇女取得成就的好时机；"五一"节前，是报道生产成就和劳动模范、优秀职工为国家建设做贡献的好时机；"六一"节前，是报道本组织关心儿童健康成长的好时机；"七一"节前，是报道党的建设以及党员发挥先锋模范作用的好时机；"十一"国庆节前，是各行各业报道改革新成果的好时机。

7.2.2 新闻稿的撰写

新闻是对社会上新近发生的事情的事实报道。公共关系新闻则是公共关系主体把本组织新近发生的事情迅速地、如实地传播给公众的一种文体，以报道组织的公共关系活动、组织与公众的联系等为主要内容。

撰写公关新闻与撰写其他新闻稿件一样，必须具有五大要素，即什么人(Who)、什么时间(When)、什么地点(Where)、发生了什么(What)、什么原因(Why)。公关新闻在写作结构上由标题、导语、主体、背景和结尾五部分组成。

1. 标题

新闻标题是全篇文章的眼睛，既要完整、具体地概括全文主要内容，又要对读者具有强烈吸引力和感染力，因此标题尤为重要。

常见的公关新闻标题有三种形式：

(1) 三行标题。指引题、正题、副题俱全的标题。其特点是信息内容丰富，气势宏大，较重大的新闻常采用此种形式。其中，引题也叫眉题、肩题，位于正题之上，主要是交代背景、烘托气氛；正题也叫主题，主要是概括文章的中心内容；副题也叫子题或辅题，位于正题之下，起补充整体内容的作用。例如：

网上黑客困扰香港　　　　　(引题)
电 子 商 务 步 代 被 拖 慢　　(正题)
特区政府商讨打击策略堵塞漏洞　(副题)

(2) 双行标题。是由引题和正题组成，或由正题和副题组成的标题。其特点是虚实结合，互为补充。例如：

巨轮沉没台湾海峡　　(正题)
28 名船员获救生还　　(副题)

或者

顾秀莲就家庭教育问题对《中国妇女报》记者发表讲话　(引题)
当务之急是提高家长素质　　(正题)

(3) 单行标题。只有一个正题的标题形式。其特点是简明、生动、引人注目。例如：

"21 世纪杯"全国英语演讲比赛落幕

2. 导语

导语是新闻的开头部分，往往是一句话或一个小自然段，用简洁的语言把最重要的事实加以概括，一般用来揭示主题或提出问题，概述事实，以唤起读者的注意。

常用的导语有以下几种形式：

(1) 叙述式。用简洁的语言，简明扼要地对新闻的主要内容加以概述。这是最常用的新闻导语形式。

(2) 评论式。先对所写的事实进行简要的评论，并指出它的重要意义，从而引起读者注意。

(3) 结论式。先写出所报道的事件的结果，由此引出对整篇新闻的报道。

(4) 描写式。对所要报道的人和事，或环境和时间，做出简要而有特色的描述，渲染气氛，引出主题。

(5) 提问式。对所要报道的事实先提出一个鲜明而尖锐的问题，引起读者的关注，再引出新闻的主题。

3. 主体

主体是新闻的主要部分，它承接导语，但不是导语的重复，而是对导语提出的问题展开具体的陈述。这部分内容较多，因而要注意条理清楚，层次分明，内容要充实，主题要突出，叙述要生动，一般按事件发生的时间顺序或事物的内在逻辑性来组织材料。

4. 背景

背景是新闻事件发生的原因、历史情况和环境条件。恰当地介绍背景，可以烘托主题、揭示事物本质、提高新闻价值。背景不是新闻的独立部分，因而它的位置也不固定，可放在导语里，也可放在结尾里，还可穿插于主体之中；可以一次性交代，也可以分多次穿插。

5. 结尾

结尾是全文的结束语，一般都比较简短。可以是对全文的概括总结；也可以抒发感情，用激励和号召读者的语言结束；或是与开头相呼应，起到画龙点睛的效果。

根据文章需要，如果主体部分已将话全部说完，也可省略结尾。

 阅读案例 7-2

首届中国质量奖颁奖仪式在北京航天城举行

本报讯　玉兔才登广寒宫，金奖喜降航天城。

2013 年 12 月 16 日，首届中国质量奖颁奖仪式在北京航天城举行，中国航天科技集团等 45 家组织和 4 名个人荣获首届中国质量奖和提名奖。

国务委员王勇出席仪式，并为获得首届中国质量奖的组织和个人颁奖。

据了解，目前国际上已有美国、欧盟、德国、日本等 88 个国家和地区设立了国家质量奖。中国质量奖 2012 年经全国评比达标表彰工作协调小组审定并报请中央批准设立，是我国质量领域的最高荣誉，开展周期为两年，设中国质量奖和中国质量奖提名奖。2013 年，经自愿申报，有 30 个省(市、区)、10 个计划单列市及副省级城市人民政府、19 个全国性行业协会审查推荐，共有 261 个组织和 97 名个人参评首届中国质量奖。

国务院有关部门、部分地方政府、有关行业协会相关负责同志，以及中国质量奖评审表彰委员会和监督委员会委员、首届中国质量奖获奖组织和个人代表等参加了颁奖仪式。

资料来源：中国质量报，2013 年 12 月 17 日。

7.2.3　新闻摄影的操作

新闻摄影是用新鲜、真实、生动、感人的图像和简短的文字说明，及时报道新闻事件，其主要特征是借助视觉图像报道新闻。新闻摄影的诞生是由于报刊报道新闻的需要，新闻摄影的生存也依赖于报刊的需求，离开了报道新闻，新闻摄影也就失去了存在的价值。

新闻摄影由新闻事实和摄影两大要素组成。它以摄影技术为手段，通过画面的视觉形象，传递新闻信息。画面和有价值的新闻事实是相辅相成、相互依存、缺一不可的。

1. 发现新闻摄影题材

进行摄影报道必须找到报道的题材。因此，在进行报道摄影前必须培养摄影者的新闻敏感、认识事件的新闻价值，进行深入细致的观察和提炼，才能发现有价值的新闻题材，及时将新闻事件报道出去，获得良好的社会效益。

(1) 新闻敏感。新闻敏感是指新闻工作者及时识别新近发生的事实是否具有新闻价值的能力，是新闻工作者的视觉和心理对现场人物、事件所蕴含的新闻价值的敏锐感知能力。新闻摄影工作者能否捕捉到有新闻价值的新闻题材，传递指导性的新闻信息，及时观察和敏锐分辨有价值的新闻事实，关键靠新闻敏感。

新闻敏感主要体现在这几个方面：迅速判别某一新闻事实的政治意义；迅速判断现场事实能否吸引较多的读者；能敏锐地感知表面现象下的本质的、有价值的新闻事实；能在现场的诸多事实中鉴别出"成色最高的金子"并予以特别处理；能预见可能出现的新闻。

图7.1《叶利钦为拉选票在舞厅跳迪斯科》(俄，亚历山大·杰连尼奇科摄)中，叶利钦在舞厅跳迪斯科的动作、表情跃然纸上，其目的是拉选票。正是有了较强的新闻敏感，才能抓到这样精彩的瞬间，发现独特的新闻摄影题材。

(2) 新闻价值。新闻摄影工作者在面对众多的新闻题材时，哪些题材值得报道，哪些题材不值得报道，哪些题材值得大做文章，进行深度报道，哪些题材只能做一般处理等，必须做出判断和选择，这就要求新闻摄影工作者具有新闻价值的判断能力。

图 7.1　叶利钦为拉选票在舞厅跳迪斯科

(3) 新闻摄影观察。深入细致的新闻摄影观察是培养新闻敏感、提高判断新闻价值能力的前提条件。新闻摄影观察要求摄影人凭借新闻意识，用形象思维和逻辑思维的方式审视事物有无新闻摄影的价值。它需要眼、脑配合，需要透过事物的现象认识事物的本质。现象是新闻摄影工作者的感官所感知的事物的外部形态；本质则是事物的性质、事物之间的内部联系。新闻摄影工作者对事物的认识过程，就是"从现象到本质"，从而发现有新意、有形象表现力、有精神含义的新闻摄影题材的过程。

(4) 新闻摄影提炼。新闻摄影提炼是新闻摄影工作者通过对新闻深入细致的观察，用新闻摄影的眼光，从光怪陆离、纷繁复杂的世界中筛选出具有新闻价值、对社会发展有促进作用、可供传播的新闻事实。这一新闻事实必须具有典型意义，反映确切的社会问题，具有明确的主题。

2. 新闻摄影拍摄

一张好的照片，有时候比文字更生动、更真实、更可信，能使读者一目了然，可以激励和启迪人们的生活。反之，如果处理不当，照片可能造成的不良影响也更大。这就要求新闻摄影工作者具有高尚的职业道德、优良的工作作风和摄影技能。摆拍、抓拍、偷拍是三种不同的摄影手段。

1) 摆拍

纪实摄影能不能摆拍？这个问题在当今摄影界仍存在争论。一种观点认为纪实摄影不能摆拍。他们认为这种导演式的照片，不是在人物活动和事件进行过程中拍摄的，照片中人物表情僵硬、呆板、没有个性，违背客观事实本身，是造假，违背了不干扰被摄对象的基本原则。比如，经常在报上出现这样的图片：画面中四五个人同时看一张报纸，一人站中间，其他人站两边。在现实生活中，四五个人同时看一张报纸的情况很少。这种照片的内容与生活原型不符，不仅不真实，而且不生动。

摆拍这一手段在艺术摄影中毋庸置疑是可以使用的，在纪实摄影中应尽量少用。摆拍出的照片有很多游离了生活的现实，它有时会成为不愿深入生活细致采访的新闻摄影工作者的一种偷懒做法。要摆拍出一幅佳作是很困难的，不通过长时期对生活的观察、体验是拍不出来的。

2) 抓拍

抓拍手法对于充分体现摄影艺术的特性是十分有利的。它的特点是：用快速的手段，在现场抓取生动的、自然的、真实的动人瞬间。抓拍是依靠摄影者的大脑、眼睛和手的协调一致，把表现事件典型意义的瞬间拍摄下来。

优秀的摄影作品的成功之处正是在于捕捉到了被摄对象的瞬间典型，如《白求恩大夫》(吴印咸)手术中的专注，《在结婚登记处》(李仲魁)新娘的羞涩和幸福，《巴黎穆夫塔尔大街1954》(法国布列松)中小男孩的得意，《画家叶浅予》中画家的微妙眼神。这些典型瞬间主要是通过抓拍的手段获得的。法国摄影大师亨利·卡蒂·布列松是抓拍能手。

抓拍需要很高的技术。有时拍摄机会只有一次，如果现场已经消失，事件的形象已不存在，就没有办法进行拍摄。有的摄影记者因没有抓住拍摄机会，就搞事后导演补拍，许多拙劣的虚假照片就这样产生了。提高抓拍能力要具备很强的政治敏感和新闻嗅觉，具备辨别新闻和发掘新闻的能力，对发生新闻事件要有预见性，只有这样才能发现影响全局的新闻，才能有充分的准备，这是进行抓拍的前提。

3) 偷拍

偷拍就是未经被摄者同意偷偷拍摄。偷拍常常用于一些批评性、揭露性的报道。这类报道如果采用正常的、公开的方式，往往会遇到意想不到的麻烦，而采用偷拍的手法可以获得较好的效果。通过偷拍，可以看到一个个真实的画面，这种照片反映现实，在揭露与批判社会丑恶或腐败现象方面起着一定作用。美国摄影记者海因，为了拍童工，把照相机藏在饭盒里面混进厂里，拍到了震惊世界的照片。

偷拍不可滥用。首先，如果要揭露社会不良现象，最好不要单独行动，因为偷拍有一定的危险性。其次，偷拍要适度，作为一名正直的摄影工作者，要思考站在什么立场上，从什么角度对待社会不良现象，揭露和报道的目的是什么。最后，偷拍因为是未经被摄者同意偷偷拍摄的，所以很容易造成侵权。

7.2.4 新闻事件的策划技术

所谓新闻事件策划，又称为"制造新闻"或"媒介事件"，是指一个组织的公关人员根据工作目标,精心策划能得到新闻媒介关注并为之传播的真实事件。其目的是为了引起新闻媒介的广泛报道,有效宣传组织形象,产生重大的社会影响。由于策划出来的新闻事件奇特有趣,具有较高的新闻价值,能引起记者们的注意和跟踪报道,因而是一个组织新闻宣传的重要形式。

1. 新闻策划事件的基本内容

新闻事件策划已经成为当今组织新闻宣传活动中的一个重要内容,质量高、影响大的新闻宣传事件都是精心策划的结果。做好新闻事件策划对于新闻宣传工作具有重要的意义。新闻事件策划可以分为战略性新闻策划、战役性新闻策划和战术性新闻策划三个层次。一般说来,新闻事件策划的基本内容有以下四个方面:

1) 调查研究和目标定位

在新闻事件策划中,首要的条件是目标明确,对于不同的客体有不同的目标定位。为此,开展广泛的调查研究活动,掌握大量的信息是非常必要的。首先,要开展受众调研和受众定位工作,新闻事件宣传的对象是谁,他们有什么需求和爱好,应该心中有数。其次,要调研相关新闻事件的宣传特点、经验和教训,取长补短、扬长避短,创造自己的特色。最后,要调研内外部的有利条件和不利条件,宣传策划人员的思想作风、知识结构、事件可能的影响力等。这样,才能保障新闻事件策划的目标明确,力量集中,程序流畅,效应明显。

2) 制定方案和实施计划

思路开阔、经验丰富的新闻工作者往往能够制定出几套不同的新闻事件策划方案。这些方案或者是同一目标的不同方案,或者是不同目标的不同方案。这样,新闻策划者在组织实施方案的过程中,可以充分考虑新闻事件宣传的实际情况,选择最佳方案,优化策划效果。宣传方案制定后,紧接着是计划的实施,其中包括内部人员的配置、各个部门的分工协作、指挥机构的设立和规章制度的建立等环节。例如,中央电视台1997年6月在组织"柯受良飞越黄河"的新闻事件策划时,曾经设计了几套宣传方案,并且在人员、设备等安排方面进行周密的布置,从而保障了整个新闻事件宣传的顺利实施。

3) 信息反馈和目标校正

任何策划不可能预见一切,一成不变,而应该随着客观环境的变化而变化。因此,在新闻事件策划中,对于目标、效果的预测要不断地收集信息,根据反馈修订原有的计划。这种修订不是放弃原有的策划,而是对原有策划方案的补充、修正和完善。

4) 论证和评估

组织在进行新闻事件策划前,往往要请专家论证和评估。战略性策划、战役性策划和战术性策划,也应该由领导和群众经过自上而下和自下而上的反复讨论和修订后确定。这样,就能集思广益、群策群力,从多角度和多侧面审视新闻事件策划,不断改进和完善新闻宣传。

运用正确的思维方式和适当的操作方法进行新闻事件策划,对于改进组织新闻宣传的效果是大有益处的。但是,不能无限地夸大新闻事件策划的作用。因此,在进行新闻事件策划时一定要注意以下四个方面的问题:

(1) 新闻事件策划一定要符合实际。新闻事件策划的基础是客观实际,因此在进行新闻事件策划时一定要从实际出发,紧密联系实际。比如要符合地域的实际,即新闻策划要符合新闻事件策划组织所在地或者是新闻事实发生地的实际。

(2) 新闻事件策划不能滥用于所有的新闻宣传中。真正能够产生重大影响的新闻事件策划，只能是那些对于重大事实、典型事实和代表某种发展趋势的事实的策划。

(3) 新闻事件策划不能变成策划新闻。新闻事件策划是对新闻事件宣传方式的策划，不是对新闻事实的策划。有时候，组织进行新闻事件策划时为了扩大自己的社会影响，会抓住时机参与或组织一些社会活动。如果这些社会活动是有益于受众的，当然无可非议。但若仅仅是为了扩大自己的影响，特别是仅仅为了扩大自己的广告效益，则是不可取的。

(4) 新闻事件策划不能虎头蛇尾。新闻事件策划是否成功，取决于最终的实施效果。目前，许多组织在新闻事件宣传时曾经从良好的愿望出发做过一些新闻策划，但是真正能够达到预期的目的，收效良好的并不多见。究其原因，就在于在实施的力度上缺少功夫，只是"坐而言"，不能"起而行"，或者"言不信，行不果"，结果虎头蛇尾，草草收场。这样的新闻事件策划是不可取的。

2. 策划新闻事件的基本原则

1) 时机性原则

新闻策划必须重视新闻推出的时机。时间变化，社会的大背景就会发生变化，公众的关注点也将发生变化。因此，同样一个新闻事件放在不同的时间——也就是不同的社会大背景下发生，会产生不同的新闻效应。对于某个具体的新闻事件来说，只有在符合其"发生"的社会大背景存在的那个时间段推出才能产生效果。当这个时间段已经过去，在整个社会的关注点已经转移时，如果你再来推出这一"过时"的新闻，就没有多大意义了。所以，新闻策划有个基本的要求，就是要有足够的新闻敏感性，以选择最佳的、能产生最大新闻效应的实施时机。

2) 创造性原则

新闻策划必须有创造力，最好是能策划出奇特的、有着匪夷所思情节的新闻，因为只有"惊世骇俗"的事件，才能保证被人强烈记忆。相反，如果失去了创造力，所策划的新闻只能是缺乏足够传播力的普通新闻——这就失去了新闻策划的价值。

人们常说"狗咬人不是新闻，人咬狗才是新闻"。就是因为狗咬人较为普遍，虽然有时也能提炼出"无证养狗的祸害""被狗咬之后如何自我救护"等新闻点，但对于太常见的事情，人们是不会投以太多的热情的。相反，如果真出现了"人咬狗"的情况，由于事件的奇特性，必然会引来强烈关注。

3) 新闻性原则

策划的新闻必须有很强的新闻价值，而且原则上应该具备第一性——即对某类新闻事件的第一次报道。因为人们往往只对新鲜的事物感兴趣，同类型的事物出现多了，大家会觉得疲惫，关注度也就不高了。只有"第一性报道"才可能成为好新闻，后面再东施效颦就只是普通新闻了，传播力会大大降低。

4) 导向性原则

这是新闻策划中最重要的一个原则。因为中国的媒体作为党的喉舌，在进行报道时必须坚持正确的舆论导向，而新闻策划是通过借助新闻媒体的力量来达到目的的，因此同样必须遵循宣传的导向性。导向性主要分为政府政策导向、民众心理导向、全球社会发展趋势导向。

5) 适度性原则

在新闻策划的实施过程中,需要把握好两个方面的"度":一是宣传要适度,不能炒作过头,产生副作用,否则有可能在获得短期效应的同时,损失了更多未来的机会;二是投入的代价要适度,也就是说策划带来的实际效益必须大于实际投入,如果最终的结果是投入大于产出,那就得不偿失了。

3. 策划新闻事件的方法和技巧

一个组织在其日常的工作中,有时会发生一些具有新闻价值的事件,如组织的重大庆祝活动和为社会公众举办的各种文化性、体育性、公益性、慈善性的社会活动和社会赞助,以及组织在新产品、新技术、新业务、新设备等方面取得的成就和意义等。然而这些事件并不是每天都会发生,为了组织争取更多的新闻传播机会,公关人员要善于动脑筋主动策划新闻事件,创造新闻价值。

在新闻宣传时,既要善于利用自然发生的各种重要题材,更要巧妙地、有计划地制造新闻事件。但是,在策划新闻事件时,必须注意以下几种方法和技巧:

1) 必须正确选择社会公众的兴趣点,即所谓的"热门话题"

公众在不同的时期重视的事物不同,选择一个公众普遍关注的热点制造新闻,效果最理想。假如有几个热点同时存在,应从中选择最热门的话题,去谋划新闻事件,如奥运会召开前后一段时间内,是经营业务与体育有关的企业制造新闻的最佳时机,如果围绕奥运这一主题开展一系列活动,传播效果会更理想。

2) 必须做到"新、奇、准、好"

在激烈的组织形象竞争中,要成功地制造新闻,公共关系人员必须别出心裁,使公共关系活动具备"新、奇、准、好"的条件,才具有新闻价值。

3) 事先制造一些悬念或热烈气氛

在媒体高度竞争、"眼球稀缺"的今天,要想成为新闻并不容易。因此很多组织在制造新闻时,会有意识地制造一些悬念以吸引公众和媒体的注意力,或者事先就制造一些热烈气氛,使公众有一种先入为主的感觉。

如某出版商为了推销他的一本书,在书还没有上市前,就广为宣传,并且煞费苦心地编了这么一段宣传词:"该书在排版时,书稿已为工人传阅;装订时,厂长三令五申:私拿一本,罚款百元!"广告一出,果然读者议论纷纷。等到此书推出后,其翻阅率自然高人一筹。感兴趣的立即购买;犹豫不决的则想那么多人议论,也许是好书,买一本吧!即使那些最后不买书的,也忍不住要翻一翻,因为大家都在议论,连翻都不翻一下,好像有一点说不过去。

4) 有意识地把本组织与社会名流、明星或权威等联系起来

要有意识地同某些权威人士或社会名流联系,因为名人本身就是舆论领袖,具有一定的舆论导向作用,他们的行踪往往是新闻媒介追踪的对象,如能邀请一些名人参加公关活动,自然有助于扩大影响。比如,一家企业开工庆典,如能请几位政府官员、知名人士参加纪念活动,并剪彩、题词,同时举办记者招待会,发布企业方针目标或创立以来所取得的成就,那么这个开工就可能成为新闻。

5) 抓住热点问题,制造新闻

虽然传统节日、纪念日年年都有,但每年都是新闻报道的重点。如每年的"三八"妇女

节都会报道妇女同胞；每年的"六一"儿童节的新闻专栏都是儿童的天下；每年的"八一"的新闻版面必归军人所有等，故公共关系人员应联系传统节日开展公共关系活动，来制造新闻。例如：美国拉蔡食品公司在中国农历新年来临之际，用幻灯片介绍了各种用拉蔡食品为材料烹调的美食，以"全家齐动手，共享天伦之乐"的主题推出。于是，一直没有什么新奇东西的拉蔡公司在这个春节期间获得了新闻媒介的注意，新食谱受到居民的欢迎。

6）策划新闻要自然得体，顺理成章

策划新闻比一般的新闻更具有戏剧性，它是在"演"新闻事件，公共关系人员既是导演又是演员，但整个策划事件不能给公众留下看戏的感觉，否则会使公众产生反感，损害组织的形象，要让公众感到所看到的戏就是真实的事实，要有顺理成章的感觉。也就是组织与新闻事件之间要存在内在联系，决不能牵强附会，生拉硬扯。

本 章 小 结

新闻宣传是公共关系传播的主要手段之一。新闻宣传是一种覆盖范围最广、速度最快、最具可信性的传播手段。通过发布新闻，组织能够同公众进行广泛的交流与沟通，赢得社会各界的赞誉和信任，从而更好地促进组织的发展。

新闻宣传是运用新闻报道的形式为外界公众提供信息，为组织制造声势，创造出组织良好的社会形象的一种公关宣传形式。新闻宣传的特点包括四个方面：客观性、社会影响大、传播成本低及传播的主导性差。新闻宣传是一个有规律的新闻信息流动过程。新闻宣传的一般过程包括新闻形成、新闻传送、信息接收、引起效果和信息反馈五个基本环节；公关新闻宣传要遵循明确宣传意图、熟悉宣传对象情况、了解大众传播媒介的优点和局限性三个基本原则。

新闻宣传的操作技术主要包括新闻宣传的时机选择、新闻稿的撰写、新闻摄影操作、新闻事件的策划技术四个方面。新闻宣传的时机是指具有时间性的有利于新闻宣传活动的客观条件。公共关系新闻在写作结构上由标题、导语、主体、背景和结尾五部分组成。新闻摄影由新闻事实和摄影两大要素组成。新闻事件策划必须以组织的整体公关目标为依据，以事实为基础，以新闻理论为指导，离开了这些条件，弄虚作假或画蛇添足，便不可能达到新闻宣传的良好目的。在策划新闻事件时，必须注意以下几种方法和技巧：

(1) 必须正确选择社会公众的兴趣点，即所谓的"热门话题"。
(2) 必须做到"新、奇、准、好"。
(3) 事先制造一些悬念或热烈气氛。
(4) 有意识地把本组织与社会名流、明星或权威等联系起来。
(5) 利用传统节日或纪念日，制造有关组织的新闻。
(6) 策划新闻要自然得体，顺理成章。

 关键术语

新闻宣传　新闻制作　新闻事件策划　新闻摄影

综合练习

一、填空题

1. 摄影手段一般有_____、_____和_____三种。
2. 公共关系新闻在写作结构上由标题、导语、_____、_____和_____五部分组成。
3. 新闻宣传的基本原则是_____、_____和_____。
4. 新闻宣传的一般过程包括新闻形成、新闻传送、_____、_____和_____。

二、简答题

1. 新闻宣传的含义和特点是什么？
2. 撰写新闻稿要注意哪些问题？
3. 策划新闻事件的方法和技巧有哪些？如何抓住有利的新闻宣传时机？

三、名词解释

新闻、宣传、新闻宣传、新闻制造、新闻敏感

四、讨论题

1. 新闻发言人面对记者的提问：不敢说，不想说，不会说，甚至偶尔以无可奉告来回应。你觉得作为新闻发言人应该具备什么样的素质？
2. 有少数的新闻机构为了扩大自己的知名度和影响力，故意夸大事情的真实面目，甚至开展一些与事实相距甚远的报道。作为组织公关部的经理，假如虚假的报道牵涉到自己的单位，你该怎样协助领导处理这样的事件？

实际操作训练

课题 7-1：新闻稿的写作

实训项目：新闻稿的写作

实训目的：使学生掌握新闻宣传稿写作要求及注意事项

实训内容：某集团公司研制的 L900 冷藏车在国际汽车博览会上获得了银质奖。为此，集团公司将召开新闻发布会，请你帮助起草一篇新闻发布稿。

实训要求：随堂进行，注重格式，其专业性内容可以省略。字数控制在 200 字以内，含标点符号。

课题 7-2：新闻策划

实训项目：新闻发布会的组织

实训目的：掌握新闻策划的程序和技巧

实训内容：选择一个企业作为背景企业进行新闻策划，对背景企业进行调研，发现新闻线索，设计新闻事件，撰写新闻策划报告书。

实训要求：要求参加实训的学生分成每5～6人为一组的若干组，每组指定一个组长。新闻策划报告书为1000～2000字。

【案例分析】

根据以下案例所提供的资料，试分析：

(1) 本案例制造的新闻热点有哪些？
(2) 三星的新闻传播依靠什么来吸引公众的关注？

分析案例

携手三星梦圆奥运——三星奥运火炬传递公关传播

北京时间2007年8月14日，"北京2008奥运会火炬接力三星奥运火炬手选拔活动启动仪式"在北京举行，智杨共邀请85家媒体参加新闻发布会，同时在全国范围的媒体进行积极的新闻推送，形成了新闻传播的焦点。

火炬手是火炬传递的焦点。围绕三星奥运火炬传递项目的公关传播紧扣三星"和谐使者"的精神主线，将"和谐使者"的感人故事和三星的公益形象巧妙结合，与各地核心媒体进行长期、深入的沟通，将火炬手在传递前、传递中、传递后的故事和情感生动、及时地呈现出来，在吸引公众眼球的同时，广泛传递三星携手社会大众梦圆奥运的美好心愿。

从2007年8月14日到10月7日，围绕三星陆续公布的火炬手候选人名单，在百度于2007年10月和11月公布的《奥运品牌影响力评估报告》中，三星奥运品牌关注度分别为第二、第四名，其中媒体影响力排名保持前两名。作为最后一个公布火炬手选拔方案的赞助商，成功的公关传播令三星获得了后发先至的效果。

2007年12月至2008年4月是火炬手选拔到火炬传递之间的过渡阶段。围绕三星火炬手"和谐使者"的精神主线，智杨在这一阶段策划了"汇聚一种力量，传递一种精神"三星图片分享征集活动、"走进阿拉善——绿色奥运环保活动"等面向社会大众的公益性活动。在广泛调动公众参与积极性的同时，将三星火炬手的人物故事、三星多年来开展公益活动的成果穿插其中，既有效形成了公众对三星火炬手的持续关注，更强化了公众对三星品牌精神的理解和认知。

2008年5月4日，奥运火炬开始在中国境内传递。智杨的三星奥运火炬传递公关传播项目组随着奥运圣火走遍了113个城市，参加了31个新闻发布会、近80次火炬手接待大会，并在上海、西安、成都、北京等重要城市举行了9次大规模的三星火炬手媒体沟通会，现场分发了超过3500份三星奥运、三星公益的相关资料，成功完成平面媒体传播950次、电视媒体报道160次、广播报道近30次、网络传播超过万次。

资料来源：李泓欣，等. 公共关系理论与实务[M]. 北京：北京大学出版社，2011.

项目 8　公共关系广告

教学目标

通过本章学习，了解公共关系广告的概念及其特点，理解公共关系广告在塑造企业形象、赢得公众忠诚方面的重要作用，熟悉公共关系广告的类型，掌握公共关系广告的基本原则和一般程序及其设计制作。

教学要求

知识要点	能力要求	相关知识
公共关系广告的概念	(1) 能够识别不同类型公共关系广告 (2) 能够区分公共关系广告和商业广告	(1) 公共关系广告的概念 (2) 公共关系广告的分类及特点
公共关系广告的主题与目标	(1) 了解公共关系广告的相关主题 (2) 能够确定公共关系广告的目标	(1) 公共关系广告的主题类型 (2) 公共关系广告的目标
公共关系广告的基本原则和一般程序	熟练运用公共关系广告的基本原则和一般程序	(1) 公共关系广告的基本原则 (2) 公共关系广告的一般程序
公共关系广告的设计制作	掌握并灵活运用公共关系广告的载体类型及其制作技巧	(1) 公共关系广告的不同载体 (2) 不同载体公关广告的制作技巧

导入案例

日本丰田的公益广告

近日，日本丰田汽车发布了 2015 年《父亲节》主题公益广告，视频画面长达 3 分 26 秒，分别以父亲及女儿的视角讲述了一段女儿成长的故事。从父亲的角度看，女儿出生，让父亲又高兴又紧张。女儿的成长和叛逆，父亲多少有些担忧。好在，最后父亲还是安全地把女儿交给另一个守护她一生的人。影片最后突出"爱无价，丰田为你守护"。那温馨的画面使看者感到亲切、温暖，同时对丰田公司也产生了较深的好感。

资料来源：http://iwebad.com/video/1443.html

制造新闻是扩大组织知名度、提高组织美誉度、塑造组织良好形象的有效方法。然而对一个组织来说，这样的机会并不是很多，新闻媒体也不会把关注的目光长期锁定在一个或少数几个组织上，但组织形象的宣传却必须持续不断地进行，因此，付费的公关广告就成了组织的必然选择。公共关系广告有别于直面公众的推销性广告，多采用"攻心为上"的策略，被广泛应用到行销活动、公益活动、社团活动等诸多领域。

8.1 公共关系广告概述

"广告"一词来源于拉丁文，原意是"大喊大叫"，后引申为"广告主有计划地通过媒体传递商品和劳务信息，以促进销售的公开宣传形式"。广告是公共关系中的重要传播媒介，被人们称为"第八艺术"。把广告意识引入公共关系，则形成了公共关系广告。公共关系广告又称为"形象塑造广告"，它通过花钱购买大众媒介或公众传播机会，传播产品之外的各种与公众有关的组织信息来扩大组织的影响，提高组织在公众中的声誉，以期树立一个良好的组织形象。

8.1.1 广告与公共关系广告

1. 广告

广告，即"广而告之"之意，是广告主以付费的方式，通过一定的媒体有计划地向公众传递有关商品等方面的信息，借以影响受众对所宣传的商品或者劳务的态度，进而诱发或说服其采取购买行动而使广告主得到利益的一种大众传播活动。一般来说，广告可以划分为营利性广告和非营利性广告两大类。

非营利性广告是指广告主通过一定媒介出于非营利目的或非直接营利目的而发布的广告，如招聘广告、政府部门的公告和公共关系广告等。公共关系广告属于非营利性广告。

2. 公共关系广告

公共关系广告，又称为组织性广告或声誉广告，是旨在使公众对组织(政府、企业、公司、机构等)有整体性了解和认识，从而建立组织的知名度和美誉度的广告，是公共关系实务活动的重要组成部分之一。公共关系广告既属于公共关系活动的一部分，又属于广告的范畴，它集公共关系的特点与广告的特点于一身。

项目 8
公共关系广告

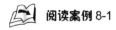

阅读案例 8-1

广告是风，公共关系是太阳

在一则伊索寓言里，风和太阳曾经争吵过两者谁更强。看到一个旅行者走在路上，它们决定用让这个旅行者脱下大衣的办法来解决这个问题。风先来，风开始拼命地吹，可是风吹得越猛烈，这个旅行者把他的大衣裹得越紧。然后太阳出来开始发光，温度越来越高。不久，这个旅行者就感受到了太阳的热，把他的大衣脱了下来，太阳赢了。

广告被看作是一种入侵。一个被阻止的不受欢迎的入侵者，不可能强行进入潜在消费者的心中。广告就像是风，越是想强行进入人们的心中，它就越是不可能达到这一目的。有时候，潜在消费者放松了警惕，风就会赢，但只是偶尔才会发生。公共关系是太阳。你不能逼媒体来发布关于你的信息，信息的发布完全掌握在它们手中，你所能做的一切就是微笑并保证你的宣传材料尽可能地满足媒体的需要。潜在消费者也不会在一条评论信息中觉察到任何的强迫性。恰恰相反，潜在消费者认为媒体在试图提醒他们，又一种优质的新产品或新服务问世了。

资料来源：［美］阿尔·里斯，劳拉·里斯；公关第一，广告第二［M］. 罗汉，虞琦，译. 上海：上海人民出版社，2004.

公共关系广告不同于商业广告，与商业广告相比有着自身的一些特点：

(1) 公共关系广告具有多功能的特点。公共关系广告所传递的信息是多方面的，它既可以用来传递产品方面的信息，又可以用来传递管理方面的信息，还可以用来传递有关企业技术设备、人才素质、发展前途及社会责任等各方面的信息。总之，公共关系广告能够把一个立体的企业形象完整地呈现在公众面前。

(2) 公共关系广告又具有多层次的特点。它功能多样，方式委婉，并且多站在公众的角度阐述问题和处理问题，努力履行社会责任，因此深受公众的欢迎，成为企业赢得公众支持与信任的最有效的传播手段。美国《时代周刊》对 64 家企业做的公共关系广告进行研究后发现：公共关系广告至少有四项测验上的优势，即高的记忆度、高的熟悉度、高的良好印象度和高的行为支持度。

(3) 公共关系广告还具有多成效的特点。它技高一筹，能够恰到好处地把握住人们爱屋及乌的心理，集中力量来宣传组织的形象和声誉，通过使公众热爱组织这个"屋"，谋取其他的成效。

8.1.2 公共关系广告与商业广告的区别

公共关系广告作为广告的一种，具有广告的一般属性，在组成的结构要素、作用与形式、最终目的上与商业广告存在着许多相似之处。两种广告都具有传递信息(包括产品信息、市场信息、服务信息、组织信息等)指导消费的作用。然而，作为公共关系实务的一部分，公共关系广告与一般商业广告有本质的不同。这些区别体现在：

1. 具体目的不同

商业广告以促进销售为唯一目的。它力图通过向消费者宣传企业的产品和服务方面的信息，引起消费者的注意和兴趣，从而激发消费者的购买欲望和行为。公共关系广告则是以向消费者传播本企业信息，树立企业的良好形象为目的。

2. 宣传内容不同

商业广告的内容是以宣传产品的名称、商标、图案、质量、价格、功能等来介绍产品和服务，侧重点在经济效益。而公关广告宣传内容较广泛，它可以完全不提及产品，只是介绍企业的发展目标和经营计划及经营方针和政策、服务宗旨、技术发展能力等，侧重于宣传企业形象，希望广告发出后能提高企业的知名度和美誉度。

3. 表现形式不同

商业广告受到广告宣传形式的限制，只能进行单向或双向的信息传播，而且广告效果受到广告媒介制作和设计水平的限制。公共关系广告除了可用商业广告的宣传形式外，还可渗透到各项公共关系活动中，以专题节目、赞助活动等形式出现，不给人以广告的感觉，从而进行更为广泛的双向或多向信息交流，使公共关系广告的影响效果在时间上延长，在空间上扩展，在程度上加强，在内容上深化。

4. 广告主体不同

商业广告和公关广告进行信息传播时，商业广告的主体大多是工业、商业、服务业等经济部门；而公共关系广告的主体不仅包括商业、工业等经济部门，而且也包括政府机关、事业单位等部门。如国外某交通安全广告："阁下驾驶汽车，时速不超过 30 公里，可以欣赏本市的美丽景色；超过 60 公里，请到法院做客；超过 80 公里，请光顾本市设备最新的医院；上了 100 公里，祝您安息吧！"

5. 传播效果不同

商业广告的效果主要体现在经济效益上，可在短期内加以直接衡量。公共关系广告的效果主要体现在社会效益上，谋求的是企业组织自身形象的知名度和美誉度，从而使公共关系广告在目标选择上有注重长期性和系统性的特点，因此，难以在短期内做出直接和定量的评价。

综上所述，公共关系广告与商业广告的区别为：商业广告强迫公众，公关广告尊重公众；商业广告推销产品，公关广告推介形象；商业广告关注产品性能，公关广告关注情感；商业广告是一种战术，公关广告是一种战略；商业广告是为了知名度，公共关系广告则提高美誉度。而要公众"买我"或是要公众"爱我"是商业广告与公共关系广告的本质区别。

8.1.3 公共关系广告的分类

在公共关系广告实务活动中，按照一定的原则，根据对象、内容、目的、表现形式、传播范围和使用的媒体等把公共关系广告划分为不同的类型。常见的、应用最多的有以下几种：

1. 组织广告

组织广告主要目的在于宣传组织的价值观念、经营方针和业务范围，使公众对组织有一个大概的了解，以唤起公众对它的注意和兴趣。我国四通公司总经理万润南说："一个机构的基本宗旨、精神和原则，对企业成功的贡献，远远胜于技术和经济资源。"美国可口可乐公司总裁认为："许多制造商只热衷于为消费者提供产品，而大多数消费者所需要的则是产品的牌子。"

一般来说，组织广告的主要内容应该能够回答下列问题：你的组织是干什么的？产品是什么？能提供什么服务？组织追求的目标是什么？组织的创业史及声誉怎样？组织的资本及员工的素质如何？等等。这几项内容并不一定要求全部列出来，可以根据组织的情况和需要有所侧重。例如，中国咸阳505集团公司的组织广告，标题是："人人求长寿，长寿505"，正文介绍了该集团公司的性质、生产经营情况、取得的成绩及为社会做出的贡献，介绍了产品种类及公司的发展前景等。公众看了这则组织广告之后，就会对505集团公司有了一个整体的印象，特别是有意购买保健品的公众，可能会对该公司的产品感兴趣。

2. 倡议广告

以社会组织名义率先发起一项对社会有重要意义和影响的活动，或倡议一种新观念，显示其社会责任感、伦理道德观、创新精神等，体现其良好的社会风范，显示其率先开拓、领导潮流、敢为天下先的胆识，为公众所瞩目和称道。如2002年为"科学消费"年，由包括周光召(中国科学院院士)、王大珩(中国科学院、工程院院士)等在内的75位中国科学院院士、中国工程院院士和153位科技专家签名并发出倡议，倡导科学消费。

3. 响应广告

响应广告是指组织为响应社会或其他组织的号召，支持公益事业的发展，以谋求社会公众的理解与支持而进行的广告活动。组织是社会经济活动中的一个微观细胞，社会的进步、社会环境的变化对组织的生存和发展有着不可估量的影响。如果组织能够为社会公益事业的发展和其他组织的发展给予支持与帮助，组织就可以在他人受益的同时使自身受益。因此，这类广告又称公益广告。

响应广告可以分为两种形式：①对政府的某项政策、措施或者当前社会活动中的某项重大事件以组织的名义表示响应。在社会上发生重大社会活动时，以组织的名义提供赞助，并通过广告的形式对外传播，以造成广泛的社会影响，使社会公众对组织形成良好的印象。②对某新开张或有重大庆典活动的组织或企业，以同行的身份刊登广告以示祝贺。通过这种广告形式可以表现出授贺企业与受贺企业携手合作、共同繁荣的意愿，并示意这些企业胸怀广结善缘的志向，欢迎公平合理的竞争。

4. 创意广告

创意广告以新颖独特的构思和意念取胜。一个别具特色的创意广告不仅能让公众更好地了解组织，而且也是组织在公众中树立良好形象的一种好办法。创意广告虽然并不直接宣传组织本身的情况，但它可以借此机会向公众表明组织不只是追求盈利，而且还以改良社会风气为己任，从而给公众留下"引导时代变迁，推动社会进步"的强烈印象，以此提高组织的知名度和美誉度。

 阅读案例8-2

强生的"致歉互动"

强生公司宣布o.b.Ultra卫生棉停产，引起一些忠诚消费者的愤慨抗议。为了化解怨愤，强生公司在网站上推出一个视频，在输入你的名字后，一位帅哥会弹琴唱歌向你表达歉意。

资料来源：http://www.meihua.info/Knowledge/

5. 致歉广告

致歉广告，是指组织的方针、政策或行为损害了公众的利益，或是公众对组织产生了某些误解，社会组织就自身工作不足之处或自身过错向公众致歉，或以致歉的方式表达已获得的进展和后续发展，从而得到公众的谅解。在日趋激烈的商业竞争中，大多数广告都使出浑身解数宣传自己的优势和长处，而公开自己短处的致歉广告并不很常见。有的致歉广告也多是在组织出现危机后，被迫采取的行动。但是，也有具有远见卓识的企业家能从平常小事上敏锐地发现潜在的危机，主动发布致歉广告，赢得了意想不到的收获。

6. 观念广告

观念广告是通过提倡或灌输某种观念和意见，试图引导或转变公众的看法，影响公众态度和行为的一种广告。观念广告可以是宣传组织的宗旨、信念、文化或者是某项政策，也可以是传播社会潮流的某个倾向或热点。观念广告向人们传递一种知识，让人们以此在生活中做出明确的选择，这种选择常常与健康、快乐、文明、环保的主题相关联，以确保广告对社会公众的引导具有很高的可信度和说服力。在美国软饮料市场，可口可乐和百事可乐两大公司占绝对优势，但七喜汽水公司不甘示弱，他们从公共关系广告入手，利用人们畏惧咖啡因的心理，开展了"七喜从来不含咖啡因，也永远不含咖啡因"的宣传攻势。从而使较多的软饮料消费者或者转而"爱戴"，或者"忠实于"，甚至"倾心于"七喜汽水。这样在部分消费者心目中就建立起一种新的消费观念，即"今后我的软饮料消费，定是七喜汽水无疑"。

7. 征求类广告

每一种品牌的产品在上市之初都面临着一个问题，就是如何在最短的时间里提高对品牌的认知度，让更多的消费者知道某个品牌。有的企业为此刊登广告让消费者为商品购名，并设重奖，调动了消费者的参与意识。结果，商品的知名度迅速提高，为一旦面市能够取得理想的销售效果奠定了基础。1998年，匈牙利首都布达佩斯各报的娱乐版刊登出这样一则电影广告：从即日起，各大影院同时推出一部新片。演员阵容整齐，摄制耗资巨大，内容真实生动，但直到发行放映时为止，编导虽费尽脑筋，仍未能给这部肯定会受到观众青睐的影片取定一个合适的片名，只好将这部"无名影片"奉献给广大观众，同时公开征集片名，欢迎观众都来为这部影片命名。特设"最佳片名奖"，将从应征的片名中选出，并经有关方面评定，中奖者可获2万福林奖金。这一举措大大刺激了布达佩斯市民的好奇心，都想看看这部无名影片究竟是怎么回事。有的则是冲着那笔巨款而来，这么大一笔数字够吸引人的，何不去碰碰运气呢！甚至连许多平时很少看电影的人，也都纷纷排队购票，于是凡放映这部无名影片的影院均场场满员，许多人为琢磨出一个合适的片名，看了一场又一场，这一广告策略所创造的价值除兑付奖金外，还赚了一大笔。

8. 谢意广告

节日、纪念日之际，或社会组织举办某种活动圆满结束时，组织通过发布广告向消费者公众或社会各界公众表示衷心的感谢。社会组织的表达谢意之举，更增进其与公众的情感交流，维系了与公众的关系，烘托了友谊的氛围。如日本亚细亚航空公司在15年庆典之际,做了一个公关广告。标题是:每一次相遇,我们都心存感激,未来,就从此刻延续。正文是:由于您的关爱,使我们拥有今日成果,对于您的知遇,我们由衷感激。而今15年的相处,我们更加了解您的需求,当您走入亚航的新天地,您将感受到由内而外的焕然一新,更典雅的风貌,更体贴的关怀,让您拥有最舒适的航程。新的亚航天地,更加精致温馨,诚恳期待您。

9. 标志广告

标志广告,指通过文字和图像的方式来刻画组织或企业及其产品独特个性形象的广告。生活中处处可见的产品商标、会标及组织标志等都属标志广告。例如,奥运会五色环就是一种标志。独特的标志广告可以使组织或企业及其产品鹤立鸡群,引人注目,给公众留下深刻的印象。例如,人们只要一见到印有米老鼠与唐老鸭标志的产品,就会联想到风靡全世界、经久不衰的著名动画片《米老鼠与唐老鸭》,自然会想到迪士尼公司和有关信息。

8.1.4 公共关系广告的目标与主题

广告(信息)内容、广告主题、广告目标是三个不同层级的问题。广告目标主要是依赖于把广告信息通过媒介传递给目标公众而达到。广告主题则是为了达到某种广告目标而贯穿于广告内容的中心思想。广告主题犹如一根红线把广告的各种要素串联起来,有机地组合成一幅完整的作品。

1. 公共关系广告的目标

公共关系广告的目标与产品广告、服务广告的目标不同。产品广告、服务广告的目标是直接推销商品或服务,目的是"要顾客买我";公共关系广告的目标则是在公众心目中建立起良好的组织形象,为组织争取良好的公共关系状态,目的是"要公众爱我"。公共关系广告的目标可以定位为以下两个方面。

(1) 谋求内部及外部公众的理解、信任和支持。公共关系广告的主要目的之一,就是通过广告把本组织的目前情况及其对社会、国家发展的贡献传递给广大公众,争取社会公众对组织的真诚理解、信任和支持。

(2) 消除公众对组织的偏见和误会,取得公众的谅解,倡导有利于组织发展的公众舆论。组织发展不可能一帆风顺,当组织出现失误或公众对组织有关情况不了解而产生误解、不信任时,社会组织通过公共关系广告,向公众表明歉意并说明原因,从而消除公众的误解,避免组织声誉受到重大损失。例如,近些年日本资金如潮水般涌入美国,投资建厂,购买和吞并美国的企业。日本公司在美国盈利丰厚,使许多美国人感到忧虑和不满,有些甚至产生了"恐日症"。为改善日本在美国公众心目中的形象,日本丰田汽车公司在美国《商业周刊》上做广告:"……我们没有忘记是美国人民给予我们机会,才有今天。为了报答这种恩情,我们已反馈了很大一部分资本在美国建立了多家汽车厂,为促进美国汽车工业的技术发展做出了贡献……丰田每年要支付16亿美元用于工资、税收、扩大销路及其他费用。丰田在美国建厂以来,已经为几万人提供了就业机会……"丰田公司以这样的广告形式来解释日本公司的所作所为,并满足美国人的自尊心,消除他们的不满情绪。

2. 公共关系广告的主题

公共关系广告的宗旨是为了宣传组织，建立企业信誉，塑造良好的组织形象。在做公共关系广告时，首先应明确公共关系广告的主题。

(1) 声誉主题。主要是以公众对组织的良好评价和取得的声誉作为公共关系广告宣传的主题。

 阅读案例 8-3

快克：跨界出击的拳王效应

2013 年 9 月至 10 月，快克药业扛起"促进感冒合理用药"的大旗，教育人们树立正确的防感冒、治流感、抗病毒的观念，纠正"输液依赖"的误区，使快克感冒药进入一片蓝海——目标人群，由选用其他感冒药品牌的人群，扩张到那些"输液依赖"消费者。

泰森与快克品牌有着很大的相似度：治感冒疗效要快，快克 29 年的经营建立起感冒药的"快"字招牌；而泰森则保持着世界上最快的出拳纪录——每秒 13 拳，无数选手折服在他的快拳之下。于是，快克药业找到了前世界重量级拳王迈克尔·泰森这位名人担当推广大使。

借势泰森来华的热度，快克通过宣传攻势与泰森强势关联，进而将关注度引导到促进感冒合理用药的话题上，引导大众媒体和健康类媒体进行了一系列报道，如：《感冒季来袭　快克"对症"发起合理用药公益行动》《拳王出击　快克强势发起 2013 年防感冒出击季攻势》《泰森找到新对手，向感冒宣战担当快克公益大使》《快克用泰森快拳击碎感冒误区，专家呼吁少打吊瓶》《快克与泰森一"快"即合，携手击退感冒季》《向"输液乱象"开战，快克扛起"感冒合理用药行动"大旗》等，将感冒合理用药的观念进行了传播。

资料来源：中国公共关系网编委会.2013 最具公众影响力公共关系案例集[M]．北京：企业管理出版社，2014.

(2) 社会贡献主题。以社会组织在环境保护、体育文化、城市建设、教育、残疾人事业等方面提供的支持、赞助和捐助作为公共关系广告的主题。

(3) 业务成就主题。组织对国家经济发展的贡献、销售额的增长、在国际和国内获得的奖励、产品市场占有率、客户拥有数量等都是这一主题所表达的内容。

 阅读案例 8-4

"正大综艺"与"正大集团"

泰国正大集团是一家在东南亚很有影响的公司，在境内外有不少子公司。为了拓宽市场，该集团公司把眼光瞄准了广阔的中国。它们在中国一些沿海开放城市，如上海、广州的电视台开办了"正大综艺"节目，由其特约播出，取得了意外成功。随后，他们开始盯上了辐射全国的中央电视台。于是，他们设计了一个集文化、娱乐、知识、趣味和影视于一体的综合文艺节目——正大综艺，以"爱的奉献"为主题，不仅对中国的农业、畜牧业、化工、汽车制造、制酒业、饮食业产生有益的影响，而且给人以美的享受，丰富了文化生活。这一节目在中央电视台的黄金时间播出，诙谐、轻松、富有现场感，吸引了数以亿计的观众，于是一个高大的企业形象栩栩如生地留在了中国公众的心目中。尽管这一方式富于隐蔽性，但人们却在不间断的节目观看中趋之若鹜，由此不自觉接受了正大集团。几年下来，正大集团的产品在中国市场的占有率不断提高。

资料来源：根据网络资源整理

(4) 特殊事务主题。组织的周年庆典、文体活动、颁奖庆功、赠奖活动、组织成立、新产品问世、股票发行、迁移地址等，都可以成为这一主题所涵盖的内容。

(5) 内部关系主题。以职工福利、就业稳定性、合理的经济收入标准及工会与管理部门的关系作为公共关系广告主题，可以提高员工的自豪感，凝聚组织内部的向心力，为社会组织的健康稳定提供持续发展的动力。例如，广州羊城制药厂为195名对药厂有杰出贡献的普通工人建立一座碑廊，为这些普通工人"树碑立传"，极大地鼓舞了工人的士气，很好地调动了工人们生产的积极性。

(6) 社会服务主题。社会组织通过积极投入社会服务，协助政府解决地方性或全国性的社会问题，并把自己所做的工作通过媒体传播出去，以提高组织在公众中的知名度和美誉度。"非典"肆虐时，康恩贝集团无偿向北京等重灾区捐献价值2000多万元的药品，经过电视媒体的宣传，在社会公众心目中树起了关爱社会、珍爱生命的良好形象。

(7) 公众服务主题。公众服务主题广告宣传内容多是从与公众生活密切相关的事情入手，让每个公众切实感到组织的关爱之心。

8.2 公共关系广告的一般程序

公共关系广告作为整个公共关系活动的一个组成部分，也是企业组织运营的环节之一。要有计划、有步骤地完成这个工作，就必须遵循公共关系广告的一般程序，做好规划广告任务、确定广告战略、选择广告传播媒介和检测广告效果等各项工作。

8.2.1 规划公共关系广告的任务

当一个组织刚刚组建或刚开业时，为了从无到有不断地在广大公众中树立良好的形象，使越来越多的公众对企业产生好感，支持组织的经营活动，这时就要利用集中的广告活动，用建设性、进攻性的广告策略与各类公众进行广泛的交流，提高组织的知名度和美誉度。

当由于某些原因，一些公众对企业组织产生了误解或怀疑时，用解析性的公共关系广告能使广泛公众取得有关该企业组织的正确信息，消除这些误解和怀疑，恢复企业的真实形象和良好信誉，达到恢复公众信任的目的。

企业一旦发生经营性失误时，应该及时用纠正性公共关系广告公布问题症结所在，提出解决问题的方法措施，向公众表明企业纠正失误的决心行动和效果。

8.2.2 确定广告战略

确定广告战略就是广告战略决策，即在规划的总体广告任务的指导下，在市场调查研究的基础上，对公共关系广告活动进行战略决策，制定一个与消费者及社会环境相适应的、经济有效的广告计划方案的过程。具体地讲，公共关系广告战略决策内容应包括：广告决策调研；分析现有资源和条件；制定广告战略、信息和媒体战略；制订广告战略实施行动计划；编制、确定广告预算；编撰广告策划书等。美国三大汽车公司之一的克莱斯勒汽车公司在1978年濒临倒闭。新上任的董事长艾科卡集中力量搞了一次大规模的广告宣传运动，并确定了这次运动的宗旨——"不是卖车子，而是树立克莱斯勒的新形象"。在广告中，一面向公众解析克莱斯勒的需要，调整和引导社会舆论，一面向国会施加压力，以获得政府对企业的支持，最终获得政府 4 亿美元的自动贷款和 3000 万美元的无息贷款，彻底摆脱了财政危机。而且通过公关广告宣传，恢复了公众对公司的信心。

8.2.3 选择广告传播媒介

公共关系广告媒介即传播公共关系广告信息的载体。公共关系广告必须借助媒介传播才能实现。公共关系广告媒介的选用是否恰当，与公共关系广告活动的成效大小有直接的关系。因此，公共关系人员必须熟悉广告媒介的基本类型及其特点，掌握确定广告媒介要考虑的因素，根据具体的公共关系广告目标，选择合适的公共关系广告媒介及其合理有效的搭配，才能有效地提高公共关系广告宣传的成效。

8.2.4 检测公共关系广告的效果

公共关系广告播出后效果如何，是否实现了预期目标，这就需要测定检验广告的效果。检测效果是做公共关系广告的最后一个环节，也是非常重要的环节。只有经过效果检测才能确知一则广告是否达到了预计的目标，才能在以后不断改进，以提高效果。

1. 公共关系广告的效益

公共关系广告致力于组织良好形象的树立，提高组织知名度和美誉度，激发公众对组织产品或服务的需要及对组织行为的支持。广告播出后带来的效果主要通过以下三个方面进行衡量：

1) 公共关系广告的心理效益

公共关系广告效益最基本的因素是公众接受广告信息之后的心理变化的效益，即公共关系广告的心理效益。根据公众接受广告信息的心理变化规律，又可以分为认知效益、态度效益和行为效益。认知效益指公众对广告的注意率、收视率或阅读率及印象深浅、记忆程度等。其中的印象深浅和记忆程度，往往成为衡量认知效益的一种尺度。态度效益指公众看了或听了广告之后，对组织肯定、喜欢、接近、偏爱等正态度的发展程度，以及对组织误解、存有偏见等负态度的消除程度。态度效益一般无法直接观察到，只能通过问卷调查、实验室的测试等方法来间接了解。行为效益指公众对组织或企业的支持性、合作性行为量的增加与程度的加深，以及公众对组织的排斥性、否定性行为量的减少与程度的减弱。这是一种外在的、可以把握的广告效益。

2) 公共关系广告的社会效益

公共关系广告的社会效益指组织或企业通过对社会发生作用，提供优良产品或服务，以满足公众和社会的需求，获得公众的赞美和社会的褒扬，为组织或企业的生存、发展创造一个良好的社会环境。

3) 公共关系广告的经济效益

公共关系广告一般不以产品推销为主，而是着重宣传组织或企业形象。公共关系广告的经济效益是间接的并且是长久的，其目的也是从经济效益的长期性考虑的。

2. 公共关系广告检测的方法

公共关系广告评价通常采用定性与定量相结合、静态与动态相结合、单项与综合相结合的方式，进行综合的、全面的评价，才能得出完整的、准确的结论。进行评价的过程中，可以采用以下具体方法：

(1) 调查法。调查法用于评价资料收集。调查的方式很多，可采用问卷式、日记式、机械式及电话式等。调查应注意范围和对象的确定要适当，人少了不能说明问题。

(2) 统计法。统计法用于评价资料的整理。该法运用统计学的有关原理和运算方法，推算各种数值关系的比率。

(3) 比较法。即在评价对象的集合中确定一个基点，然后将集合中的各要素与基点加以对照，排定高低或先后顺序。例如，关于杂志版面的注目率及注意级差就是用这种方法得出的。也可另外明确一个可行的恒定标准，将各因素与这一既定标准对照，借此了解达标状况和程度。

(4) 指数法。即在评价公共关系广告状态与效益时，采用数量值的标准，以测知频次、辐射度、注意率等。

(5) 等级法。不及指数法精确，但比较简便适用，可按需要分为上、中、下三等或更多的等级。

(6) 评定法。指经过综合评价之后，采用书写评语的方式来评判公共关系广告活动及效益。

 阅读案例8-5

"母亲节·让爱没有距离"——必应网品牌推广

2014年母亲节，微软旗下搜索引擎Bing(必应)推出了"母亲节·让爱没有距离"线上活动。用户通过必应搜索关键字"母亲节"，系统便自动推送母亲节专题页面。在专题页面上，用户需回答并填写必应精心策划的"我和母亲的距离"全民大调查问卷，通过这些丰富有趣的问题唤起用户对母亲的了解。最后，必应邀请广大网友共同制作专属的线上明信片，传递自己对母亲的爱。本次必应通过互动通数字媒体平台，将这一搜索与互动游戏结合的创新模式进一步传播至受众眼前，同时在唤起温暖亲情的同时，提升品牌知名度与好感度。

1. 推广目标(任务)

(1) 通过精准的富媒体广告平台，获得更多目标受众的参与，积累更多用户的问卷调查结果，准确反映社会现状。

(2) 通过一个个暖心的问题，唤起受众对母亲的贴心关怀，让冰冷的互联网充满温暖。

(3) 借助这一份贴心关怀，树立必应正面的品牌形象，提升品牌知名度。

2. 推广策略

本次母亲节，必应通过邀请用户回答与母亲有关的问题，唤起人群对母亲的感恩之情。用户在完成问卷调查后，即可将必应精心准备的线上明信片发送给自己的母亲，传递一份环保纯净的爱。互动通数字媒体平台利用"问卷"和"明信片"这两个元素，以明信片中俏皮温馨的卡通人物为画面元素，配合问卷中的问题，吸引用户参与其中。

3. 媒体选择

母亲节是一个全民一起互动的特殊节日，目标受众群体广泛。因此，在投放媒体的选择上，主要以新闻、财经IT、社区娱乐和旅游四大人流较高的网站类别进行投放。拥有巨大用户数的搜索引擎，搭载精准有效的富媒体广告投放，火热引爆主题活动。

4. 执行过程

画面以"我和母亲距离全面大调查"为主题展开。画中画勾勒出母亲和孩子温馨和谐的卡通画面，通栏展示了本次大调查的核心问题，即"如果在未来30年里，你每年只有6天能陪在母亲身边，那么和母亲一起的时光还有多少天？"通过这一问题，引发浏览者的兴趣。

通栏画中画联动，告诉用户可以通过寄一张明信片、送一束康乃馨或是陪母亲出游等形式传递自己的爱。同时邀请用户点击画中画中的礼盒图形，进入活动页面，为母亲送上一份爱。

5. 投放效果

本次投放时间从2014年5月4日持续至5月10日，广告曝光量突破500万次，点击率达到2.37%，有效到达率为25.34%，受众通过富媒体广告展示，积极参与本次活动，实现了良好的传播。

资料来源：梅花网案例中心，2014年12月19日。

8.3 公共关系广告的基本原则和要求

8.3.1 公共关系广告的基本原则

1. 要有明确的主题

广告应有明确的主题，并尽可能使主题在公共关系广告中简洁地表达出来，因为主题鲜明、富有特色的公共关系广告可以突出组织的形象和特色，在公众心里留下清晰的印象。明确的主题可以是一句简短的口号，也可以是一个简单的陈述。公共关系广告的主题也必须考虑使公众看到组织的整体形象，领悟到组织的群体精神，感受到组织的强大凝聚力。这就需要公共关系人员对组织的各种信息进行广泛收集和提炼，挖掘出立意深刻、富有组织特色的主题。

此外，公共关系广告还要将主题的一贯性和内容的创新性有机地结合起来。企业的信念、宗旨、口号，甚至包括企业的名称、产品的品牌，不应轻易更改，要通过各种手段反复宣传，形成严谨一贯、始终如一的风格。但是有一点很重要，在始终如一地坚持公司基本宗旨的同时，广告的内容、角度、手法等都应当不断创新，要让公众感觉到，企业总是有新的活力和新的灵感，总是有新的开拓和新的成就。美国可口可乐公司几十年来，一直以"只有可口可乐，才是真正的可乐"作为总的口号。同时，又根据时代的变化以及宣传地区的不同而提出相应的口号，如"可口可乐令你万事如意""挡不住的感觉，可口可乐"等。这些深入人心的口号和观念，使可口可乐公司在世界上保持着极高声誉。

2. 必须重视传播面和传播效果

在做公共关系广告时，必须重视传播面和传播效果。传播媒介选择得当，不仅会达到预期的效果，还可最大限度降低广告费用；反之，则收效微，代价大。从各种媒介传播范围来看，电视、广播传播范围最广，视听人数最多；报纸、杂志则范围要小些；邮寄与现场广告传播范围最小。选择何种广告媒介，要针对宣传对象和产品的特性来定。高技术性的产品广告，宜选用专业性杂志为媒介；家庭生活用品等广告，宜选用电视、广播、报纸为媒介。电视广告费用虽然相当高，但因其接触面广，从理论上讲是合算的。如果在黄金时间内播出30秒的电视广告需要5万元，但可以有千万人收看，则每个人所需成本只不过2元。这样看来，传播面越广，传播效率越高，个人成本就越低。所以做公共关系广告一定要注意传播面和传播效果。

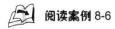 阅读案例 8-6

"小米"的广告文案

"卓尔非凡",这是我们在诸多广告中最常见到的词,却是"小米"内部策划会议上常常被批评的一个词语。"小米"在产品的广告文案策划和画面表达上有两个要求:一要直接,讲大白话,让用户一听就明白;二要切中要害,可感知,能打动用户。

"小米"旗下经典的公关广告海报宣传:"小米手机就是快。"而其Logo的含义是:将MI LOGO倒过来,像一个"心"字,可是少了右边的一个点儿,用意是"小米手机让每一位用户都能在应用时少操一点心"!给了公众人文的情感关怀。

资料来源:http://www.sjwj.com/Information/InfoForDetail_102022.html

3. 坚持非营利性和服务性

公共关系广告的非营利性和服务性可以说是其核心。首先,处在市场经济条件下的社会公众,每天都要面临大量的广告信息,明确而具体的商业广告,容易让受众产生抵触。所以,公共关系广告要坚持非营利性,树立超商业意识,广告主题或内容应该是向公众告知组织的发展情况、取得的成绩,或向公众汇报自己已经或正在做的公益事业。这样的广告内容不仅能吸引公众的注意力,更重要的是它能赢得公众对企业的好感,而能赢得公众对企业的好感在市场竞争激烈的今天是尤其必要的。

其次,用公共关系广告来塑造企业形象,要充分认识到,企业的经营者首先是社会公益的提供者,然后才是受益者。企业效益寓于公益效益之中,企业的经营路子就会更宽。因此,做公共关系广告,要有强烈的服务大众意识,其目的是拉近与公众的距离,沟通与公众情感,从而为组织的发展创设良好的社会环境。为社会大众服务的内容涉及社会公益事业的各个方面,大到帮助政府和社会树立良好的社会风尚,提倡先进、文明、健康的生活方式和思想观念,小到关心公众工作、学习和日常生活的各个细节,无所不包,都可以作为公共关系广告的主题,很好地服务于公众。

 阅读案例 8-7

"父母是孩子最好的老师"——哈药集团制药六厂公益广告

电视上曾有过这样一则公益广告:一位年轻的劳累了一天的妈妈晚上睡觉前给她的母亲端过来一盆热水,给母亲洗脚,母亲心疼地对她说:"忙了一天啦,歇一会儿吧。"年轻的妈妈说:"不累,烫烫脚对您身体有好处。"而这一切全被这位年轻妈妈的小儿子看到了,受到妈妈的启发,他也吃力地从走廊里端来一盆热水要给他的妈妈洗脚,妈妈眼里满是泪花。在孩子稚嫩的声音"妈妈洗脚"过后,传来了画外音:"其实,父母是孩子最好的老师,哈药集团制药六厂。"

资料来源:曾琳智.新编公共关系案例教程[M].2版.上海:复旦大学出版社,2010.

8.3.2 公共关系广告的要求

1. 实事求是、真实可信

公共关系广告与公共关系新闻一样最忌讳弄虚作假,在公共关系广告的制作宣传中要名副其实,根据企业产品、服务的知名度、美誉度的实际情况,客观、真实地向公众进行宣传,使公众获得可靠的、有价值的真实信息,以使公众对组织及其产品产生信赖感,取得良好的宣传效果。如果夸大其词甚至是传播虚假信息，就会失去公众的信赖，激起公众的不满和愤恨。有的企业在进行公共关系广告宣传时任意拔高产品等级，以国优、部优招徕顾客，其实，其中不少已是前几年的事，眼下早已名落孙山。还有的哗众取宠，自吹"金奖""明星""誉满全球"，实则品位不高、名声不佳。公共关系广告应着眼于让公众了解组织及其产品与服务的真实情况，只能扬善，不能隐恶，只能尊重事实，不能歪曲事实。据报载，法国著名明星戴维·姬尔蓓为某戒指店销售的"交好运戒指"做了一次广告，得了几百万法郎的报酬。许多人买了戒指并未交上好运，纷纷向有关部门揭发她弄虚作假，最后戴维·姬尔蓓被警方被捕，并且面临至少被判5年刑期的后果。

2. 合规重德、讲究科学

合规指公共关系广告要符合国家的有关方针政策和法律的规定。重德指公共关系广告应注重社会道德规范。公共关系广告不是一种简单的经济现象，而是一种社会意识形态。它的内容和形式对社会文化和社会风气的好坏都将产生一定的影响。

 阅读案例8-8

"张太"事件

2013年8月20日，一条内文为"前任张太：你放手吧，输赢已定。好男人只属于懂得搞好自己的女人，祝你早日醒悟，搞好自己，愿天下无三"的广告出现在南方都市报上，并占据了整版内容。这种看似"小三"嚣张的叫板，直叫人大呼节操碎了一地。

后经事实证明，这是某品牌的一次广告营销。这则悬念广告成功利用了两点：一是利用当今社会热门问题"小三"来制造话题；二是利用悬念引发了社会持续讨论，尤其是微博、微信等平台上迅速扩散。

从创意的角度利用传统媒体的公共传播影响力，形成话题，带动整体的传播，这可能是现在越来越多的企业所使用的方式。然而，这个广告采用"小三"这种方式，有失社会公德。后来，广东省工商局召集南方都市报社、广告主及某广告公司的相关负责人进行集中约谈，责令其立即停止发布此类广告并要求积极采取相关措施消除不良社会影响。品牌的持有公司在其官方微博发出公开道歉信。

资料来源：南都网. "张太"事件实为悬念广告营销. 2013年8月22日.

讲究科学指公共关系广告的宣传要正确反映科学规律和科学方法。例如，有一则宣传瓜子的广告，画面上是一群衣着漂亮、神态潇洒的青年男女在郊游时，兴高采烈地品尝瓜子，绿草地上却乱扔着瓜子壳及塑料袋。这种既不讲公德又没有环保意识的行为实在不宜出现在荧幕上来广而告之。

3. 新颖独特、力求创新

公共关系广告的内容、角度、手法等都要求新颖独特，富于创新意识，给公众一种清新和奇特的美感。公共关系广告的创意要时时更新，语言要时时出新，不断变换新的形式，让公众的心理始终处在兴奋状态，对其内容产生热情和好感。加拿大多伦多工艺品加工总公司在1987—1991年的5年间，先后推出新颖别致的公共关系广告308例，而每例广告的后面都平均汇集了1924项职工的探索性设想和建议。公司总经理别茨科鲁多说："没有广大职工群众的创造性探索和追求，没有广大职工群体智商的合力汇集，公司5年来别致的公共关系广告的问世将成为一句空话，而这也正是同行所无法比拟的。"

公共关系广告应在特定的公共关系主题下形成组织自身独特的风格。这种独特的风格是企业信念、行动宗旨、经营方式、服务措施、企业标志等综合的体现。如果企业在历次公共关系广告中都以自己的独特风格出现在公众面前，社会公众就会加深对该企业的印象。美国麦克唐纳公司从开业起，就把自己的经营宗旨概括为八个字："优质、服务、清洁、公道"，公司创始人 R.克劳克说："要是我每重复一次这八字宗旨就算一块砖的话，恐怕这些砖已经可以建成一座横贯大西洋的大桥了。"几十年来，正是对这八字宗旨的不懈实践和大力宣传，使麦克唐纳誉满全球。

4. 幽默风趣、充满美感

公共关系广告是一门融汇了语言美、文字美、图像美、音乐美的艺术。设计成功的公共关系广告就像一件经过精雕细琢的艺术品，具有巨大的艺术感染力。太平洋建设公司的公共关系广告："规划并拥有一个美满温馨的家/原是每个人的终身梦想/好像有时自远道归来/急于回到多少日子来相望不相见的家中/去重温妻子儿女的关怀笑语/体会充满思念的家的温馨。太平洋建设——以规划完美住家之心愿/创造美好的明天生活/想家？请找太平洋建设！"这则广告诗致力于强调男人与家庭之间的关系，其诉求对象是想家的男人们，包含着千丝万缕的温情，具有感人的艺术魅力。

公共关系广告的语言应短小精悍、生动活泼、富有幽默感。例如："宁停三分，不抢一秒。""请司机注意您的方向盘——本城一无医生，二无医院，三无药品！""如果您的汽车会游泳的话，请照直开，不必刹车。"这些生动而幽默的公益广告对交通安全起到了很好的示警作用。

8.4 公共关系广告的设计制作

公共关系广告作为整个公共关系活动的一个组成部分，也是社会组织活动的重要环节之一。而要有计划、有组织地完成这项工作，还需要做好公共关系广告的设计制作工作。

8.4.1 电视广告的设计制作

在大众传播时代，电视是人们获取信息和享受娱乐的主要精神生活方式。一个成功的电视广告往往要融合多种表现方法。

1. 突出主题

成功的广告片并不是提供面面俱到的信息，而是选择重点传播。福特汽车公司一则汽车广告选择汽车的平稳性能为宣传重点。广告是这样的：在行驶的汽车里，一位雕刻家在雕刻金刚钻；一件贵重的毛皮大衣的上方挂着一桶危险的酸性液体；车前坐上放着播放唱片的留声机；车上理发师正为橄榄球明星刮胡子。一连四个精彩的画面都是为了突出汽车的平稳。在抓住主题的同时，还应改变表达方式，因为观众很容易厌旧，一则看过的广告不再能引起他们的注意。因此，成功的广告应该由表现同一主题、不同表现方式的一系列广告片组成，然后交替播出。比如，"霞飞·奥丽丝"就是由三个广告短片组成一个系列，交替播放。

2. 以画面说明内容

以一系列连续的画面来呈现广告内容，是电视的一个突出优点。如果画面不能说明广告内容,就等于舍弃了这一优点,还不如利用便宜的广播媒介来得划算。检验一个广告片的画面能否说明广告内容的方式很简单:消音以后看广告片,看最重要的信息是否已在画面上表现出来了。如果不是,则应该重新设计,以免播出后从观众的反应或市场调查中获悉广告给人印象模糊而受亡羊补牢之苦。

3. 以图像、声音抓住受众的注意力

学者研究发现,观众对广告片的注意力在最初的 5 秒钟,此后,注意力会下降。所以,广告片能否吸引观众,关键在最初的 5 秒钟。据此,广告界认为,或者应该赶在广告最初的 5 秒钟内将主要信息表达出来;或者应该利用悬念做开端,紧紧抓住观众的注意力,再引导往下看。

4. 便于观众记忆

一则好广告,不仅能引人注意,而且还要便于记忆。广告便于人们记忆可以从以下几方面入手:

(1) 重复广告主题。主题重复可以是不同画面对主题的重复强调,如福特汽车公司的汽车平稳性能广告,以四个画面重复主题。也可以是广告词的重复。比如,"东芝"彩电广告以"东芝吧,东芝吧,新时代的东芝"来重复主题。

(2) 具有节奏韵律的广告词。有韵律的广告词上口入耳,有关联性,使人容易产生联想。比如,"饭后请吃口香糖,口香糖请用 156 HARYS。"

(3) 广告词以歌的形式表达,轻松悦耳又容易记忆。尤其当广告的目标公众是年轻人时,更容易接受。利用儿歌向儿童推销商品或进行教育也极为有效。比如,"安乐士"肠虫清片广告歌:"安乐士、安乐士,味道好……"几乎每个儿童都会哼。

(4) 诉诸情感。研究发现,当广告能引起人们好感时,更容易被记忆并接受。因此,运用诗一样美妙的广告文案、优美动人的画面、美妙动听的音乐(包括动听的广告歌和美妙的背景音乐)是聪明的方法,它们很容易唤起观众情感上的共鸣,使人百听不厌,百看不腻。

5. 模特(实物)与广告内容相匹配

现在有许多利用模特的广告,只重模特外形的"美",以肤浅的画面刺激人,而忽略了模特个性和内在气质上的要求,造成了模特与广告内容的游离,使观众或者只注重了模特,或感到该广告品位太低而产生厌恶。事实上,广告模特的选择应该注重自然、优雅,与广告内容相配合。"日立"家用电器的电视广告始终选用一位固定的年轻女演员,她衣着简洁合体,头发紧束,没有任何多余的修饰,给人一种完整紧凑、落落大方的印象,这种印象与这家电器产品的严谨和科学性相得益彰。

现在企业越来越多地邀请运动员、名演员做广告模特,虽然他们的知名度能让更多的观众注意广告,但这类广告模特同样存在着与广告内容相配合的问题,否则,反而会弄巧成拙。

 阅读案例 8-9

比利时公益活动,全国电台集体哭声

为了能引起比利时人对儿童贫困问题的关注,比利时儿童贫困基金联合比利时所有的电视台、电台在

同一时间播放一则广告，广告内容是一个孩子举着手臂的画面，并配有孩子的哭声。广告整整有60秒，当用户看了几十秒之后觉得是不是电视台出问题了，这时候画面底部又出现字幕"换台是没有用的"（因为所有电台同一时间都播这个广告）。从未有过全部电台覆盖的广告，让民众一下记住了广告信息，最后在短短两天内收到了35万欧元的捐款。

资料来源：http://iwebad.com/case/3385.html

8.4.2 广播广告的设计制作

在媒体多样化、传播渠道丰富化的今天，广播，这一只闻其声不见其形、伴随收听、过耳不留的电波媒体，从曾经的家庭获取信息和提供娱乐的主要媒体，逐渐演变成个人化媒体。它的特点是靠声音来表达内容，电子媒体的印象性和广告资讯的暴露频次，辅助电视和报纸进行多次的讯息重复播出；同时，它是伴随性媒体，听众对广告的阻抗相应就小，广告信息反而易于引诱目标听众，从无意注意到有意注意，加深人们对于品牌和相关讯息的记忆。因而，它还是有很宽的广告传播空间，仍然可以发挥播出速度快和一对一交流的优势。广播广告要取得好效果，必须在声音上下功夫。

1. 广告文案应连贯地表现主题

电视广告仅以画面就能表现广告主题，声音只是起辅助作用，所以，电视广告文案即使是不连贯的，观众仍能理解其中含义。但是广播广告文案必须连贯地表现主题，否则，听众根本无法明白这个广告到底要诉求什么。

2. 广告文案应形象化

研究发现，对同一事物的记忆，多种感觉通道同时起作用比只有单一通道来得有效。形象化的广告文案不仅使听众能以听觉接收信息，而且还能调动视觉，使广告文案立体化起来，便于想象，便于记忆。形象化的广告文案配以恰到好处的音响效果，使听众就像能看到"画面"一样，结果会更好。

3. 广告文案的呈现方式应多样化

广播广告文案以声音呈现，它既可以是独白式，也可以是对话式，还可用广告歌的形式。以独白形式呈现，尤其要求播音员的声音、语调悠扬，而有歌则寓娱乐在其中，极富感染性。

4. 简洁、重复，突出主题

在有限的时间里，呈现过多的信息，势必要加快播音节奏，令听众产生不愉快的紧张感，而且过多的信息往往使人如坠云雾，不得要领。在广播广告中，主题是以一句话来浓缩表达的。广告文案比广告主题稍长些、详细些，是为说明主题服务的，切不可偏离主题。为避免单调，广播广告中重复主题通常是有变化的重复，如"欢迎你到西湖来，西湖欢迎你到来"，也可以是重复同样的句子，但音量做强弱变化，或男女配合，重复主题。

8.4.3 报纸或杂志广告的设计制作

报纸或杂志是平面印刷媒体，也是历史最悠久的传统的资讯载体。它承载的是静态的印刷符号文字信息和图片信息,因此在阅读内容上,它是一种读者主动的选择性媒体,这就使广告的传播不具强制性。一方面,使得广告的涵盖面有限制;另一方面,却可以向有需要的目标读者提供完整详尽的资讯,使需要者对资讯的接受较为深入。这个特征使报纸(杂志)在关心度高、需要深入理解的广告诉求方面具有相当的优势。为提高报纸或杂志广告的效果,充分重视文案和标题设计非常重要,主要做到以下几点:

1. 突出主题,标题要醒目、简明、易懂

报纸或杂志广告一般都设有文字标题。这种标题的作用,就像有声广告的前奏和声音一样,是吸引人注意的关键,因此,标题必须醒目、简明、易懂。使标题醒目、简明、易懂有多种方法。比如,标题字体比内文字体要大而粗,以适合人们的阅读习惯为限。关键词,如企业名称、产品名称可用鲜明的颜色或变体字突出。广告标题的长短也有讲究,一般来讲,标题由10个左右的字组成,可稍长些,也可短至一两个字。标题放置位置也很有讲究,一般正放在内文之上,也有为突出艺术性,斜放或竖放在某一侧或某一角。

2. 标题内容要新颖独特

富有创造性的标题,往往使观者耳目一新,从而激发起兴趣。比如,《今日早报》的广告标题是:"牛奶面包,今日早报";某手表广告标题是:"升学就业时节,孩子最需要你———'表'情深";台湾一则护肤霜的广告词是:"只要青春不要豆"。这些有创意的广告标题能起到一枝独秀的作用。

3. 内文也要明白、简练

报纸(杂志)广告的内文往往是证明性、解释性的。比如,证明某药品如何有效,介绍某企业的工作特点,解释某产品的性能。有时不用内文,而用图来解释,图旁用文字加以说明。例如,美国有一则汽车广告,正文只有四个字:"Buy Low,sell high"(买廉卖贵);蜂花液体香皂的广告内文:"使你的头发根根柔软,令你的肌肤寸寸滑嫩。"

4. 配上图片,效果更佳

报纸(杂志)广告用图片主要是为了改善版面,增加阅读的有效性。因此,图片本身要有美感,或写实,或抽象,用高超的摄影艺术和绘画技术造就出一种艺术气氛,使人们在欣赏之中不知不觉地接受了画面所传达的信息。

8.4.4 橱窗广告的设计制作

橱窗广告是通过道具、背景的合理布局以吸引观众注意的宣传手段。橱窗广告特殊的立体空间,向广告设计者提出了新的要求。

背景是橱窗广告空间的四壁。对于背景的设计要遵循突出商品的原则。一般地讲,背景设计要完整、单纯,避免复杂、细碎的装饰。背景色多用明度高、纯度低的调和色,如粉、绿、天蓝等。如果广告商品色彩淡而一致,背景色也可用深色调,如墨绿、黑色等。背景色要采用大块涂抹,不能有支离破碎的感觉,更不能干扰广告商品。

道具包括布置商品的支架、道具模特和商品本身。一般来说,支架造型不要过于花俏,支架色彩不要过于醒目,太醒目会喧宾夺主。现在常用有机或无机玻璃做支架材料。服装道具模特并非一定要像真人,现在大量的模特道具的脸仅仅是一个抽象的球体,而且采用灰白的色调，给人一种超现实感，这往往更能突出服装。有的设计者别出心裁，用真人做模特，一动不动地摆好姿势立于橱窗内，曾引起轰动，产生过强烈的短时效果，但这毕竟不现实，而且让人纹丝不动地站几个小时，也不符合人道主义原则。

现代橱窗广告的布局强调立体空间感和空间布置的对比效果。以前橱窗布局，商品摆放多集中于橱窗的中下部分，上部空间往往利用不足。现在多利用悬挂商品或装饰物来填补上部空间。装饰物、背景和橱窗底面的材料也开始讲究其与广告商品的肌理对比，例如，电器产品的橱窗广告，用皮、毛类材料做背景，颗粒材料做底面，与电器产品的金属表面产生质的对比。有的橱窗利用旋转、摆动的道具，给静止的橱窗布局增添动感。此外，橱窗布局配上适当的顶灯、脚灯、闪烁灯、变色灯，往往能使广告产生新颖的画面感，并且起到突出广告商品的作用。灯光色彩应柔和，并能反映商品的面貌。比如，食品橱窗广告，用橙黄色的暖色光，能刺激食欲；家用电器广告，用白、蓝等冷色光，能给人科学、贵重的心理感觉。

8.4.5 路牌广告的设计制作

这类广告十分巨大，立于闹市、街头、商店、影院、车站或通过火车窗口能远远瞥见的墙头，引起路人有意无意地注意。这种广告，由于观者速度很快，因此，用一长串文字表达显然不合适。精炼而醒目的标题、新颖的构图和鲜明的色彩是提高路牌广告效果的重点。

路牌广告的成功，首先靠构思的巧妙。作品能传神达意，才具有生命力。所以，好的路牌广告总是既一望便可知，又内蕴含蓄；既利于观者抓住主题，又使他回味无穷。路牌广告的标题设计要求言简意赅，富有感情。巧妙的标题，往往有画龙点睛之妙；相反，表达模糊或冗长乏味的标题，只会削弱广告的效果。

由于观者总是远距离注意到路牌广告，因此，路牌广告的画面不必十分细腻写实，相反，以抽象的画面效果更佳，有时路牌广告画用夸大和幽默的手法，表现出为消费者利益着想的意图，使人倍感亲近。例如，德国有一则"安全作业"的宣传广告，把在工地上干活的工人脑袋都画成鸡蛋，意指人的头皮像蛋壳一样薄，一碰就破，所以必须戴上安全帽，真是既可信又风趣。

此外，路牌广告的绘制应注意：画面不宜充满整个广告版面，应留有空白，使画面与空白产生对比，从而突出画面。

 阅读案例 8-10

立邦户外公关广告：手绘墙贴，刷新北京地铁

2012年7月至9月，全新的立邦漆户外广告登陆北京国贸地铁站，本次广告主打"手绘风"，画面全部由专业画师手工绘制，而所用的颜料则为立邦的某款艺术漆。这段墙贴广告位于地铁国贸站E1出口的通道两侧，总长为60米，面积达250平方米。

此次手绘版的地铁广告持续到9月中旬，以5个主题讲述关于生活、梦想、爱情等故事，每版画面都是一个独立的小故事，共更换5幅不同的画面。漫步于国贸站的这段童话走廊，CBD的商业气息似乎瞬间隐匿，两幅充满童真的长卷在眼前缓缓铺开，营造了一个世外桃源般的童话仙境：怀孕的准妈妈目光温柔，准爸爸开心得不知所措；孩子出生了，父母无微不至地照顾着可爱的小宝宝；孩子渐渐长大了，背起书包上学，开始学着绘制自己的人生色彩……这是手绘墙贴第一期的画面；关于新生的故事，而关于爱情、

梦想的故事也一一在此处上演。

立邦选取户外广告媒体中的地铁作为传播媒介，通过地铁的密集人流吸引消费者的注意，以确保广泛的媒体覆盖率，地铁是最主要也是最重要的传播媒介。此外，极具创意的艺术表现形式融合公共关系广告宣传，加强消费者对于立邦公益品牌"为爱上色"和企业品牌"立邦为你刷新生活"的认可，大大提升公众对于立邦品牌的好感度和美誉度。

资料来源：http://www.meihua.info/a/50988

8.4.6 实体模拟广告的设计制作

实体模拟广告是用比真实商品大好几倍甚至几百倍的模拟形象做道具，立于或悬挂在闹市区、商场、展览会、体育赛场等场合来吸引观众注意。这种巨型化的模拟体，往往能出人意料，使人感到有趣并难忘，而且它给现场带来极为强烈的气氛，从而使人们对广告产品的形象、牌号的记忆产生快速而直接的效果。

在国内外盛行一种用尼龙合成材料做的充气模拟广告。这种充气模拟体质地轻巧，备有自动充气装置，不用时可折叠起来，携带很方便，特别适用于临时性或季节性广告场合。而且，这种材料，牢固耐用，不变形、不褪色，所以也适合室外场合和永久性使用。由于它轻巧灵活，可以高挂在建筑物上，甚至可悬挂于飞机下，飞上蓝天；用小艇拖着遨游碧海，这些别具一格的形式特别吸引人。

还有的商店干脆按专售商品的形象来造型，使人一望即知商店出售的是什么。例如，纽约一家专卖皮鞋店，其商店造型就是一只硕大无比的皮鞋。

8.4.7 包装袋广告的设计制作

包装不仅具有保护商品的机能，也是一种广告媒介。讲究包装，可以间接地提高商品的档次。例如，潮州蜜饯厂的产品包装精美、洁净，即使是 0.5 元的小商品，都是双层塑料袋包装，袋上印有商标、厂名，而且袋内时常会有一张小条子："谢谢惠顾，并请提宝贵意见。"这个融产品广告、公关广告在内的小条子，使人感到亲切而难忘。

包装的广告意义主要体现在以下几个方面：

(1) 商品对包装具有依赖性。即使是优秀的商品，若装在设计不良的包装盒中，商品本身的可信度也会降低；相反，当商品本身性质相似时，包装的良莠足以左右销路。

(2) 包装具有移动性。我们经常可以在大街上、车站、商场看到那些带着一流店高档塑料包装袋或名产品袋而神气十足的人，实际上，他们正在替厂家做活动广告。而且，高档包装袋往往能满足人们渴望富裕、显示优越的欲望。

(3) 包装与商品具有协调性。同类产品，包装使人们可以区别不同厂家、不同商标的产品。人们往往在消费的同时，从包装中了解到厂家的名称和商标。所以，组织忽视包装的广告意义，等于放弃了一个简单而有效的宣传机会。

包装袋的设计与路牌广告设计一样，要求构思新颖别致，标题醒目简练，使人过目难忘。此外，包装袋制作要实用、美观，使人们将包装袋随商品带回家后，不忍弃之，而继续使用，从而增加广告效果。

8.4.8 新媒体广告的设计制作

所谓新媒体(New Media)是一个相对的概念，是报刊、广播、电视等传统媒体以后发展起来的新的媒体形态，包括网络媒体、手机媒体、数字电视等。新媒体亦是一个宽泛的概念，即利用数字技术、网络技术，通过互联网、宽带局域网、无线通信网、卫星等渠道，以及电脑、手机、数字电视机等终端，向用户提供信息和娱乐服务的传播形态。严格地说，新媒体应该称为数字化新媒体。近些年，新媒体的广告投放比例在逐渐提高。

1. 新媒体的投放形式

(1) 电子菜谱新媒体。以中高档餐厅里平板电脑、Pad、iPad 电子菜谱为媒体，通过高清大图、3D 效果、视频效果、音频效果、超链接效果、电视节目效果来增加品牌的公众认知度；面对的受众都是高收入人群，使品牌传播达到最佳效果；充分利用时尚的概念，是到目前为止最年轻、最时尚的新媒体。

(2) 户外新媒体。目前在户外的新媒体广告投放包括户外视频、户外投影、户外触摸等，这些户外新媒体都包含一些户外互动因素，以此来达到吸引人气、提升媒体价值的目的。

(3) 移动新媒体。以移动电视、车载电视、地铁电视等为主要表现形式，通过移动电视节目的包装设计，来增加受众黏性，便于广告投放。

(4) 手机新媒体。手机媒体是到目前为止所有媒体形式中最具普及性、最快捷、最为方便并具有一定强制性的平台，它的发展空间将非常巨大。未来的两到三年内，4G 手机逐渐普及，手机媒体将成为普通人在日常生活中获得信息的重要手段。

新媒体的特征是具有交互性与即时性、海量性与共享性、多媒体与超文本、个性化与社群化。要体现新媒体广告的优势和提高新媒体广告的效果，除了要遵循其他媒体设计方法外，最重要的是了解这些新媒体的特点，根据新媒体的特点设计和制作新媒体广告。

2. 设计制作新媒体广告的注意事项

新媒体的广告设计制作者在设计制作新媒体广告时，要针对新型广告的受众目标的特点，从以下方面入手：

(1) 尊重广告受众的自主性。由于网络环境下受众的自主性和个性自由的大大提升，传统的强迫性吸引受众注意力的方法只会适得其反。中国互联网信息中心、日本电通公司的调查都显示，绝大多数网民讨厌"弹出式"广告，甚至下载相关的软件自动"关闭"掉弹出式广告。对于新型广告受众，我们应对其自主性予以尊重，对其购买欲望进行有计划的引导。

(2) 应该注重广告的娱乐性。传统的广告那些单调、呆板的广告表现形式已经远远不能吸引消费者的眼球。快节奏的生活方式，海量的信息接触，使得新消费者们越来越追求"时尚""个性"，热衷于"恶搞"文化。因此，新媒体时代下的广告更应该主要表现广告的娱乐性。现在越来越多的网络游戏开始植入广告，甚至某些游戏道具就是采用现实中商品的外形。

(3) 注重消费者参与。Web 2.0 时代的参与式营销，可以充分调动消费者的参与性，只耗费相对较少的资金投入，便可将营销信息有效传递给成千上万的目标人群。可以说，新媒体是品牌营销、产品推广的"轻型、新式武器"。比如，百事可乐"我要上灌"的活动，用户可以通过网站上传个人照片，若投票获胜，可以在百事可乐的罐子上展示自己的风采。需要根据自身的特点和目标用户群的核心需求设计出良好的互动体验。

(4) 关注长尾市场。互联网降低了接触更多人与信息的成本，个人基本需求的满足引发个性化需求的增加,这种趋势使得长尾市场呈现增多、扩大的趋势。当今消费者的"个性化"逐渐变得主流化,企业若想继续在市场上站稳脚跟,就必须对长尾人群引起足够的重视。企业可以通过口碑宣传、建立推荐系统的方式对这些长尾受众进行引导,更应该积极主动地寻找这些利基市场并采取有效率的营销策略。

(5) 社区化营销。广告主与用户之间信息的互动和反馈固然重要,但更重要的是要形成用户之间的互动。在受众的眼中,自身与企业永远不会处在对等位置。用户之间更容易进行广告信息的交流。社区代表着小众,它把一群基于共同的兴趣、爱好、自我认知的受众联系在一起,在互联网络等媒体上集结。广告主如果能及时发现社区,找到这些社区代表,对其进行有计划的引导,通过口碑宣传从而可以创造出社区内的病毒式营销。这无疑是一种全新的传播策略。

本 章 小 结

公共关系广告作为广告的一种,具有广告的一般属性,在组成的结构要素、作用与形式、最终目的上与商品广告存在着许多相似之处。但公共关系广告作为公共关系实务的一部分,与一般商业广告有本质的不同,表现在目的不同、内容不同、表现形式不同、方式不同、时间观念不同。

公共关系广告的类型虽然很多,但常见的、应用最多的是组织广告、倡议广告、响应广告、创意广告、致歉广告、观念广告、征求类广告、谢意广告、标志广告。

广告(信息)内容、广告主题、广告目标是三个不同层级的问题。公共关系广告的目标可以定位在谋求社会公众对社会组织的赞许和支持;清除公众对组织的偏见和误会;争取组织内外公众(包括员工、股东、社区等)的好感与信任,融洽相互关系,提高组织的内聚力和向心力等方面。在确定广告信息或广告内容之前,必须先确定广告主题,而广告主题又必须服从于广告目标。广告主题是为了达到某种广告目标而主要体现在广告内容中的中心思想。公共关系广告的主题主要包括:信誉主题、社会贡献主题、业务成就主题、特殊事务主题、员工内部关系主题、社会服务主题、公众服务主题等。

公共关系广告要做好,需要遵循以下基本原则:要有明确的主题、应注意传播面和传播效果、要坚持非营利性和服务性。

公共关系广告的一般程序包括规划公共关系广告的任务、确定广告战略、选择广告传播媒介、检测公共关系广告的效果。

公共关系广告的载体类型主要有电视广告、广播广告、报纸或杂志广告、橱窗广告、路牌广告、实体模拟广告、包装袋广告、互联网广告等。其制作技巧也有较多差异。

 关键术语

公关广告 公益广告 广告战略 新媒体

综 合 练 习

一、填空题

1. 公共关系广告以性质为分类标准,可分为_____广告与赢利广告。
2. 公共关系广告要求实事求是、真实可信、_____、_____、新颖独特、富有美感。

3. 新媒体的广告投放形式通常表现为电子菜谱新媒体、户外新媒体、移动新媒体和_____新媒体。

二、判断题

1. 公关广告和商品广告都属于付费的宣传活动。（ ）
2. 响应广告是指：在其他组织开业时，组织以同行身份刊登广告表示祝贺。（ ）
3. 用公共关系广告来塑造企业形象，要充分认识到，企业的经营者首先是社会公益的提供者，然后才是受益者。（ ）
4. 公共关系广告效益最基本的因素是广告的心理效益。（ ）
5. 报纸是公众不受文化程度的限制，老少皆宜的传播媒介。（ ）

三、简答题

1. 公共关系广告与商业广告的区别有哪些？
2. 简述公共关系广告与公共关系的关系。
3. 常见的公共关系广告有哪些类型？
4. 请举例说明公共关系广告制作的基本原则是什么。
5. 简述公共关系广告的标准及其一般程序。
6. 公共关系广告的制作类型有哪些，作为一名公关广告人员，怎样根据受众目标选择合适的设计制作方式？

四、名词解释

创意广告、广告主题、广告效益、传播媒介

实际操作训练

课题8-1：公共关系广告的设计制作

实训项目：有趣味的公共关系广告

实训目的：会设计一些简单的公共关系广告

实训内容：在班上建立学生代表若干小组，对不同类型的公共关系广告进行创作，并以展示。

实训要求：将参加实训的学生分成若干广告策划小组，分别就"组织广告、赞助广告、庆典广告、致歉广告、辩驳广告、创意广告"等不同类别的广告进行策划，并写出一份文字或实物作品，通过全体师生的大众评比，看哪个小组的方案更有趣味。

课题8-2：公益性和创意性公共关系广告的设计制作

实训项目：公益性和创意性公共关系广告的设计

实训目的：能设计一些简单的公益性和创意性公共关系广告

实训内容：将参加实训的学生分成若干广告策划小组，分别就"公益性和创意性公共关系广告"进行策划，并写出一份文字或实物作品，通过全体师生的大众评比，看哪个小组的方案更有效果。

实训要求：要求参加实训的学生分成两个小组，一组负责公益性公共关系广告的创作，一组负责创意性公共关系广告的制作，两组最终结合完成策划。

课题 8-3：传统媒体广告的选择及运用

实训项目：传统媒体的复合运用

实训目的：学习运用传统媒体平台创作"健康助学公益活动广告"

实训内容：根据受众目标的不同策划不同的公益活动广告，练习对电视、广播、报刊(杂志)、橱窗、路牌等传统媒体的运用，注意传播面和传播效果。

实训要求：将参加实训的学生分成若干小组，分别代表不同传统媒介创作传播策略。

课题 8-4：新媒体广告的选择及运用

实训项目：新媒体的复合运用

实训目的：学习运用新媒体平台创作"健康助学公益活动广告"

实训内容：根据受众目标的不同策划不同的公益活动广告，策划微信、微博、QQ 等新媒体发动活动，线上招募呼应线下活动，让消息迅速抵达目标人群。

实训要求：将参加实训的学生分成若干小组，分别代表不同新媒体创作公益活动广告，促使活动在多种新渠道传播。

课题 8-5：广告活动的评估

实训项目：广告项目的效果预评

实训目的：学会运用各种技术技巧来测评实施效果

实训内容：公共关系广告评价通常采用定性与定量相结合、静态与动态相结合、单项与综合相结合的方式，进行综合的、全面的评价，从而得出完整的、准确的结论。

实训要求：将参加实训的学生分成若干小组，分别对现场效果、受众反应、媒体统计进行测评，最后由一名学生代表进行效果综述。

【案例分析】

根据以下案例所提供的资料，试分析：

(1)"双汇"的广告取得了哪些效果？

(2)"双汇"的广告最精彩之处在哪里？

"双汇"广告巧入天安门

天安门广场历来被视为圣地，它时时刻刻为世人瞩目。1994 年 6 月 28 日一大早，首都天安门广场彩旗飘扬，锣鼓震天。数百人组成的腰鼓队、秧歌队的精彩表演，引得许多人驻足观看。上午 9 点整，当北京市和国家有关部门的领导宣布"逛北京、爱北京、建北京"大型旅游文化活动正式开始时，数千只信鸽同时飞起，把人们的目光引向天空。这时，人们惊讶地看到十多个色彩鲜艳的气球下面拖着一条长长的布幅，微风吹来，布幅上红艳艳的大字格外醒目——"华懋双汇集团漯河肉联厂祝逛北京活动圆满成功！"

率先报道这一消息的是"双汇"所在地的《漯河内陆特区报》。之后，包括《河南日报》、河南广播电台在内的河南很多新闻媒体都相继报道了这件事。《河南日报》的评论文章把它誉为"河南省最成功、最典型的一次企业公关活动"。《河南商报》在 7 月 15 日的星期刊头版头条位置上，以硕大的标题、足够容纳 3000 字的版面刊登了一则仅 800 字的新闻：《双汇高扬天安门》。

很快，这一消息重返北京，得知消息最早却顾虑重重的首都新闻界不再"沉默是金"了。先是《中国青年报》的《社会周刊》刊登了一幅新闻图片，图片下的文字说明中有这样一句耐人寻味的话：能否在天安门广场做广告，这个话题争论了好久，如今却被来自河南的一家火腿肠厂定论了。8月5日《中国经营报》把《广告首入天安门广场》这条新闻放在了四版头条。值得一提的是，这则不足千字的短文同时配发了足有1200字的评论。这则题为《中国广告史上的新一页》的评论称："广告首入天安门广场这一既成事实告诉中国的企业家——请再大胆一些！天安门广场为双汇做广告，将作为一个极成功的企业公关策划活动写入中国公关广告史、中国CI史中。"

在新闻媒介爆炒"双汇登上天安门"这一事件中，"双汇"的拥有者——华懋双汇集团漯河肉联厂无疑是最大的受益者。说起来难以置信，双汇集团把自己的广告打入天安门，仅仅破费了12万元，尚不及《人民日报》半个套红广告版面的花费。当初，精明的双汇人得知"逛北京、爱北京、建北京"大型旅游文化活动将在天安门广场隆重举行开幕式时，就已经酝酿要制造一起轰动全国的特大新闻了。于是，"双汇"派出最得力的公关人员，终于以一个气球1万元的价格，成功地赢得了北京市有关部门的审批通过。当有关领导还对组委会人员"反正开幕式活动需要气球助兴、何不挂个企业条幅多收入12万元"的做法深为赞许时，并没有意识到新中国成立以来企业广告首次进入天安门将成事实。从某种意义上说，如果没有新闻界的渲染，人们最多回忆起当时有彩色气球飘扬在天安门广场上空。

据说，"双汇"闯入天安门广场做广告的消息传出后，不少企业纷纷找到天安门广场管理委员会，提出愿出数百万元重金购买寸土做广告，均被婉言谢绝。当企业以"双汇"何以能入天安门广场做广告相质问时，答曰：是给"双汇"钻了空子，一不留神做了广告。

华懋双汇集团公关部负责人说："虽然我们耗资十多万元仅能换得气球在天安门飘扬3天，但我们作为第一个吃螃蟹者，这本身就是个新闻，我们要的就是这份轰动效应，它所产生的意义已远大于广告本身的价值。"

资料来源：曾琳智. 新编公共关系案例教程[M]. 2版. 上海：复旦大学出版社. 2010.

项目 9　公共关系专题活动

教学目标

通过本章学习,熟悉常见的公共关系的专题活动及其类型,理解开展公共关系专题活动的意义,掌握公共关系专题活动的程序和步骤及注意事项。

教学要求

知识要点	能力要求	相关知识
开业(幕)典礼	(1) 熟悉开业(幕)典礼的程序 (2) 能够组织开业(幕)典礼	(1) 开业(幕)典礼的概念 (2) 开业(幕)典礼的程序
展览会	(1) 能够组织一些简单的展览会 (2) 了解展览会的注意事项	(1) 展览会的特点 (2) 展览会的类型 (3) 展览会的注意事项
新闻发布会	(1) 能够组织简单的新闻发布会 (2) 熟悉新闻发布会的注意事项	(1) 新闻发布会的概念 (2) 新闻发布会的程序 (3) 新闻发布会的注意事项
赞助活动	(1) 熟悉联谊活动的类型 (2) 掌握联谊的原则和联谊活动的步骤	(1) 赞助活动的类型 (2) 赞助的原则 (3) 赞助活动的步骤
联谊活动	(1) 熟悉联谊活动的类型 (2) 掌握联谊的原则和联谊活动的步骤 (3) 能够组织简单的联谊会和晚会	(1) 联谊会的程序 (2) 舞会的组织 (3) 舞会的礼仪 (4) 晚会的类型 (5) 晚会的程序 (6) 晚会的礼仪
宴请	(1) 了解宴请的类型 (2) 能够组织宴请	(1) 宴请的类型 (2) 宴请的组织 (3) 宴请的程序

项目 9

公共关系专题活动

 导入案例

IBM 公司的"金环庆典"

美国 IBM 公司每年都要在一些风光旖旎的地方(如百慕大或马霍卡岛等地)举行一次规模隆重的庆功会,对公司3%的那些在一年中做出突出贡献的销售人员进行表彰,称作"金环庆典"。

在庆典中,IBM 公司的最高层管理人员始终在场,并主持盛大、庄重的颁奖酒宴,然后放映由公司自己制作的表现那些做出突出贡献的销售人员的工作情况、家庭生活,乃至业务爱好的影片。在被邀请参加庆典的人中,不仅有股东代表、工人代表、社会名流,还有那些做出突出贡献的销售人员的家属和亲友。

整个庆典活动,自始至终录制成电视(或电影)片,然后拿到 IBM 公司的每个单位去放映。

在这种庆典活动中,公司的主管同那些常年忙碌,难得见面的销售人员聚集在一起,彼此毫无拘束地谈天说地。在交流中,无形地加深了心灵的沟通,尤其是公司主管那些表示关心的语言,常常能使那些在第一线工作的销售人员"受宠若惊"。正是在这个过程中,销售人员增强了对企业的亲密感和责任感。

资料来源:http://www.zoomqd.com/n-5.html

所谓公共关系专题活动,是指社会组织为了某一明确目的,围绕某一特定主题而精心策划的公共关系活动。公共关系专题活动是社会组织与广大公众进行沟通、塑造组织自身良好形象、扩大组织影响力的有效途径,具有很强的实践性。组织策划并实施公共关系专题活动,是公共关系的一项重要工作。

9.1 庆 典

庆典是组织围绕自身重大事件、活动所举行的典礼、仪式等公共关系专题活动的总称。庆典一般在各种节日、组织的重要纪念日或取得重大成绩之时举行。因为社会组织的性质、规模和涉及相关公众的范围不同,其庆典活动的方式和规模也各不相同。庆典活动丰富多彩,常见的有开业(幕)典礼、周年纪念活动、特别庆典(如庆功、表彰活动)、节庆活动等。这里,我们选取开业(幕)典礼和周年纪念活动来加以介绍。

9.1.1 开业(幕)典礼

开业典礼是某一社会组织正式成立时,组织向社会公众的第一次亮相。开幕典礼又可称为开幕式,是指为第一次与公众见面的、具有纪念意义的事件而举行的庄重而又热烈的活动形式。成功的开业(幕)典礼活动,需要公共关系人员精心策划与安排,它往往会成为社会公众取舍和亲疏的重要标准。通过邀请知名人士和记者参加,还可扩大影响,提高知名度。

 阅读案例 9-1

"上帝"剪彩与同庆生日

青岛星火家具大世界开业之际,举行了一场别开生面的开业仪式。开业仪式上,既听不到震耳欲聋的鞭炮轰鸣,也看不到成群结队的领导光临。伴随阵阵悠扬悦耳的军乐声,商店工作人员向在场的第一批顾客散发了20束鲜花,然后由得到号码8、18的两位顾客当众为公司剪彩。此时此刻,此情此景,人们感到顾客就是"上帝"已不再仅仅是商店里装点门面的标语条幅。

长沙友谊华侨公司进行店堂装修后准备在新年元旦重新开业。他们邀请广州乐华电子联合有限公司为联办单位，赶置了一批精巧的生日纪念卡和小礼品，接着在报纸和电视上打出广告，邀请市内历年元旦出生的人趁"友华"重新开张之际，来店同庆节日之喜。

一位81岁高龄的老人闻讯后，高兴地说："我活了81岁，从来没有看到过商店为顾客过生日的，今天看到了。"他特地打发60岁的儿子到店里代他受喜。进得店来，这位花甲老人替父亲领了生日纪念品后，又被琳琅满目的商品所吸引，边看边买，出店时，大包小盒提了一大串。下午两点钟，一名男子手持医院证明来到店里，说他女儿当天上午10点钟才降生。经理代表公司向他表示祝贺，并向他女儿赠送礼品，他激动地说："你们给顾客带来了生日的乐趣，把'友华'的美好情意送到了顾客心里。"到下午5点钟，共发出生日礼品千余份，而商店的客流量已超过20万人次，销售额达100万元，相当于过去日平均数的十几倍，创该店历史最高纪录，并为以后扩大销售奠定了良好基础。

资料来源：http://gggx.lszjy.com/Article/alk/200905/62.html

1. 开业(幕)典礼的程序

(1) 确定开业(幕)典礼形式。开业(幕)典礼的形式丰富多彩，可以采取召开正规的大会，如新闻发布会、展览会、宴会形式，也可采取较随便的联欢会、座谈会和舞会等形式。典礼的形式不宜太复杂，仪式时间也不要太长，但要办得盛大、隆重、热烈，形式丰富多彩，内容庄重大方，给人留下深刻的印象。

(2) 选择开业(幕)典礼时机。选择开业(幕)典礼的时机要注意将社会组织及其产品(服务)的性质与社会效应巧妙地融合起来；有时也可借助某些重要活动与组织的相应关系，巧妙选择典礼的时机。例如，经营儿童用品的商店，开业典礼可以定在"六一"儿童节前夕；经营体育用品的商店，开业典礼则可选在某个大型体育比赛即将或正在进行之际等。

(3) 确定邀请宾客名单。应精心挑选并确定参加的宾客名单，邀请的宾客一般应包括政府有关部门负责人、社区(社团)负责人、知名人士、同行业代表、新闻记者、公共关系专家、顾客及员工代表等，要尽可能给公众造成大的影响力。之后，应按照宾客名单写出请柬。请柬要写清开业典礼的时间、地点、采取的形式等。请柬应提前3天送达，最迟也要提前12小时送达宾客手中，以保证各方人士都能准时到场。

(4) 确定剪彩人员。一般应请来宾中地位较高、具有一定声望的知名人士剪彩，以烘托典礼的气氛，或知名人士与组织最高领导共同剪彩，也可邀请知名人士与具有特殊意义的人士(如商场开业之时，特邀某位前来观看的顾客；工程竣工之时，特邀建设功臣、劳动模范或其他有特殊身份的人士)共同剪彩，以增加开业(幕)典礼的新闻价值，更好地吸引和影响公众。

(5) 确定致词人名单，并为致词人拟写欢迎词和答谢词。公共关系人员应确定致贺词和答谢词人员名单。一般来说，致贺词的宾客应有一定的代表性，即代表组织的某一类或某几类公众，如政府公众代表、员工公众代表、社区公众代表等。答谢词人员一般由单位负责人或本单位开业(幕)典礼事由的主管负责人担任。公共关系人员应考虑致贺词和答谢词人员的身份、关系，事先应该与致贺词和答谢词人员进行沟通，征得其同意，并使贺词与答谢词相得益彰。

(6) 拟订典礼的程序和安排好来宾的接待事宜。开业(幕)典礼的一般程序为：主持人宣布开业(幕)仪式正式开始；奏乐、鸣放鞭炮、放飞气球或鸽子；挂牌、揭幕或破土；宣读重要来宾名单；由来宾代表致贺词；组织负责人或主管负责人致答谢词；由领导及嘉宾代表共同剪彩。

在接待事宜的准备中，应事先确定签到、接待、剪彩、放鞭炮以及负责摄影、录像、录音、扩音、灯光等有关服务人员，这些人员要在典礼开始之前到达指定的岗位，并确保他们熟悉典礼程序，掌握自己的工作时机，以保证典礼程序有条不紊地进行。

(7) 安排一些必要的助兴节目。热烈喜庆的庆典活动应安排丰富多彩的助兴节目和娱乐活动。常见的助兴节目有军乐队演奏、传统舞狮表演、舞龙表演、传统鼓乐表演、独舞、合唱、交响乐队表演、马戏小丑表演、杂技、戏曲、歌唱、魔术、相声、小品及礼花、鞭炮、烟火等。助兴节目最好由本单位内部工作人员创作编演，能增强员工的职业自豪感；如果条件允许，也可以请著名歌星、演员来演出。娱乐活动包括游戏、猜谜、抽奖等。

2. 仪式结束后的其他活动安排

开业(幕)典礼的仪式结束后，可以组织来宾参观本组织生产和服务设施、产品或商品陈列等。这可以让上级、同行及社会公众更加了解组织，也能自我展示、宣传或推销产品和传达信息。

公共关系人员可以通过座谈会或留言簿的形式，广泛征求来宾意见和建议，并及时把这些意见和建议整理成文，达到总结经验、鼓舞士气的目的。征求来宾意见应尽量避免疏漏现象发生，使组织与各方面的公共关系更为融洽。

另外，典礼结束后，还可以为来宾准备一些具有特色和特殊意义的纪念品赠送，并保证参加者人手一份。纪念品应能代表组织经营的特色，如附有组织情况介绍和图片的通信录本、影集等。纪念品可以保证开业典礼活动产生持久的效果，并成为有用的传播手段。典礼仪式结束后，还可以安排来宾的宴请、感谢致意及外地来宾的订票和送别等事项。

 阅读案例9-2

中国香港世界地质公园举行开幕典礼

中国香港世界地质公园开幕礼于2011年12月14日傍晚在香港尖沙咀举行。时任特区行政长官曾荫权亲自主持开幕典礼并致辞，他表示，香港地质公园可以成为世界地质公园网络的一员，显示各界对香港这块地质瑰宝的认同。香港地质公园的独特之处不只在于它拥有的地质地貌，也在于它毗邻繁忙的都市。希望未来香港地质公园可以成为一个国际标识，吸引更多游客到来。

开幕礼上还举行了多媒体综合表演，以话剧、音乐、舞蹈等多种形式展现了地质公园的独特之处。时任中国国土资源部副部长汪民、联合国教科文组织世界地质公园网络成员代表以及海内外地质专家等逾40位来宾出席了典礼。

资料来源：新华网.中国香港世界地质公园举行开幕典礼.2011年12月14日.

9.1.2 周年纪念活动

周年纪念活动，是一种利用社会组织成立的1周年、5周年、10周年乃至100周年等机会向公众进行展示和沟通的重要的公共关系专题活动。一般社会组织每逢5周年、10周年必举办大庆活动，常见的有"厂庆""校庆""店庆"等周年纪念活动。由于并非每年都要搞纪念活动，各类社会组织一般都提前1年来筹备、策划，力图使纪念活动办得隆重、热烈和丰富多彩，以便在各类公众中重振组织形象并振奋员工精神。纪念活动可以办成各种各样的形式，如庆功仪式、典礼、游行、比赛、奖励、大抽奖、文艺表演、邮展、画展、成果展览、晚宴、野餐会、参观、研讨会、演讲等。成功的纪念活动对组织具有十分重要的意义。首先，它能够振奋员工精神、增强员工的职业自豪感和凝聚力；其次，它向社会公众展示组织的内在素质和精神风貌；它还能够显示组织的实力，树立组织的公共关系形象；最后，它能够融洽各方面的关系，协调组织公共关系状态。

 阅读案例 9-3

南京大学建校 110 周年庆典晚会

2012 年 5 月 20 日，南京大学庆祝建校 110 周年文艺晚会在仙林校区举行，原江苏省委书记陈焕友、南京大学党委书记洪银兴、校长陈骏等省市和兄弟高校领导，以及海内外各界来宾、校友和师生万余人一起在仙林的恩玲剧场、运动场、体育馆、食堂和鼓楼大礼堂、各多媒体教室，观看了精彩纷呈的演出。

南京大学体育馆内喜气洋洋，欢乐祥和。大学生们一边唱着青春的乐曲，一边挥舞着写着南京大学字样的彩旗。会场上有白发苍苍、精神矍铄的老校友，有活力四射的在校学生。整场晚会分成"大哉一诚天下动""光阴的故事"和"绿叶对根的情意"三个篇章，南大自己的师生校友们用动人的艺术语言讲述了南京大学百十年来谱写的华彩乐章。

此次南京大学 110 周年华诞，时任中共中央政治局常委、全国人大常委会委员长吴邦国，中共中央政治局常委、国务院总理温家宝为校庆题词。时任加拿大总督戴维·约翰斯顿、联合国秘书长潘基文、中国国民党荣誉主席吴伯雄也发来贺信或贺电。时任全国人大常委会副委员长、全国妇联主席陈至立等数十位领导以及 5 位诺贝尔奖得主、39 位境内外院士等出席大会。

在 2012 年 3 月的南京大学 110 周年校庆新闻发布会上，校庆"序长不序爵"的原则成为媒体关注的焦点。"序长不序爵"体现的是对全体校友一视同仁，是对全体校友的尊重。南大师生普遍对这一做法给予了好评，媒体也普遍认为这是对大学精神的一种追求。

南京大学有 30 万左右的校友，他们分布在世界各地，在"中国校友会网"发布的 2011 年中国大学校友捐赠排行中，南大位居全国第 5 位。在 2011 年的中国高校基金会排名中，南大总收入列第 4 位，总资产列第 5 位，投资收入列第 5 位，综合指标名列前茅。

资料来源：改编自新浪网教育栏目.记南京大学庆祝建校 110 周年文艺晚会.2012 年 5 月 20 日.

组织周年纪念活动的形式丰富多彩，但是无论何种形式，都必须注意以下几点：

(1) 周年纪念活动必须有明确的主题。例如，中国大酒店开业一周年的庆祝活动，公共关系人员设计的主题是："中外通商之途，殷勤款客之道。"这就突出了酒店特别为来华经商者提供先进、完善服务的特色。

(2) 注意介绍本组织的成就。周年纪念活动对内可以增强凝聚力，对外也是宣传自己的极好机会。因此，要注意宣传、介绍本组织的成就、本组织生产经营特色、产品质量、经营方针及所取得的经济效益和社会效益。美国通用汽车公司就是通过具有特色的周年纪念活动向公众宣传该公司对汽车发展所做的贡献。

(3) 感谢各界同仁及朋友的支持。组织的发展离不开各界的广泛支持，组织可以利用周年纪念的机会，有的放矢地提出感谢的具体单位及单位的主要领导，以此联络感情。

(4) 提出未来的发展计划。要注意说明本组织存在的社会价值及今后对社会发展的贡献，并表示今后要继续求得社会各界朋友的支持和爱戴。

9.2 展览会

所谓展览，是指通过实物、文字和图表等来展现成果或问题的一种宣传形式。展览会是一种综合运用各种媒介、手段，通过人员、文字、图表、产品实样及各种影像资料来展示组织形象、传播组织信息的一种公共关系专题活动方式。展览会是大型公共关系活动，需要投入较多的人力、物力、财力。在举办之前，首先要进行展览会必要性和可行性的科学论证，避免造成盲目上马起不到作用或开支过大得不偿失。

 阅读案例9-4

2015中国(澳门)城市旅游展览会

随着国家"一带一路"战略大幕的徐徐拉开，我国旅游业也将迎来前所未有的黄金发展机遇，国家旅游局更是将2015年定为"丝绸之路旅游年"。作为海上丝绸之路的重要港口之一，澳门自古至今发挥着举足轻重的作用，已成为中国走向世界的另一个枢纽。以此为契机，由澳门特区政府旅游局、澳门缅华互助会联合主办，澳门旅游协会、澳门缅华工商促进会、中国旅游媒体联盟共同协办的"第二十届澳门缅华泼水节暨2015中国(澳门)城市旅游展览会"将于2015年4月24—26日在澳门新丽华广场盛大举行。

本次展会依托"第二十届澳门缅华泼水节"盛大庆典，除了在最繁华的城市广场举行旅游推介展览外，同时还将举行专场主题旅游推介会、旅游图片展、泼水嘉年华、花车巡游、民族歌舞表演、风情美食体验、摄影和征文比赛等丰富多彩的系列活动。届时，将有来自中国内地及港、澳、台等地区上百家城市、景区、旅行社、酒店、航空、餐饮、旅游地产、旅游投资企业等相关旅游机构，以及中央政府机构及澳门政府相关部门领导、各省市领导、港台客商、华人华侨，以及国内外各大新闻媒体记者集聚一堂，共享旅游盛会。借助连续举办了20周年的"缅华泼水节"这一热闹非凡、轻松喜庆活动，向来自世界各地的澳门游客及广大澳门同胞，推介展示各个城市和目的地丰富多彩的旅游文化资源。

本次展会的参展对象包括：各省/市/县旅游局、景区景点、旅行社、酒店宾馆、度假村、主题公园、博物馆、文化遗产、航空公司、游轮、户外用品、餐饮企业、旅游特产、旅游地产、旅游电商、娱乐休闲、养生保健、旅游策划机构、旅游媒体和旅游院校等。

资料来源：中国经济网.2015中国(澳门)城市旅游展将于4月底举行.2015年1月26日.

9.2.1 展览会的特点

1. 传播方式的复合性

展览会是一种复合运用多种传播方式的传播活动。它既要运用人际传播的许多方法和技巧，又要运用大众传播的许多方式和策略。从面对面的解说、咨询到文字说明、图片、实物展览，以及电视、广播、报纸等多种传播手段，使展览活动能够综合各种传播媒介的优点，形成多层次、全方位、立体化的传播效果，取得很好的社会效应。

2. 沟通方式的双向性

展览会是组织与公众进行直接双向沟通的最好形式。组织通过对自己产品和服务的展示、咨询、洽谈来传播和反馈组织信息。这种面对面的信息互流，不仅可以使公众很快了解组织信息，而且可以通过留言本、征询卡、洽谈等反馈信息。此外，展销会上往往商家云集，信息传播反馈快，成交量集中，无疑是一种传播沟通的极佳形式。

3. 宣传的直观性

展览会以产品(实物)展示、解说员的生动讲解、现场的具体操作、生动形象的示范表演等给人以生动直观的印象。特别配以现代化的电子媒介，往往给参观者留下更为深刻的印象。因此，它带来的宣传效果比一般的广告更直观、更真实、更具体。

4. 形式的活泼多样

展览会可以通过各种形式来展示自己的产品、宣传企业的业绩和风采。特别是可以运用声、电、光等现代化手段，把展览活动搞得有声有色、丰富多彩，如通过录像、电影、电视专题片来展示企业的发展面貌，从而起到良好的沟通和宣传效果。

9.2.2 举办展览会应注意的事项

利用公共关系工作加强展览的效果是非常重要的。办好展览会需要具体抓好以下几个环节：

1. 确定展览会的主题和目的

每一次展览会都应有明确的主题和目的，只有明确主题和目的，才能有针对性地收集展品，使实物、文字资料等各种参展资料有机地结合起来。主题决定着展览会的接待和传播沟通方式，可以通过各种形式将展览的主题反映出来，如精心设计的主题画、主题口号、主题歌曲、展览物，以及不落俗套的徽标、纪念品等。否则会使展览会办得杂乱无章。

2. 确定参展单位和参展项目

举办大型展览会，通常根据主题和目的，采用广告或发邀请信等形式来吸引参展单位。广告和邀请报名的信件应写清楚展览宗旨、展出项目的类型，估计参观者的人数，提出展览会的要求及费用预算等。总之，要给潜在的参展单位提供决策所需的资料。

3. 指定展览主编，规划展览总体结构

展览主编要负责设计并确定会徽、会标，撰写前言及结束语，并对整个展览会的结构进行规划构思，向各分部的编辑交代展览的总体结构及各部分之间如何衔接。展览内容应该结构严谨、层次分明。以贸易性展览为例，哪些产品参展，参展产品的深度、广度、密度如何确定，参展产品项目和品牌如何搭配，都必须进行认真、缜密的构思。

4. 确定展览的时间和场地，布置展厅

展览场地的选择首先要考虑方便参观者，如交通便利、容易寻找等；其次要考虑场地周围环境是否与展览会主题相协调；再次要考虑场地的大小、质量、设备等；最后要考虑辅助设备是否容易配备和安置，如有无参观者休息场所或停车场地等。展览时间的选择首先要考虑展览的目标参观者的时间特点。例如，对消费品的展览常放在周末举行，针对学生的展览往往安排在假期。其次，有些展览要估计到时间或季节性。例如，春夏之交展销真丝衣物，冬季展销羽绒服。最后，展览要尽力缩短，以节约成本。对于参展单位来说，应该尽量争取一个比较有利的参展位置。展厅的布置要求布局结构要合理，美观大方。往往在入口处设立咨询台和签到簿，明显位置摆放展览会平面图，在出口处设置留言簿。

5. 明确参观者的类型和数量

必须明确展览会针对的参观者是谁，范围有多大。只有这样，展览会的编辑才能根据观众特点有针对性地设计制作版面，确定传播手段和沟通方式，保证展览会效果。

6. 收集展品，完成设计制作

各分部编辑根据展览会主题和目的，到各参展单位收集实物、文字等有关展品资料，撰写展览脚本提交设计室，再由设计师、摄影师、美术师完成设计、排版、绘制、放样和版面加工、美化。要尽量选质量较好、具有独特风格、有竞争力和有针对性的展品参展，且展品的种类和档次应力求齐全。

7. 培训展览会工作人员

展览会的工作人员总体分为技术服务人员(如编辑人员、设计人员、美术人员、制作人员)和接待服务人员(讲解员、接待员、服务员、业务洽谈人员)两大类。必须进行分类培训，对专业技术人员，要通过培训，使他们明确自己工作的时机和具体要求，以确保总体布局和各部门之间的合理匹配与衔接；对于接待服务人员，重点在培养讲解和示范人员，可围绕公共关系技能、展览的专业知识、推销技能和社交礼仪等交际方面的内容进行培训。

8. 成立专门的新闻发布机构

成立专门对外发布新闻的机构，负责和新闻界进行联系的一切事宜，应制定发布新闻的时机和发布的形式等。公共关系人员应发掘展览会中有新闻价值的内容并撰写成稿件，通过对外发布新闻的机构，向社会发布有关展览会的新闻消息，扩大参展单位及整个展览会的影响。

9. 准备展览会的辅助设备和相关的服务项目

落实参观者接待室、停车场地、休息室，开设服务部、小卖部，代办交通食宿。例如，为了成功地举办一个国际博览会，应该专门设一个处理对外贸易业务部门，附有产品订购、文字、邮政、电传、检验、海关、海陆空对外运输、旅游和预订饭店等服务部门，还要设有休息室、洽谈室、小卖部等。

10. 准备各种辅助性的宣传资料

各种辅助性的宣传资料包括：展览会的会徽、会标，展览会的纪念品以及录音、录像带、展览会目录表等。编印介绍展览会的宣传册，撰写前言、解说词和结束语。

11. 展览会的费用预算

举办展览会总需要一定的费用，应该具体列出展览会的各种费用计划，有计划地分配资金。展览会主要有以下开支：①场地使用费，包括各种设备的使用、能源等费用；②设计建造和布置费用，包括设计费、材料费等；③工作人员酬金，主要是工作人员的工资、津贴、差旅费等；④传播媒介租金费，包括广播、电视、录像带、幻灯片、新闻广告费等宣传费用；⑤纪念品、宣传品制作费；⑥联络与交际费，包括举行招待会、购买茶点、接待宾客及邮费、电话费等交际应酬费用；⑦运输费，即展品运送的费用；⑧保险费，即贵重物品在展览期间办保险所花的费用。此外，还应有一定的预备金，以备调剂补充之用。

预备金一般占总费用的 5%~10% 为宜。

公共关系人员应注意采用公共关系技巧，把展览会办得有生气、有吸引力、有新闻价值。在确定举办展览会之后，应认真做好以上各项会务工作。

12. 展览会的效果评估

为指导今后的工作，以总结经验，吸取教训，应做好展览会的效果评估。展览会的效果测定是对实施展览工作所带来的社会效益的测定。它主要体现在观众对展品的反映、对组织形象的认识和对整个展览会举办形式和效果的看法等方面。评估应在展览期间就开始，如在出口处设置留言簿；召开观众座谈会听取意见、建议；留心新闻媒介对展览会的报道和评价。会后还可以通过登门拜访、发调查问卷等，了解实际效果。测定展览会效果的主要方法包括：主办有奖测验；记者采访形式；设置观众留言簿、主动征求意见；当场召开观众座谈会或茶话会，收集观众的反映；发放问卷调查信件(表格)，了解观众的意见。

9.3　新闻发布会

新闻发布会，又称记者招待会，是指以某一社会组织的名义邀请新闻机构的有关记者参加，由专人宣布有关重要信息，并接受记者采访的具有传播性质的一种特殊会议。通过新闻发布会，组织可以将有关信息迅速传播扩散到公众中去。在新闻发布会上，不仅可以公布本组织的一些重大新闻，如方针、政策、措施等方面的新举措，加强公众对组织的认可，而且可以利用新闻发布会的影响力，妥善处理一些棘手的问题，以达到澄清事实、说明原委、减少误会、求得谅解等效果。

 阅读案例 9-5

洛阳牡丹文化节新闻发布会

2012 年 3 月 21 日上午，由国家文化部与河南省人民政府主办的第 30 届中国洛阳牡丹文化节新闻发布会在国务院新闻办发布厅隆重举行。

时任河南省人民政府副省长张广智，文化部文化产业司司长刘玉珠、副司长吴江波，文化部艺术司副司长张凯华，河南省人民政府副秘书长万旭，河南省文化厅厅长杨丽萍，洛阳市委副书记、市长李柳身，洛阳市委常委、宣传部长杨炳旭等领导出席新闻发布会。40 余家新闻媒体和 60 家驻京旅行总社和企业的代表应邀参加了新闻发布会。

从 1983 年起，一年一度的牡丹花会以其独有的魅力吸引了无数中外游客，借助牡丹花会平台举办的各类经贸、演艺、文化活动，不仅对洛阳的经济发展起到了重要的促进作用，而且大大增强了洛阳与河南在国内外的知名度。2011 年，洛阳牡丹花会正式升格为由国家文化部与河南省政府共同主办的中国洛阳牡丹文化节，国色天香的洛阳牡丹登上了文化大发展、大繁荣的发展新平台，成为中国走向世界的桥梁纽带和世界了解中国的靓丽名片。

资料来源：中国广播网. 第 30 届中国洛阳牡丹文化节新闻发布会在京举行. 2012 年 3 月 21 日.

9.3.1　新闻发布会的筹备

举办新闻发布会，应由公共关系人员周密计划、精心准备。新闻发布会前的筹备工作主要有以下几项：

1. 确定举行新闻发布会的由头、主题和最佳时机

由头，是指举行新闻发布会的理由和必要性。新闻发布会是一种比较正规和隆重的公共关系会议性的专题活动，耗资较高，需要投入较多的人力、物力、财力，所以在开会前首先要确定举行新闻发布会的必要性，判断所要发布的信息是否具有广泛传播的新闻价值。组织中具有举行新闻发布价值的一般包括：企业集团成立；重要的庆祝活动或纪念日；有社会影响的新技术、新产品的开发、投产与问世；组织成立或倒闭、合并或转产；经营管理方面的重大改革；对社会所做的重大公益事业；重大的危机事故；特殊事件；等等。这些具有举行新闻发布价值的由头，都可作为主题。整个新闻发布会始终都应紧密结合主题，切忌偏离。

至于举行新闻发布会的最佳时机，应该分析新闻发布会的紧迫性来决定。新闻发布会的举行应及时，而不应该事过境迁再举行。

 阅读案例9-6

突发事件新闻发布会的时机

2008年"5·12"汶川大地震发生后，截至当晚10点，四川地震局召开了6次新闻发布会。13日起，国务院新闻办公室、国务院各部门、四川省新闻办都迅速举办新闻发布会，向世界传播地震灾害的消息，在发布时间、发布层次、发布范围上和唐山大地震形成了鲜明的对比，充分体现出新时期我国政府积极应对危机的良好形象，在世界范围内赢得广泛好评。

2008年9月13日，以国新办"三聚氰胺奶粉"新闻发布会为开端，发布时间主要集中在9月13日到22日，从上自下三个层次共举办了10场新闻发布会。而"三聚氰胺奶粉"事件本身的发展过程是在3月三鹿集团开始收到患泌尿系统结石病投诉时初显端倪的。"三聚氰胺奶粉"新闻发布会和事件自身发展在时间上并不对应，所有的新闻发布会都集中在危机突发期和蔓延期，危机萌芽期和解决期政府信息的发布是缺失的。

通过对同一年"汶川大地震"与"三聚氰胺奶粉"新闻发布案例的对比，会发现发布越及时，越易取得好的传播效果，新闻发布时机的选择和发布效果有直接关联。"三聚氰胺奶粉"新闻发布会显然错失了第一时间。在突发事件发生时，新闻发布会能极大程度地吸引媒体注意力，政府部门抓住恰当发布时机，对于维护自身形象和积极改变由此可能引发的危机状况都有积极作用。

资料来源：畅祎扬. 突发事件新闻发布会实例分析与研究［D］. 2009年.

2. 选择会议地点

会议地点的选择要注意考虑两方面的因素。

(1) 符合会议主题方面的要求。例如，会议主题侧重于宣传性的，就适合在社会组织内部进行，便于语言宣传的同时进行实地或实物宣传；若会议主题是侧重于说明性的，如澄清事实或解释情况，以挽回影响的，则可以选择在社会组织外部进行。

(2) 符合会议场地方面的要求。会议场地应尽量选择设施良好、环境幽雅，能为记者创造各种方便采访的条件(如录像、拍摄的辅助灯光、照明设备、视听设备、幻灯或电影的播放设备，适合记者使用的座椅、电话机、传真机等)，通信和交通都比较便利的场所，以便记者们联络和发布信息。以上因素有时需综合考虑。

3. 确定时间

选择好新闻发布会的时间并提前发出准确无误的通知。新闻发布会的时间一般应避开

节假日和重大社会活动日，以免记者不能参加此次活动而去选择更重要的活动，否则会降低会议的新闻价值，影响会议的效果。在一周之内，新闻发布会的时间不太适宜安排在周末；在一天之内，新闻发布会的时间最好安排在上午 10 点和下午 3 点左右，会议时间控制在一小时左右为宜。在日期和时间选定后，还应注意提前 3~4 天派专人把请柬送到应邀者手中，以便应邀者安排时间出席。

4. 确定邀请记者的范围

应根据所要发布新闻的内容和期望传播的范围来确定邀请记者的范围。一般来讲，邀请的记者覆盖面要广，各方新闻机构都要照顾到。对记者要一视同仁，不能厚此薄彼。邀请信发出后，临近会议举行时还应电话联系，落实记者的出席情况。新闻发布会邀请的人员主要是记者，此外，还可以邀请一些知名人士及有关方面专家，以提高会议的规格和影响力，增强会议内容的可信度。

5. 确定不同的角色

组织举行新闻发布会，一般要选派三种不同角色的专门人员出席：主持人、发言人和接待人。主持人一般由公共关系机构负责人担任。由于对本组织的政策方针等整体情况有全面清楚的了解，而且其身份也决定了他们发言的权威性，因此，发言人一般由组织的高层领导担任，如正职或副职负责人。

6. 准备好会议所需资料

公共关系人员应根据新闻发布会的主题事先准备好文字、图片、图表、实物、模型、影视、照片等各种材料。根据新闻发布会的主题，成立专门的发言起草小组，全面收集有关资料，拟写发言稿和报道提纲供发言人参考。同时，还应该准备新闻稿和新闻资料，发放给记者作为采访报道的参考。辅助宣传资料力求紧扣主题，尽量做到全面、详细、具体和形象。形式应多种多样，如口头、文字、图片、图表、实物、模型、影视及照片等。这些资料应在会议举行时现场摆放或分发、展示、播放、试用，以增强新闻发布会的效果和可信度。

特别要注意的是，新闻发布会前应将会议议题、新闻资料等在组织内部通报一下，以统一口径。

7. 制定新闻发布会的程序

新闻发布会的程序要求安排详细，内容紧凑。一般程序如下：

(1) 来宾签到及分发会议资料。公共关系人员在迎接来宾的工作中，应让其感到备受尊敬和欢迎，对组织产生良好的第一印象。

(2) 主持人宣布会议正式开始，简要介绍新闻发布会的出席人员、新闻发布会召开的目的和背景等。

(3) 发言人讲话。发言应紧扣主题、简明扼要，切忌内容繁杂、时间长。若同时有几位发言人，应事先安排好发言顺序，并在发言的内容上各有所侧重。

(4) 接受记者采访。在回答记者提问时应做到稳重大方，声音洪亮，吐字清晰，语言简明、准确、机敏，态度友善，妥善应答。既要回答问题，又不能被记者控制。

(5) 主持人宣布新闻发布会结束。主持人应简短评述会议，对与会者和来宾致谢，并传达日后继续合作的意图，加强与新闻界的友好往来。

8. 做好费用预算工作

应该根据预先制定的新闻发布会款项额度，做出合理的费用开支计划，有计划地分配资金。开支计划应有一定的余地，一般占总费用的5%～10%。

此外，还必须做好会务工作。主要包括出席人员请柬的提前发放，会场的考察与布置(如条幅、横幅的悬挂，桌椅座位的准备，嘉宾座位的安排等)，与会者佩戴和桌上名牌制作及排列，灯具与电源的检修，电话、传真、录音、网络等其他通信辅助设备设施条件的检测和完善，各类会议宣传材料的送达现场及具体安排，工作人员的分工与配合等。整个会议程序应力求周密、紧凑。

9. 做好接待工作

组织人员要提前布置好会场，周围环境要精心设计，营造一种轻松、自然、和谐的会场气氛；培训接待人员和服务人员，要求他们穿戴整洁、适宜，精神饱满、愉快，体现出组织的风格；安排会议的记录、摄影、摄像工作，以备将来宣传和纪念之用。

除以上几点会前准备工作外，有时会后还需要组织记者实地参观采访，这项工作需要有专人接待，并安排好参观路线和范围。

9.3.2 新闻发布会的注意事项

新闻发布会的注意事项，一方面是针对组织出席新闻发布会的三种角色(接待人、主持人、发言人)提出的，一方面是针对组织新闻发布会的社会组织来讲的。

1. 接待人

接待人的任务是负责来宾签到、发放资料、引客入场，为摄影记者和摄像记者的工作提供必要的服务。因此，接待人员必须掌握一定的公共关系礼仪和人际技巧，待人接物热情大方、礼貌周到。

2. 主持人

主持人要充分发挥主持和组织作用，在把握会议主题的基础上，活跃会议气氛，积极引导记者提问，并控制会议时间。主持人必须善于辞令、反应灵活，要注意尊重别人的发言和提问，不能有任何阻止别人发言的表情、言语和动作。会议开始时，一般要由主持人说明召开会议的目的、所要发布的信息和有关情况的介绍说明；当发布会接近尾声时，主持人应该提醒记者"最后一个问题"。

3. 发言人

发言人必须具有敏锐的思维能力和高超的表达能力，既要保证所发布的消息准确无误，又要善于运用各种语言艺术，巧妙地改变被动对答的局面。对于一些棘手的问题和不愿传播和透露的或需要回避的问题，不要轻易地陷入对方的思维轨道，可以采用委婉、模糊、暗示、幽默等方法，艺术地转移话题。尤其要注意的是，不要随便打断记者的提问，也不要以各种动作、表情对记者表示不满。

另外，同新闻界协调关系的诀窍在于：①主动传递本组织信息，真诚坦率地提供情况，维护本组织和新闻媒介的良好信誉;②尊重记者和新闻单位,为他们的工作提供方便,无论是大报、小报,还是名记者、一般记者,都要一视同仁,不能厚此薄彼;③指定专人负责,密切同新闻界人士的联系。

9.3.3 举办新闻发布会的误区

除了上述新闻发布会中三种角色(接待人、主持人、发言人)需要注意的事项外,对于组织新闻发布的社会组织来说,需要避免走入以下误区:

1. 没有新闻的新闻发布会

有些社会组织似乎有开发布会的嗜好,很多时候,社会组织并没有重大的新闻,但为了保持一定的影响力,证明自己的存在,也要时不时地开个发布会。造成的后果是,社会组织虽然花了不小的精力,但几乎没有收成。新闻性的缺乏使得组织者往往在发布会的形式上挖空心思、绞尽脑汁,热闹倒是热闹了,效果却未见得理想,如果过于喧宾夺主,参会者记住了热闹的形式,却忘记了组织者想要表达的内容。

2. 新闻发布的主题不清

从社会组织的立场出发,主办者恨不得把其"祖宗八代"的光荣史一股脑端上去,告诉人家什么时候得了金奖,什么时候得到了认证,什么时候得了第一,什么时候捐资助学。但是偏离了主题的东西在媒介眼中,形同废纸。此外,还有的企业在传播过程中,生怕暴露商业机密,凡涉及具体数据时总是含含糊糊,一谈到敏感话题就"环顾左右而言他",不是无可奉告就是正在调查。这样一来,媒体想知道的,企业没办法提供;媒体没有兴趣的,企业又喋喋不休。

9.3.4 新闻发布会的后续工作

新闻发布会后的主要工作是对会议效果的评估反馈。新闻发布会后,公共关系人员首先要及时广泛收集所有内、外部的反应,如到会记者在各种媒体上的报道情况、与会人员的反应等。首先,要认真分析记者所发稿件的内容及倾向性,对利于本组织的已经发稿的记者要致谢;若出现不利于本组织的报道,应积极做出反应,解释失误的原因或澄清被误解的事实。其次,对照召开新闻发布会的原拟主题,将媒体上的报道逐一分析,检查会议目标是否达到。要尽快整理出记录分析材料,写出对本次活动的总结评估报告,来评估新闻发布会的得失,以便改进和弥补。作为会后效果检测的依据,总结经验教训并将总结材料归档备查。

此外,新闻发布会后还应该做好以下工作:

(1) 准备组织记者参观。新闻发布会前应做好组织记者参观的准备,以增加记者对会议主题的认识。

(2) 小型宴请的安排。为了营造轻松愉快的气氛,融洽组织与新闻界的关系,可以利用安排小型宴请的方式,在新闻发布会后(或参观后),举行茶话会、酒会、便餐、宴会等招待活动,创造一种非正式沟通的机会,以便记者们相互沟通或单独采访,做到善始善终,保持良好形象。

9.4 赞助活动

所谓赞助活动，是指社会组织以不计报酬的捐赠方式，出资或出力支持某项社会活动、某种社会事业。开展赞助活动是组织对社会做出贡献的一种表现，越来越多的组织认识到自身的发展离不开社会的支持，作为社会的一员，自己也应对社会的发展承担一定的责任和义务，为社会贡献一份力量。

9.4.1 开展赞助活动的重要意义

赞助活动总是同某项社会性、公众性的事业或事件紧密联系在一起的，因此，赞助活动对社会组织发展具有特别重要的意义。具体表现为以下三点。

1. 提高组织的知名度

赞助可以使组织的名字伴随所赞助的事件一起传播。例如，奥运会是举世瞩目的体坛盛会，收看的公众覆盖面非常广，遍布全世界，这样的赞助活动对组织知名度的提高是可想而知的。

2. 提高组织的美誉度

由于赞助活动所赞助的往往是社会大众所关注、支持的事业，因此赞助可以树立一个组织关心公益事业的良好形象，改变营利性组织"唯利是图"的商人形象。

3. 履行组织的社会责任

救灾扶贫，支持公益事业，赞助活动正体现了组织在建设精神文明、履行社会责任和义务方面的积极态度。

9.4.2 赞助活动的类型

开展赞助活动的一个首要问题就是选择赞助对象。根据赞助对象的不同，赞助活动主要分为以下几种类型：

1. 赞助体育事业

赞助体育事业是组织赞助活动的最常见形式，特别是通过赞助奥运会等世界性体育赛事的大型体育活动，可以展示组织实力，扩大自身的社会影响力。中国魔水"健力宝"就是因赞助中国体育健儿而蜚声海内外的。赞助体育事业的常见形式有赞助体育经费、赞助体育器械或服装等用品、赞助体育竞赛活动的举行、设立体育竞赛奖励基金等。

 阅读案例9-7

安利纽崔莱健康跑

大多数中国消费者了解纽崔莱，是从体育明星王军霞开始的。2002年6月，安利在群众中展开了首届"纽崔莱健康跑"活动，并邀请奥运长跑冠军王军霞领跑，此活动延续到广州、上海、沈阳和杭州，将近20万人参加。随着活动的深入，举办纽崔莱健康跑的城市已经从2002年的3个增加到2014年的18个。

安利"纽崔莱健康跑"是响应国家体育总局提出的全民健身的号召,配合全民健身推广计划而举行的一项全民健身活动。作为全国性的健康盛事,其在每个城市都得到了当地政府和媒体的支持,社会各界人士纷纷出席活动的新闻发布会。

和其他常规比赛的赞助活动不同,"纽崔莱健康跑"在很大程度上更能够体现安利的品牌定位:"健康跑事实上是一个运动嘉年华,更强调的是参与而非观赏,这种互动能够更好地诠释健康的意义。"

纽崔莱一直倡导健康来自于四个方面,即"均衡的营养""合理的运动""充足的休息"和"乐观的心态"。随着生活水平的逐渐提高,大众健身正成为人们关心的话题,而这与营养保健食品有着更为直接的联系。纽崔莱希望通过赞助甚至筹办一些大众体育活动,来树立健康的品牌形象。

安利为品牌进行的体育赞助投入近亿元(其中有关奥运的投入占到一半以上)。这些投入给安利带来了丰厚回报。安利中国市场的总体营销业绩从2002年60亿元到2013年的293亿元,销售额一路攀升,取得了较高的年度增长。

资料来源:根据安利(中国)官方网站及相关媒体报道编

2. 赞助科技、教育与文化事业

组织通过赞助科技、教育与文化事业,也能达到提高知名度或美誉度的目的。赞助科学教育事业的常见途径包括:赞助科学研究机构及各类学校建设,赞助学校图书馆、实验室和其他教育设施,赞助科研项目和学科建设,为学术活动提供会议场所和会议经费,设立奖学金、学习或研究基金或奖教金,对贫困和特殊学生的经济、物质或其他资助等。赞助文化事业常采用赞助拍摄影视片、赞助文化机构、赞助文化演出活动、赞助媒体文化栏目、赞助出版事业等形式。

3. 赞助社会慈善和福利事业

慈善活动的资助对象往往是社会弱势群体,如孤寡老人、不健全或贫困家庭的孩子、丧失劳动能力的成年人、生活贫困的残疾人士或见义勇为的致残者、荣誉军人或烈士遗属、重大自然灾害及社会灾难性事件的受害者及其遗属等。因此,选择赞助对象时要注意选有典型的社会意义、富有道德色彩和社会正义感的对象。赞助社会慈善和福利事业的常见形式如赞助敬老院、孤儿院、康复中心、赈灾捐款捐物等。这类赞助体现了组织高尚的道德品质,也是组织向社会表明其承担社会义务和责任的方式。

4. 赞助公益事业

赞助公益事业的形式很多,如赞助道路、桥梁、公共休闲娱乐活动场所及设施和有特殊意义的公共项目等。

5. 赞助环保事业

近年来,环保问题成为一个不断升温的引起全球普遍关注的"热点",因此,赞助环保事业对组织赢得公众的信任和好感,取得良好的社会效益的作用是不言而喻的。组织可采用的赞助形式,每年投入适量资金去宣传环境、资助环保组织、直接资助环保项目和设施建设等。

6. 赞助突发性和灾难性的事件

赞助突发性和灾难性的事件主要是对遭受各种自然灾害或社会危机事故的地区和公众实施的捐助。常见的有:对地震、水灾、火灾、瘟疫等受害地区和公众提供物品、器械、技术、资金等帮助。例如，中国政府对东南亚发生海啸地震受灾国家提供的钱、物资和医疗救援等就属于此类赞助。

7. 赞助其他特殊领域

赞助其他特殊领域常见的有：①赞助人类和平事业；②赞助保护文化遗产，包括一些文化古迹、语言、音乐、绘画、雕塑、技艺和民俗等；③赞助保护野生动物；④赞助地方性的节日活动，例如，各种具有地方色彩的节日活动：自贡的灯节、潍坊的风筝节、广东的龙舟节、哈尔滨的冰雪节、云南的泼水节、深圳的荔枝节、海南的椰子节、洛阳的牡丹节、甘肃的花会等；⑤设立专业奖项，如最佳摄影奖、新闻奖、设计奖等；⑥赞助大型展览，如各种博览会、专题性展览会、交易会等；⑦赞助壮举和探险，例如，赞助南极考察队或珠峰登山队仪器、设施或生活用品等。

9.4.3 赞助活动的步骤

赞助是社会组织为赢得政府、社区及相关公众的支持，创造组织生存和发展的良好环境，出资支持社会福利、社会公益和慈善事业等活动，并以此来证实组织的实力，表明组织承担社会责任。而要实现赞助活动的预期目的，就必须按照规定的步骤有条不紊地开展活动。

1. 做好社会赞助活动的前期研究

研究赞助项目的必要性、可行性和有效性。社会组织主动选择赞助对象进行赞助，可获得更好的信誉和赞助效果，但常见的赞助是组织在接到某种请求后才被动做出反应。不论是主动还是被动，都要对赞助项目进行前期研究和分析。首先，要看是否值得赞助，即考察赞助的必要性，要看所赞助的活动是否具有积极的社会意义和广泛的社会影响。其次，要从社会组织的经营战略入手，分析通过赞助活动，能否达到树立良好形象、扩大社会影响力、提高社会组织知名度与美誉度的公共关系目标。最后，要制订出具体的实施计划，使组织和社会受益。特别要注意组织的各项赞助必须紧扣赞助主题。

2. 制订赞助计划

组织要使赞助活动取得最佳投资效果，必须做好赞助的总体计划和具体计划。赞助的总体计划是公共关系人员根据本组织的情况制定出切实可行的政策性文件，确定赞助的宗旨、目标、赞助对象选择标准或范围、款项比例等基本方针，提交决策层讨论通过后生效，成为组织赞助工作的依据，并通过一定渠道传达给赞助对象所领域。每年由组织公共关系机构对赞助对象的申请进行研究并协调平衡后，制定出本年度的赞助预算；报请领导批准后，把赞助方案通报给各有关单位；年终审核当年赞助计划的实施情况。决定赞助后，制订出此项赞助的具体计划：为达到赞助效果而确定的赞助主题和传播方式、赞助款项预算、赞助时机和赞助形式及实施计划等。因此，在选择赞助形式时，关键要考虑赞助的东西是否当时急需和赞助对象对本组织提升品牌核心价值是否有帮助。一般而言，主要的赞助形式有资金赞助、产品赞助、劳务赞助和场地或场所提供等。不同的赞助形式对组织的影响差别很大。

阅读案例 9-8

中外企业赞助的差异

无论是内资企业还是外资企业，赞助绝对是企业的一次公共关系活动。在"非典"时期赞助"秀"中，明显可以感受到外资企业和本土企业的差异。

首先，财大气粗的外资企业巨头对于"非典"的赞助显得有些小气，而本土企业手笔却大很多。在北京民政局收到的大约2亿元的赞助款物当中，赞助超过500万元的企业中，除了一家归国华侨创办的企业外，清一色都是本土企业。外资企业本身的年度预算很严谨，遇到像"非典"这样的突发事件，赞助受到的制约比较大，反应也会慢一点。相反，本土企业的预算随意性比较大，反应也快，捐的数额也会大一些。另外一个原因可能是外资企业平时有比较稳定的赞助方向，所以这次赞助相应少一点。树立有社会责任感的企业形象更要靠平时的积累，出色的外资企业就是在没有发生公众危机时，也会找出机会表达自己的社会责任感，并且紧扣企业和品牌的核心价值。如箭牌一直比较关注环保、诺基亚平时侧重于捐赠和赞助青少年的教育等。

其次，本土企业赞助以现金为主，外资企业则以自己生产的产品为主。比如在给卫生部的赞助中，外资企业就数上海罗氏制药有限公司最为大方，赞助药品800万元和现金200万元，其他像西门子、宝洁、吉利、松下等外资企业赞助的都是自己的产品。赞助自制产品而不是现金，这些外资企业可谓一举多得：本身赞助的产品以市场价格计算，赞助企业实际付出的成本可能还不到一半；试用产品就是对产品最有效的宣传；表示自己的社会责任感并非以赞助财物的数量衡量，关键是赞助的东西是否当时急需和赞助的对象是否对提升自己企业或品牌核心价值有帮助。

最后，外资企业即使赞助，也往往以公司员工的名义，如北京现代汽车赞助价值225万元的10辆汽车。这样不仅体现这个公司有社会责任感，而且表示公司的每个员工都是有社会责任感的。同时，由于受到预算的制约，对于突发的公众危机又不能不有所表示，采取这种办法就可以做到员工少纳税而实际的收入没有减少，公司、员工两全其美。

资料来源：由甘肃经济信息网，"非典凸显企业捐赠缺陷"改编

3. 赞助活动的实施

计划确定后，公共关系人员或赞助基金会人员负责进行详细的审核、评定，确定该项目赞助的可行性、赞助的具体方式、款额的落实以及赞助的时机。在此基础上，社会组织应由专门的公共关系人员精心筹划，应用各种公共关系手段、技巧，充分借助媒介力量，尽全力扩大组织和该项赞助活动的社会影响。

4. 要对赞助效果评估

赞助活动完成后，要对赞助效果进行认真测定和评估。通过调查方式检查各项指标的完成情况，考察媒介的参与度，信息传递给目标公众的到达率，目标公众的关注度，活动与赞助主题联系的紧密性，项目实施是否达到预定的计划，是否实现赞助的目标，与评估内容是否有偏差，造成偏差的原因分析等。根据以上材料撰写评估报告，检查各项指标的完成程度，找出存在的不足，并写出书面材料存查，为今后工作的改进提供依据。

9.4.4 赞助活动需要注意的问题

赞助活动是组织对社会承担社会责任和义务的一种表现形式，能为组织树立起高度责任感和有实力的社会形象。在进行赞助时，要注意以下一些事项或技巧：

1. 赞助冷门

应该找一个不太为社会组织注意的但非常需要赞助的团体，赞助该团体并成立基金会，同时通过建立基金、做广告等各种形式提高该基金会的知名度，吸引他人也来加入赞助，使之成为吸引社会公众注意的热点。其中，应优先考虑赞助社会慈善福利事业和文化教育事业。

2. 不要盲目赞助力不从心的活动

组织遇见比较敏感的社会公益事业或需要资源很多而自身实力又不足的赞助机会，可以考虑与其他组织合作，把许多组织的财力集中起来，建立一个基金会，由基金会进行赞助或由基金会委托专门的非营利信托机构管理，可以少花钱多办事。

3. 对当前个别情况的应对策略

面对当前社会上盛行的摊派之风，组织或企业应保持清醒的头脑，对各种明显不符合企业赞助政策的征募者应拒之门外，但是如果对方无理取闹，必要时可以诉诸社会舆论或者法律。企业的社会赞助活动不是一个人说了算，也不能头脑发热就拍板，而是要努力做到有章可循，有的放矢，有条不紊。

 阅读案例 9-9

"赞助(站住)!"

有这样一幅漫画，上面画着一个蒙面大汉，一手持刀，一手提着口袋，对路人大喊："赞助(站住)!"而路人则转身飞也似的逃走。

这幅漫画反映了人们对赞助的误解，其实"赞助"完全是一种自愿行为，而不是被迫的，后者属于"摊派"。"赞助"是社会组织为求得自身发展而发动的宣传攻势的一种，是对社会的贡献行为。有时候人们为了收看一部电视连续剧，或者是欣赏一场扣人心弦的体育比赛，不得不耐着性子看完那长长的赞助单位名单或是各类产品广告。爱好足球的人们会发现，过去的省市足球队现在都已经改头换面了，取而代之的是"上海申花""河南建业""深圳健力宝"等，原来这些球队已转为企业赞助，这样人们自然会对这些企业的雄厚财力以及畅销的产品留下深刻印象。这使人们认识到"赞助"是组织的信誉投资和感情投资，是社会组织改善社会环境和社会关系，塑造组织形象的有效方式之一。

资料来源：任焕琴主编．公共关系实用教程［M］．北京：北京大学出版社，2012．

4. 预留赞助机动款

在赞助计划制订时，要考虑保留一部分机动款项，以解决实施赞助过程中临时变动情况引起的费用增加。

5. 注意赞助后的宣传

要尽量利用赞助活动去宣传。活动的主办只能给赞助人提供机会，而怎样利用赞助进行宣传则是赞助者自身需要认真思考的一件事。

6. 重视赞助活动的积极作用

开展赞助活动，必须要配合各种公共关系手段，尽量利用赞助活动开展宣传，体现出组织负责任和积极承担社会义务的形象，增进社会公众对组织的理解和支持，增加组织的社会影响力。不能刻意追求广告效应而削弱社会组织的形象。

9.4.5 开展赞助活动遵循的原则

1. 注重效益

组织应该重视赞助活动的积极作用，不能把赞助活动视作组织的额外负担，也不能利用赞助活动极力宣传，刻意追求广告效应。但是，开展赞助活动，必须注重效益。组织应优先选择社会慈善福利事业、教育文化事业和公共设施建设等作为赞助对象。通过赞助活动，应该能够体现出组织负责任和积极承担社会义务的形象，要注意增进社会公众，特别是社区和政府公众对组织的理解和支持，实现良好的社会效益。

 阅读案例 9-10

加多宝：让公益事业深入人心

中国好声音倍受人们的喜爱，而随着其一季一季地播出，其特约赞助商"加多宝"，如今在市场上已经打下了牢固的根基。当然，加多宝之所以深受消费者的欢迎，除了中国好声音的助推之外，自身所具有的产品品质以及品牌效应都是经受住市场以及消费者的考验的。对于加多宝企业品牌的知名度和美誉度来说，加多宝自身所代表的就是一个良好的公益形象。

多年以来，加多宝集团主动为各地区发展尽心尽力，积极做好灾区重建发展工作，在多个地区地震中，加多宝企业主动承担其社会责任，树立了一个良好的企业形象和企业品牌。2008年5月18日，加多宝向四川汶川地震灾区捐款1亿人民币；2010年4月，向青海玉树地震灾区捐款1.2亿元人民币；2010年年初，送水驰援西南旱区，共计61000箱昆仑山天然雪山矿泉水；等等。

除此之外，加多宝集团还主动构建扶贫济困、全民公益以及爱心助学等多个公益平台。在这些公益活动中，有的时间长达15年之长久，覆盖了全国近40多个省市。据悉，为促进教育事业的发展，满足更多学生有书可读的心愿，加多宝集团资助学生超过2000人次，所资助金额不可估计。

与此同时，加多宝集团还积极做好响应消费者的活动，在全民公益活动中，毅然花费重金在中央一套、二套、四套以及21个地方级电视台黄金时间段投放宣传关于全民公益的公益活动广告，积极做好带动社会各界为困难地区加快发展做出贡献。这样，在活动中，其企业形象本身就是一个无冕的公益王者品牌。

总之，坚持"产品自身效益"和"社会效益"两手抓的企业发展模式，是加多宝集团深得人心、加多宝凉茶深受消费者欢迎的主要原因之一。

资料来源：中国联合商报. 加多宝：让公益事业深入人心. 2015年1月16日.

2. 量力而行

组织的赞助行为要根据自身经济实力量力而行，有计划地开展赞助活动。组织在权衡赞助对象的需要和企业自身的承受能力时，应选择符合自身承受能力的有效的赞助形式。

3. 长期稳定

组织的赞助行为不是一时兴起的随意行为，而应根据组织的发展战略，确定赞助的目的和赞助的对象，制订长期、中期、短期赞助计划体系，同时，还要注意赞助活动的稳定性和一贯性，开展长期的、多方位的赞助，并落实赞助资金。

4. 遵守法纪

在选择赞助对象和具体的赞助活动操作过程中，组织都必须遵守国家的相关法律法规。遵守法纪是赞助活动有效进行的必要前提。

9.5 联谊活动

联谊活动是一种最常见的社交形式,是社会组织为增进与内部及外部公众之间的情感沟通与联系而筹办的一种公共关系专题活动。公共关系联谊活动的具体形式很多,主要包括茶话会、座谈会、聚餐会、舞会、卡拉OK演唱会、游艺大联欢、文艺晚会、电影晚会等。实际上,无论哪种形式的联谊活动都必须精心安排和巧妙设计。这里仅介绍舞会和晚会。

 阅读案例9-11

金六福的"福文化":2015春节客户联谊会

2014年11月底,以"共进共赢·与福同行"为主题的金六福2015春节核心网点客户联谊会在全国启动,拉开了金六福春节幸福大剧的序幕。

距离新年还有两个月,年味尚浅。但是在全国各地,金六福核心网点客户联谊会的遍地召开,如寒冬里燃起的一把火,提前带来了新年的温暖!

据金六福品牌负责人透露,相对于传统的订货会,今年的联谊会更加"小而精",强调更小规模、更强氛围、更深沟通,从物料设计制作、视频制作,到人员邀请、前期宣传、会场布置,联谊会前期都进行了精心的策划和筹备。希望通过卓越的氛围营造,让这群"天下最幸福的卖酒人"强烈感受到金六福的"福文化";通过面对面的沟通,充分传达公司政策,讲解生意机会,更好建立客情。

今年的客户联谊会在环节设置、现场组织上多有创新:专门为联谊会制作的活动视频,形象地展示了春节活动方案,一开始就抓住了大家的注意力,感受到赢的力量;各区域负责人对春节活动方案的系统讲解,更增强了核心客户赢的信心。

据参加江苏启东联谊会的某客户表示,优秀的产品,更需要醒目的陈列!金六福一线市场人员创意层出不穷,创新的产品陈列方式"福气节节高""父子堆"等让人眼前一亮,堆堆都是幸福,很令人震撼!

另据了解,目前,金六福全国各市场客户联谊会正如火如荼地开展中。接下来,亮点街道、氛围一条街、超级幸福堆等活动即将开始。2014年12月27日,金六福"幸福大篷车"也将起程开往全国。

资料来源:中国网.金六福2015春节核心网点客户联谊会火热启动.2014年12月19日.

9.5.1 舞会

舞会也称社交舞会,起源于西方,主要流行于上流社会。宫廷舞会、上流舞会、家庭舞会、成年舞会、慈善舞会等五花八门,其中尤以"维也纳新年舞会"最为著名。根据规格不同,舞会可分为大型舞会和小型舞会。舞会是一种比较轻松、活跃的社交活动,也是公共关系人员经常举办的联谊活动的一种形式。组织为广结善缘、联络感情,举办舞会是必要的。

1. 舞会的组织工作

舞会能否获得成功,舞会的组织工作是至关重要的。在组织公共关系舞会时,应当注意的主要问题如下:

(1) 被邀请的男、女客人人数要大致相等。对已婚者,一般均请夫妇。若是企业内部舞会,可根据人员情况邀请外单位参加,如部队男性较多、纺织厂女性较多。

(2) 正式的舞会要发请柬。请柬上应注明舞会延续的时间,客人可在期间任何时候到场和退席。一般情况下,舞会最适于傍晚开始举行,并以不超过午夜为好。其最佳的长度,通常被认为是2～4小时。

(3) 确定舞会举行的具体地点。既要考虑人数、交通、安全问题，更要注意其档次与气氛是否适宜举办舞会。与此同时，还需量力而行。舞会场地应宽敞，主办人一定要注意的是，邀请总人数要与场地舞池的大小相适度，人均1平方米最佳，人太多显得拥挤，舞者不能尽兴，人太少显得冷清。

(4) 舞池地板要上蜡保持光滑。舞厅内可以用纸花彩带和各色彩灯装饰，把握光线明暗，光线要柔和，不宜过强。最好安排乐队伴奏。舞池的周围最好设置足够的桌椅，专供跳舞者在舞会期间休息之用。应在场地、灯饰、舞曲等方面为客人创造热烈气氛。

(5) 举办舞会，在主人一方，为了做好接待工作，必须要明确舞会的主持人和招待员。常见的接待工作主要是迎送来宾、为来宾服务、邀请单个的来宾共舞和为遭到异性纠缠的来宾解围。

(6) 如有必要和条件，应准备咖啡、茶、点心等食品，以便客人食用。

2. 参加舞会应注意的礼貌

(1) 参加舞会前最好先吃些东西，不要饿着肚子前往，也不要在舞会前饮酒或食用有浓烈刺激气味的食物。舞会中饮酒要自制，酒精能使人兴奋，让整个舞会的气氛更加热闹，但一旦喝多了，可能会胡言乱语或是当场呕吐，这样就非常尴尬。酒量如何，自己心里应该有数。

(2) 参加舞会服装要整洁、大方，仪表要修饰。女子可以化淡妆，穿得漂亮些。男子也应适当讲究，一般穿西服，显得大方、文雅。即使天气炎热，如主人未表示请宽衣，男宾不能随意脱下外衣。头发要梳整齐。跳舞时，纽扣要扣好。不能戴口罩。

(3) 进入舞场，要先坐下来，观察一下全场情况，适应一下气氛。没有带舞伴的，要慢慢地寻找合适的伴舞对象。邀舞一般都是男子邀请女子共舞，如果对方婉言谢绝，也不必介意，更不应勉强。女子则不要当个不合群的"冰山美人"。参加舞会就是要多认识新朋友，拓展社交圈。不能在舞会中谁也不搭理，只是自顾自地吃喝，或是因为不擅交际，便跑到墙边当壁花，这都不合舞会应有的礼仪。

(4) 正式的舞会，第一场舞，主人夫妇、主宾夫妇共舞(如夫人不跳，也可以由已成年的女儿代之)。第二场，男主人与主宾夫人，女主人与男主宾共舞。舞会上，男主人应该陪无舞伴的女宾跳舞，或为她们介绍舞伴，并要照顾其他的客人。男主宾应轮流邀请其他女宾，而其他男宾则应争取先邀请女主人共舞。

(5) 男方邀请女方共舞，如其丈夫或是女方的父母在旁，则应先向其丈夫或父母致意，以示礼貌。请舞时，男士走到女伴前，行15°鞠躬礼，伸出右手并说："可以请您跳舞吗？"待对方同意并起立后，陪伴对方进舞池，再与之共舞，切不可拉起女方便舞。如对方不同意，不能勉强。一曲完毕，男方应向女方致谢，并陪送回到原来坐处，并向其周围亲属点头致意后离去。

(6) 女方无故拒绝男方邀请是不礼貌的，如实在不愿意同某人共舞，可婉言辞谢。已辞谢邀请后，一曲未终，不要同别的男子共舞。

(7) 跳舞注意舞姿，男方的右手应在女方腰部正中，不能超过女方腰的中部。跳舞动作不要过大，也不要过于剧烈。自己不熟悉的舞步，不要下场。

(8) 男子避免全场只同一位女子共舞,切忌同性共舞。

(9) 跳舞时不可以吸烟,不要大声喧哗,以免破坏气氛和秩序。

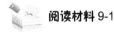 阅读材料 9-1

"舞会"场合"注意"两则

1. 舞会商业活动场合不得奏唱国歌

中共中央办公厅、国务院办公厅发布的《关于规范国歌奏唱礼仪的实施意见》中有关国歌"奏唱场合"有两点明确说明:

(1)国歌可以在下列场合奏唱。重要的庆典活动或者政治性公众集会开始时,正式的外交场合或者重大的国际性集会开始时,举行升旗仪式时,重大运动赛会开始或者我国运动员在国际体育赛事中获得冠军时,遇有维护祖国尊严的斗争场合,重大公益性文艺演出活动开始时,其他重要的正式场合。

(2)国歌不得在下列场合奏唱。私人婚丧庆悼,舞会、联谊会等娱乐活动,商业活动,非政治性节庆活动,其他在活动性质或者气氛上不适宜的场合。

资料来源:南方日报.舞会商业活动场合,不得奏唱国歌.2014年12月13日.

2. 舞会场合需遵守的黄金法则

舞会是一个高尚且讲究礼仪的社交活动,也是展示魅力的场所,许多不同的舞者,不同风格的舞蹈都可能在舞台上同时呈现,这时,我们就需要遵循一些传统的舞会礼仪。

不断向前舞动的舞蹈应该放在舞台的外围部分(逆时针方向,也叫舞程线)。根据舞者的前向运动速度,也有两种舞道,分别是外(快)道和内(慢)道。在两条外道中的舞蹈包括:华尔兹舞、狐步舞、探戈、维也纳华尔兹及两步舞。这些舞者通常有先行权,但是不能够穿过舞台中央!

舞台的中央是排舞、现场舞蹈以及定位舞,如摇摆舞、西海岸摇摆舞、慢舞及恰恰。除非所有的舞者都在外道舞蹈,否则,千万不要站错地方了。

资料来源:百度网站.舞会中需要注意的舞会规范.2013年6月19日.

9.5.2 晚会

晚会是以某个具体的事件为主题,通过邀请来宾参加以文艺、体育、游戏、竞赛等多种活动为内容的聚会来开展公共关系专题活动。它能使与会者共同参与、互相交流,既得到了休息、娱乐,又有一种自我参与感。因此,晚会开始受到各方面的欢迎,呈现出日益流行的趋势。

1. 晚会的类型

组织为了扩大影响、联络感情、提高知名度,常举办或赞助一些大型晚会。例如,在传统节日、喜庆活动时,各地按本地风俗组织的形式多样的聚会和活动。

晚会的种类很多,常见的晚会包括:①节日晚会。逢年过节,组织要通过节日晚会的活动形式畅谈取得的成绩、展望未来的事业,营造吉祥喜庆的气氛。如春节联欢晚会、元旦迎新晚会、中秋赏月晚会。②迎送晚会。迎送晚会主题应围绕着被迎送人员或其工作、学习的性质而定。晚会可采取座谈的形式、也可采取晚餐的形式,之后举行晚会表演。③庆祝晚会。④游艺、竞赛晚会。⑤文艺晚会。⑥篝火晚会。⑦体育晚会等。

2. 晚会的程序

组织晚会应成立一个专门的班子，由公共关系部门负责，下设指挥、接待、宣传、保卫、后勤等职能人员。一般来说，晚会有如下程序：

(1) 确定主题。举行此次晚会的原因或目的，如迎接新年、春节等。

(2) 选定节目。应从活动的目的出发，根据客人的欣赏习惯与兴趣选定节目。一般应选择具有客人本国或本民族风格的节目，并要了解节目内容，避免因政治内容或宗教信仰、风俗习惯等问题造成的不愉快。

(3) 发出邀请。发出邀请要选用较为讲究的请柬。用主客双方文字印刷并提前提供给客人。请柬可附带晚会主要内容的提示、节目顺序表和节目说明。

(4) 座位安排。一般应根据客人的身份事先安排座位。观看文艺节目，一般以第七、八排座位为最佳，看电影则十五排前后为宜。专场演出通常把贵宾席留给主人和主要客人，其他客人可以排座位，也可以自由入座。如要求对号入座，应将座位号与请柬一起发出。

(5) 入席与退席。专场演出，可安排普通观众先入座，主宾席客人在开幕前由主人陪同入场。演出进行中，观众不得退场。演出结束，全场起立向演员热烈鼓掌表示感谢，一般观众待贵宾退场后再离去。

(6) 献花。许多国家习惯演出结束后向演员献花。我国讲究主随客便，主人一般不提示客人给演员献花和上台与演员握手。如来宾提议献花、接见或照相，主人要陪同客人一起上台。

(7) 摄影。为了保证演出效果和维护剧团专利等原因，许多国家禁止在演出中摄影。我国招待国宾举行的专场文艺演出，可以拍摄新闻照片和电视。

3. 参加晚会应注意的礼貌

(1) 收到晚会请柬或入场券应准时参加，因故不能参加，应及早向邀请单位说明情况，以便另行安排。

(2) 参加晚会，服装要整洁、大方。入场后应脱帽，以避免影响后排视线。但篝火晚会和游艺晚会服装一般较随便大方，礼仪也没有更多限制。

(3) 节目演出时，不要敲桌椅、吃东西、哼唱或聊天等，咳嗽声音要尽量小，严格禁止喧哗。

(4) 不能在场内吸烟。

(5) 每个节目演完后，应热烈鼓掌致谢，遇到精彩节目，可以欢迎重演，但次数不宜太多。不同节目喝彩形式不同，如京剧等戏曲节目，可在精彩处随时喝彩鼓掌，而交响乐等要在一曲终了时再鼓掌。

(6) 参加文艺晚会中途不要早退，遇急事必须离场，可等一个节目结束后悄然离开，不要使桌椅响动，免得影响别人观看。

9.6 宴　　请

为了联络感情、增进友谊或融洽气氛，公共关系交往中常常采用邀请对方共同进餐的方式。宴请是增进友谊、联络感情的最常见的公共关系活动方式之一。组织宴请是一项繁琐的工作，需要认真准备和组织。

9.6.1 宴请的类型

根据不同的交际目的、邀请对象以及经费开支(公务宴请和家庭宴请)，常见的宴请形式可以分为以下几种：

1. 宴会

宴会为正餐。在宴别上有国宴、正式宴会、便宴之分；在举行时间上，有早宴(早餐)、午宴、晚宴之别。其隆重程度、出席规格，以及菜肴的品种与质量等均有区别。晚上举行的宴会较之白天举行的更为隆重。正式宴会一般以晚宴为主，有固定的菜式。开宴前双方有正式致辞，有座次安排，席间可交谈。一般用于隆重的迎送、欢庆等礼节交往。便餐，即便宴，早茶、午宴、晚宴均可，形式不拘，不致辞讲话，无座次安排，菜式也简便，席间交谈灵活自然，气氛亲切友好，适用于日常相互之间的友好往来。

2. 酒会

酒会又称鸡尾酒会。以招待酒水为主，略备小吃。酒会不一定都备鸡尾酒，但酒水和饮料的品种应多安排一些，一般不备烈性酒。食物多为各色面包、三明治、小泥肠、炸春卷等，以牙签取食。酒水和小吃由招待员用盘端送，也可置于小桌上由客人自取；酒会不设座椅，宾主皆可随意走动，自由交谈。这种形式比较灵活，便于广泛接触交谈。举行的时间亦较灵活，中午、下午、晚上均可，持续时间两小时左右。在请柬规定的时间内，宾客到达和退席的时间也不受限制，可以晚来早退。酒会多用于大型活动，因此，可以利用这个机会进行社会交际和商务交际。

3. 冷餐会

冷餐会又称自助餐，是一种方便灵活的宴请形式。其基本特点以冷食为主，站着吃。一般不设正餐，可以有热菜，不安排席次，但也设一些散坐，供老弱、妇女使用。菜肴、酒水和饮料连同餐具放在长条菜桌上，供客人自取，也可由服务员端送。这种宴请形式，一是不设固定席位，客人可以自由活动，边走边吃；二是便于接触交谈，广泛交往；三是可以容纳更多的来宾。其布置也比正式宴会简便，可以在室内，也可在院子里进行。根据宾主双方身份，冷餐会的规模隆重程度可高可低，还可视财力情况掌握丰俭，举办时间一般安排在中午12时或下午6时，每次进行两小时左右。用餐时要"一次少取，多次取用"，要注意社交形象。须知，参加冷餐会，吃是次要的，与人交谈才是主要任务。

4. 茶会

茶会是一种更为简便的宴请形式，大多安排在正餐时间前(下午2—4时，或上午10时左右)，以咖啡、茶、点心招待。通常设在客厅而不在餐厅，设茶几、座椅，不排座次。茶会对茶叶、咖啡及器具的要求较讲究，茶具要用陶瓷器皿而不用玻璃杯，用茶壶而不用热水瓶，咖啡最好是现煮的而不是速溶的。可略备茶点。

5. 工作餐

工作餐是现代交际中常采用的一种非正式宴请形式，利用进餐时间，边吃边谈工作。

这种宴请只请工作人员。工作进餐按时间分为早餐、午餐和晚餐，但一般为午餐。双边工作进餐往往排席位，为便于谈话，常用长桌。工作宴会以干净、幽雅、便于交谈为宜。

6. 家宴

家宴即一般在家中设便宴招待客人，以示亲切、友好。家宴在社交和商务活动中发挥着敬客和促进人际交往的重要作用，西方人喜欢采取这种形式。家宴按举行的时间不同，分为早宴、午宴和晚宴；在宴请形式上又可分为家庭聚会、自助宴会、家庭冷餐会和在饭店请客等几种。家庭聚会是我国目前采用最多的一种请客形式。这种家宴规模较小，形式简单，气氛亲切友好，一般由女主人操办，适合宴请经常往来的至亲好友。自助宴会的特点是灵活自由，宾主可以一起动手准备，大家合作各显其能，边准备边聊天，这种形式比较随便、自然、亲切。家庭冷餐会以买来的现成食品为主，赴宴的客人可以站着吃，也可以坐着吃，还可以自由走动挑选交谈对象，这种形式比较受年轻人的欢迎。在饭店请客或请厨师在家中做菜宴客，是较为正规的家宴形式，适用于宴请某些久别的亲友和比较尊贵的客人，或者规模较大的婚宴、寿宴等。

9.6.2 宴请的组织

1. 确定宴请的目的、名义、对象、范围和形式

一般的宴请都有明确的目的，如庆祝纪念日、庆功、答谢、招待来访代表团等。为此，要考虑邀请哪些方面的人士出席、请到哪一级别、请多少人、主人一方由谁出面作陪。大型宴请一般以单位名义发邀请，也可以个人名义发邀请；小型宴请可视具体情况以个人或夫妇名义邀请；工作进餐可以单位名义发邀请。宴请采取何种形式要视具体情况而定。人数少、规格高的以宴会为宜，人数多则以冷餐或酒会更为适宜，知识分子、妇女界或海外回归人士的活动多用茶会。

2. 确定宴请时间、地点

宴请应选择对主、客方都方便的时间。宴请外宾时尤其要注意对方的禁忌，如最好不要选在13号，更不能在星期五的13号请信奉基督教的人士；伊斯兰教在斋月内白天禁食，宴请宜在日落后进行。小型宴请应先征询主宾的意见，主宾同意后，时间即被确定，可以按此时间约请其他宾客。

宴请地点的选择方面，官方正式隆重的活动，一般安排在政府宾馆或饭店举行。其余按活动性质、规模大小、形式、主人意愿及实际情况确定。选定的场所要交通便利、环境安静舒适、大小适度。

3. 发出邀请

宴请一般均发请柬，这既是一种礼仪，也是对人的备忘提醒。便宴经约妥后可不发请柬，工作进餐一般不发请柬。请柬一般要提前1～2周发出，以便邀请人及早做安排，已口头约定的通常还要补发请柬。需要安排座次的宴请，往往要在请柬上注明或在请柬发出后，用电话询问，以落实被邀请人能否出席。比较隆重、正式的大型宴会，最好先排好席位，并在请柬下角注明席次号。请柬的内容一般应包括活动的主题、形式、时间、地点、主人的姓名等。

4. 确定宴请规格

宴请规格对活动效果有着明显的影响。宴请规格一般应考虑宴会出席者的最高身份、人数、目的、主人情况等因素。规格过低，会显得失礼；规格过高，则无必要。

5. 菜单的拟订

应根据宴请的形式和规格安排酒菜，选菜应主要考虑主宾的口味和禁忌，而不是以主人的爱好为准。例如，个别人有特殊要求，应给予特殊照顾。大型宴请更应照顾到各个方面，菜肴的道数和分量要适宜，内容要体现当地特色。如需要，还应印制精美的菜单，一般一桌放置2～3份，也可一人一份。

6. 席位安排

正式宴请一般均排桌次和席位。也可只排部分座位，其他人只排桌次或自由入席。席位排定事先均应通知每位出席者，大型宴会还要有人引导，以免混乱。

在桌次的安排上，要遵循"面门定位""以右为尊""以远为上"三条规则。此外，还应兼顾其他各桌距离主桌(即第一桌)的远近：通常距主桌越近，桌次越高；距离主桌越远，桌次越低。具体的桌次排列参考图如图9.1所示。

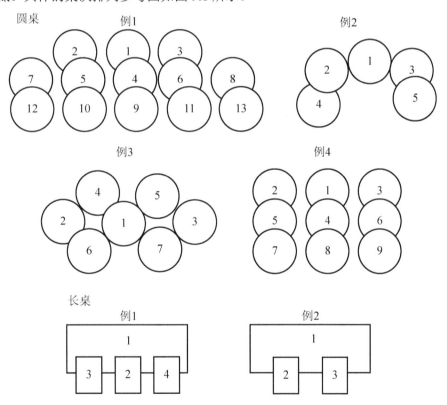

图9.1 具体的桌次排列参考图

各桌席位之尊卑，应根据其距离该桌主人的远近而定，以近为上，以远为下；各桌之上距离该桌主人相同的位次，讲究以右为尊，即以该桌主人面向为准，其右为尊，其左为卑。我国习惯于按职务高低安排席位，如有夫人及女士出席，通常将女方排在一起。即以男主人为准,男主宾在男主人右手方,女主宾在女主人右手方。外国习惯男女穿插安排,以女主人为准,男主宾在女主人右手方,女主宾在男主人右手方。两桌以上的宴请,其他各桌第一主人的位置可以与主桌位置相同,也可以反向。图 9.2 所示为席位排列参考图。

另外,每张桌上所安排的用餐人数应限于 10 人之内,并宜为双数。

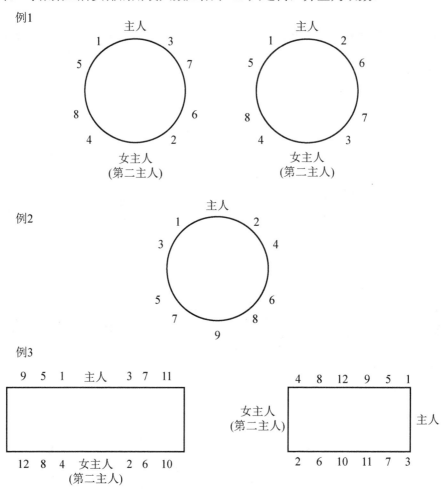

图 9.2　席位排列参考图

阅读案例 9-12

G20 峰会晚宴座次显"看点"

G20 峰会的欢迎晚宴座次,东道主国家有自主权。很多观察家认为,与美食相比,真正最重要的是领导人的座次,体现了东道主国家的精心安排。

2009 年 4 月 1 日,G20 峰会在英国伦敦举行。在唐宁街 10 号的欢迎晚宴上,各国领导人列席。作为东道主,时任英国首相布朗坐在了椭圆形宴会桌的主人位置。时任中国国家主席胡锦涛坐在他右侧,时任印尼总统苏西洛坐在布朗的左侧。出人意料的是,美国总统奥巴马并没有坐在布朗附近,而是坐在布朗的斜对面,两边分别是时任韩国总统李明博和德国总理默克尔。

那次峰会之前扬言"如果峰会不能满足要求,中途将退出"的法国时任总统萨科齐,最终没有退出,布朗还特意在晚宴上把他安排在胡锦涛旁边。

项目 9 公共关系专题活动

2010年在首尔举行的G20峰会上,主办方韩国政府精心挑选了"国立中央博物馆"招待各国领导人。在博物馆举行的欢迎晚宴上,胡锦涛和奥巴马在餐桌的两边面对面用餐。俄罗斯前总统梅德韦杰夫和巴西前总统卢拉分别坐在胡锦涛两侧。时任阿根廷总统克里斯蒂娜和韩国总统李明博坐在奥巴马两侧。李明博座位的另一侧是时任英国首相卡梅伦。

各国元首们的晚餐非常简单,仅有三道热菜、一份点心和一份热饮。晚宴中提供的食物包括横城的韩牛、盈德的螃蟹、多岛的海斑纹鱼、西海的比目鱼、汉拿山的柑橘。

资料来源:新京报.G20峰会晚宴、合影位置安排的玄机.2013年9月5日.

7. 餐具的准备

应根据宴请人数和酒、菜的道数准备足够的餐具。一切餐具用品都要确保清洁卫生。正式宴会还应准备每道菜撤换用的菜盘。中餐应准备筷子、盘、碗、匙、小碟、酱油碟等;佐料应一桌数份;公筷、公勺应备有筷、勺座,其中一套摆在主人面前;餐桌上应备有烟灰缸3~5套(女宾可减少)和牙签。西餐应准备刀、叉、匙、盘等;要注意餐具的不同用法,酒杯要区分不同酒种。

8. 宴请的程序

(1) 迎宾。主人一般应在门口迎接客人,主动招呼问好,表示欢迎,帮助脱、挂衣帽。

(2) 引座。引座时,按先女宾后男宾、先主宾后一般来客的顺序。

(3) 上菜。正式宴会上,上菜是从坐在男主人右边的女宾开始的,在斟酒、派菜、分汤、送饭时,均按此顺序进行。新上的菜要放在主宾面前。上菜顺序一般是先上冷盘,再上热菜,最后上甜点、水果等。

(4) 祝酒。如果有祝酒和正式致辞,我国一般习惯在热菜之后、甜点之前进行,主人先讲,然后主宾讲,也有一入席即讲话的。冷餐会和酒会的讲话时间较灵活。

(5) 保持宴会气氛的亲切、热烈。主人掌握宴会气氛,公共关系人员也要注意不时提出些具有共同兴趣的话题,避免争论和谈论工作等较严肃的话题。

(6) 宴会结束。吃完水果,主人与主宾起座,宴会即告结束。主宾告辞,主人应送至门口,热情话别。

9. 总结

每次宴请结束后,组织者应及时总结经验和教训。对没有达到预期目的的宴请活动要及时采取补救措施。例如,对因故没有出席的重要客人要购礼品登门拜访;对在宴会中出现的意外事故,可对当事人表示慰问等。

本 章 小 结

公共关系专题活动,是指社会组织为了某一明确目的、围绕某一特定主题而精心策划的公共关系活动。

庆典是组织围绕自身重大事件、活动所举行的典礼、仪式等公共关系专题活动的总称。庆典活动丰富多彩,常见的有开业(幕)典礼、周年纪念活动、特别庆典(如庆功、表彰活动)、节庆活动等。

展览会是一种综合运用各种媒介、手段,通过人员、文字、图表、产品实样以及各种影像资料来展示组织形象、传播组织信息的公共关系专题活动方式。

> 新闻发布会，又称记者招待会，是指以某一社会组织的名义邀请新闻机构的有关记者参加，由专人宣布有关重要信息，并接受记者采访的具有传播性质的一种特殊会议。
>
> 赞助活动，是指社会组织以不计报酬的捐赠方式，出资或出力支持某项社会活动、某种社会事业。
>
> 联谊活动是一种最常见的社交形式，是社会组织为增进与内部及外部公众之间的情感沟通与联系而筹办的一种公共关系专题活动。
>
> 宴请是增进友谊、联络感情的最常见的公共关系活动方式之一。常见的宴请形式可以分为以下几种：宴会、酒会、茶会、工作餐、家宴等。

关键术语

庆典　展览会　新闻发布会　赞助活动　联谊活动

综合练习

一、名词解释

开业(幕)典礼、纪念活动、公益事业、体育赞助、宴请

二、简答题

1. 开业(幕)典礼的程序包括哪些步骤？
2. 展览会的特点、类型有哪些？展览会的程序和注意事项有哪些？
3. 新闻发布会的程序和注意事项有哪些？
4. 举例说明赞助活动的类型、原则及活动步骤。
5. 联谊会的程序和注意事项有哪些？
6. 组织舞会应注意哪些礼貌？
7. 晚会的种类和程序有哪些？
8. 组织宴请应做好哪些工作？

三、讨论题

1. 有些酒店开业典礼的仪式结束后，会请来宾参观酒店环境及设施并在酒店用餐。你认为适当吗？为什么？
2. 如果要在你所在的大学举办一场学生科技活动展览会，时间安排在12月底，地点选择学校操场，拟邀请10名著名歌星助兴。你认为适当吗？为什么？
3. 某企业在选择赞助对象时有一条规则：除了上级领导或有关主管政府职能部门(如行业主管、工商、税务)外，其他一概不管。遇到这些单位拉赞助，就算不能满足或不能全部满足要求的，也努力满足或尽量瞒天过海，防止引起他们的不满。你认为适当吗？为什么？
4. 纺织厂组织元旦舞会，场地、灯饰、舞曲、茶点等条件都精心准备，但开场后不到半小时，人们就纷纷离开，偌大的舞池，只有两三对在起舞，还都是女同胞共舞。请问如何解决？

5. 某公司为答谢全国的重要客户决定在一家酒店举行宴请活动,为方便邀请人及早做安排,该公司提前4周发出了请柬。可是到还有1周时,突然接到通知,该公司将接受上级为期2周的非例行联合大检查,该公司该怎么办?

 实际操作训练

课题9-1:筹办庆典活动

实训项目:筹办开幕庆典

实训目的:学习怎样筹办庆典活动

实训内容:分小组情景模拟学校超市周年庆典活动。具体内容如下:庆典临时工作小组的成立、活动目标及活动主题的确立、选择场地、邀请宾客、开幕典礼的舆论宣传工作、场地布置、典礼台的设计、物质准备(礼品准备、设备准备、交通工具准备、就餐准备、庆典活动所需用品的准备)。

实训要求:将参加实训的学生分成若干小组,分别参加庆典活动的不同环节,轮流互动体验。

课题9-2:举办展览会

实训项目:班级小型专题展览会

实训目的:了解小型专题展览会的筹办流程

实训内容:确定展览会的主题和目的;考量参展同学的范围,完成设计制作,收集展品;规划展览总体结构,确定展览的时间和场地,布置展厅;准备展览会的辅助设备和相关的服务项目,准备各种辅助性的宣传资料;编制展览会的费用预算;对展览会的效果进行评估。

实训要求:要求参加实训的学生都能提供关于展览主题的作品,营造温暖的展览气氛,模拟展览的流程。

课题9-3:举办联谊活动

实训项目:策划班级元旦晚会

实训目的:掌握开展联谊活动的策略和技巧

实训内容:做一份完美的班级元旦晚会策划书,筹划一次精彩的元旦节活动。要确定元旦晚会主题、时间、地点、晚会工作人员的主要职责、晚会注意事项及相关要求。

实训要求:将参加实训的学生分成若干小组,开展元旦晚会策划书的制作,承担不同的工作人员角色。

课题9-4:开展宴请活动

实训项目:班级宴请活动的策划

实训目的:熟悉宴请活动的注意事项

实训内容:做一份完美的班级宴请活动策划书,确定宴请的目的、主题、对象、范围和形式,确定宴请时间、地点,并按照中国人的习惯排列宴请的席位和座次,模拟做好宴请的程序(迎宾、引座、上菜、祝酒)环节。

实训要求：将参加实训的学生分成若干角色，分别体验迎宾、引座、上菜、祝酒的宴请程序，并参与席位和座次的安排工作。

【案例分析】

根据以下案例所提供的资料，试分析：
(1) 2013年"梅赛德斯-奔驰"全新A级车媒体发布会为什么选择在上海举办？
(2) 从这个案例中你得到了什么启示？

分析案例

2013年"梅赛德斯-奔驰"全新A级车媒体发布会

"梅赛德斯-奔驰"计划于2013年4月在华推出全新A级车，并将这次活动作为参加2013年中国国际车展之前的预热活动，以期在中国最盛大的车展活动期间实现最大的宣传力度。为此，梅赛德斯-奔驰需要为其在华举行的新闻发布会采取一种独特的方式，以便在"A-Space创意空间体验之旅：新血来袭"这一特别主题之下，把全新A级车定位为一款炫酷车型。

"A-Space创意空间体验之旅"为参与者提供了一个表达个性的平台，以创新形式演绎了快节奏现代生活的多重魅力，带领参与者一同探索和感受全新A级车无处不在的动感激情的生活方式。这次活动的举办地选择在中国最具国际色彩的城市——上海，这里充满了中西方文化的冲击，如同全新A级车一样极具活力和激情。同时，上海也是中国的奢侈品之都。根据世界奢侈品协会的数据，2010—2011年间，上海占中国奢侈品市场总销售额的18.3%，位居全国之首。所以，对于全新A级车这一款豪华紧凑车来说，上海市场具有巨大潜力。

项目策划

目标：全新A级车腾空出世，其口号"新血来袭"展现出其代表的年轻无畏的进取精神，以及一种对于个性化生活的无限追求。在中国规模和影响力最大的年度车展开幕之前持续进行的这次预热活动，最主要的目标是确保梅赛德斯-奔驰在众多汽车厂商中脱颖而出，赢得新闻界和消费者的关注。

策略：在上海车展之际上市的全新A级车，为中国的消费者带来了全新的生活方式选择，并将引领新时代汽车发展的方向。此次活动作为上海车展前的精彩预演，更将提前展现属于全新A级车的精彩世界，营造出一种令人炫酷迷炫的时尚氛围，引领所有具备年轻精神的人群去感受那种全新世界。所以这次活动的主题定位是"A-Space创意空间体验之旅：新血来袭"。这次活动中将未来零售店的概念运用于品牌营销，运用全新的公关传播新思维，更大胆践行未来汽车零售店的营销模式。同时，活动中将采用新媒体和传统媒体之间的跨媒体平台合作，为未来多媒体整合传播开拓新的方向。

目标公众：直接受众为220家媒体记者及40位意见领袖。间接受众为奔驰车现有客户；全新A级车目标客户——具有年轻、积极的心态，渴望自由，不追随，不盲从，有大想法并且勇于实践的都市人群。

传播策略：多角度传播，通过不同的角度诠释"新血来袭"的"A-Space创意空间体验之旅"，实现传播角度的多元化。并通过不同层次的声音、方式代表不同的人群，全面、立体地报道整个活动。

媒介选择：梅赛德斯-奔驰和Powell Tate的战略是充分利用多种社交媒体平台，并充分发挥包括中国名人和时尚明星在内的社交媒体意见领袖的网上影响力，以此宣传全新A级车的前卫个性。活动前与一些国内知名意见领袖合作，在全新A级车上市之前掀起了网络宣传热潮。之后，在活动中再次发起一场覆盖新浪微博、微信和视频共享平台的多角度网上传播活动，进行深入而精彩的报道。

项目评估

效果综述："A-Space创意空间体验之旅"成功地举办，得到了社会各方面的良好反馈。活动本身气

氛热烈,完美地诠释了活动主题,多种多样的互动形式使得现场嘉宾热情参与,对新媒体的全新应用进一步扩大了活动的影响力和号召力。此外,本次活动也为全新 A 级车在上海车展的上市起到了良好的预热作用。

现场效果:共有 219 家全国、地区、网上、汽车和生活媒体及 37 位意见领袖愉快地参加了 "A-Space 创意空间体验之旅"活动。总体参与率惊人之高,超过了 97%。参与本次活动的媒体、意见领袖、经销商和客户给予了大量的积极反馈,他们从中获得了独特难忘的体验,并在轻松的氛围中与梅赛德斯-奔驰的高管近距离接触,从而愉快地了解了 A 级车的产品特性。

市场反应:本次活动通过传统媒体与新媒体的全面报道,将全新 A 级车所蕴含的新生代生活理念诠释得淋漓尽致,在传播的广度、深度、创新方面都堪称当代媒体公关案例的范本,在社会上引起了广泛的好评。

资料来源:中国公共关系网编委会.2013 最具公众影响力公共关系案例集[M].北京:企业管理出版社,2014.

项目 10 危机管理

教学目标

通过本章学习,了解公关危机的概念、类型及特征,理解公关危机产生的原因和危机处理的重要性,掌握危机管理的特性、程序、原则及其实际操作方法和技巧。

教学要求

知识要点	能力要求	相关知识
危机预防	了解危机爆发的一些征兆	危机爆发的征兆
危机处理	能够掌握危机处理的原则、程序及实际操作方法和技巧	危机处理的程序

项目 *10*

危机管理

 导入案例

锦湖轮胎面临严重危机

2011年的央视"3·15"晚会,扔出首枚重磅炸弹,世界十大轮胎制造商之一锦湖轮胎原料大量掺假,为减少成本不按照比例掺胶,而使用大量返炼胶,严重影响轮胎的质量,给采用其品牌轮胎的汽车带来了安全隐患。锦湖轮胎是全球十大轮胎企业之一,在国内为包括上海通用、上海大众、一汽大众、北京现代、东风悦达起亚、神龙汽车、一汽轿车、奇瑞、比亚迪、长城汽车、哈飞汽车、华晨汽车12家汽车企业的35款车型提供配套轮胎,在中国国内配套市场占有率第一。其行业的特殊地位,使得锦湖轮胎事件牵一发而动全身,很多车企被锦湖轮胎事件拖累。锦湖轮胎正面临一场信任危机的风暴。

资料来源:林景新,赵玉竹.2011年上半年十大企业危机公关事件盘点分析.

当今人类已经步入信息化时代,组织所面临的公众环境更趋复杂和不稳定。如何预防并果断处理组织特别是企业所面临的各种危机,已成为危机管理理论和实践中的一个重要课题。

10.1 危机与危机管理

危机表示危险和机会。针对危机事件,关键是如何避免危机的发生以及当危机真的发生后如何将危机带来的危害减少到最小程度。因此,如何避免和减少危机产生的危害,甚至于将危机转化为发展的机遇,就是危机处理的基本内涵。

10.1.1 危机概述

1. 危机的概念

危机是指突然发生的、严重危害组织形象、给组织造成严重损失的事故与事件,如劳资纠纷引起的罢工事件、管理不善引起的重大伤亡事故等。危机使组织面临严重的困难,使组织陷入舆论氛围之中,甚至会危及组织的生存和发展。

当危机出现时,公共关系面临三大任务,即预防、准备和供应。所谓预防,就是要防患于未然,做到居安思危,"任何事情都可能发生"是危机的法则。所谓准备,是指成立一个"危机管理小组",拟订面临危机的沟通计划。所谓供应,是指向传播媒介人士提供和发布与危机有关的公共关系信息。

2. 危机的类型

信息化时代组织所面临的公众环境更趋复杂和不稳定,组织随时可能因为客观和主观因素的变故而发生意料之外的突发性事件,从而使本组织遭遇危机。准确识别和判断公关危机的类型,是成功地进行公关危机处理的一个必不可少的重要前提。

组织危机都是由一定的因素引起的,可以根据引发危机的因素的不同,把公关危机分为以下三种类型:

1) 组织行为不当引起的危机

组织行为不当引起的危机是指由于组织自身行为不当导致形象恶化。一般是由于社会组织的政策失误或管理不善所造成的，如企业为了追求自身利益忽视公众利益所引发的毒气泄漏、废水污染；因产品质量问题所引起的企业信誉急剧下降；因为某种政策失误而引起的社会舆论的强烈谴责；等等。

一般来说，组织行为不当引起的公关危机的类型主要有以下几种：

(1) 内部事件。如因劳资矛盾引起的罢工、游行示威等。

(2) 失误引起的危机。如因管理不善而引起的重大伤亡事故、质量事故等。

(3) 决策失误引起的危机。如企业有意出售假冒或不合格产品、饮食企业经营不卫生食品而引起的危机等。

(4) 纠纷事件。如消费纠纷、经济合同纠纷等。

2) 突发事件引起的危机

突发事件引起的危机是指组织自身行为并无不当，由于外界的突发事件损害了公众利益而引起的公众对组织的不满。主要包括：

(1) 由不可抗拒力导致的重大伤亡事故。如地震、洪水、飞机失事、火车出轨、传染病流行、大楼倒塌等引起的重大伤亡事故等。

(2) 外在因素引起的事故。如瓦斯爆炸、伪劣商品导致的严重伤亡事件等。

(3) 外来的故意陷害或伤害。如其他组织假冒本组织名义行骗、假冒本企业生产伪劣商品，重大的盗窃案件等。

3) 失实报道引起的危机

失实报道引起的危机是指组织行为并无不当，也无突发事件产生，但由于新闻媒介的失实报道，而引起的公众对组织的误会和反感。主要包括：

(1) 失实和不全面的报道引起的危机。由于新闻界不了解事实全貌，导致以偏概全而引起的公众误解。

 阅读案例 10-1

一篇新闻让川菜馆陷入信任危机

2010 年 3 月 17 日，媒体一篇《围剿地沟油》的新闻引发了餐饮行业的动荡，地沟油瞬间在我国餐饮尤其是用油量较大的川菜中引起了轩然大波，不少川菜馆遭遇信任危机。

据了解，地沟油事件后，仅济南一地很多市民就害怕吃到地沟油炒的菜，减少了外出就餐，这让很多餐馆的生意受到了影响，尤其是川菜馆，受影响更大。

一位老板说："受影响最大的是川菜里面的鱼类、酸菜鱼、麻辣鱼、水煮鱼，还有就是毛血旺。"

另一家川菜馆大牌子上标着川菜特色，但老板似乎现在不大喜欢用川菜的招牌了。"现在好像一提川菜，就用劣质油似的，其实，多数餐馆是很讲究用油的。你要是用了地沟油，无论多好的料、多好的食材，都做不出那个味来了……"

资料来源：http://wenku.baidu.com/link?

(2) 曲解事实而引起的危机。由于新科技、新思想、新方法未被广泛知晓，新闻界人士仍然按照原有的观念、态度分析和看待事件，导致报道曲解事实而引起的公众误解。

(3) 报道失误而引起的危机。由于其他组织或人为的陷害或编造而使新闻界受蒙蔽，在新闻界不了解事件真相的情况下所进行的错误报道使组织陷入危机。

3. 危机的特征

无论是哪一种类型的公关危机，可以发现它们都具有一些共同的特征。这些特征归纳起来主要有以下几个方面：

(1) 突发性。危机的爆发经常出乎人们的意料之外，危机爆发的时间、地点以及影响的程度常常是人们始料未及的。例如，2004年2月15日，吉林市中百商厦发生特大火灾，导致54人葬身火海；2004年2月5日，北京市密云县密虹公园内一桥上，由于人多拥挤发生了重大恶性事件，导致37人被挤死或踩死。

(2) 严重的危害性。危机出现时对组织形象影响是很大的，甚至是灾难性的。对于企业而言，危机爆发之后，不仅会破坏组织当前正常的生产、经营秩序，而且会破坏组织可持续发展的基础，对组织未来的发展造成不利的影响，甚至还可能威胁到组织的生存。

 阅读案例 10-2

"双汇"遭遇前所未有的"滑铁卢"

央视2011年的"3·15"特别节目《"健美猪"真相》的报道，将我国最大肉制品加工企业双汇集团卷入"瘦肉精"漩涡之中。报道声称，河南孟州等地采用违禁动物用药"瘦肉精"饲养的有毒猪，流入了双汇集团下属的济源双汇。因为卷入"瘦肉精"丑闻，目前处于风暴眼中的济源双汇公司已于3月16日停产整顿。肉制品行业又一次受到消费者的质疑，同时也激增了中国居民消费者对食品行业食品安全的更加不信任。中国消费者的身心本来就几经折腾，夹在国产奶粉与洋品牌奶粉之中还肝火正旺，现在"瘦肉精"门又卷土重来，中国肉制品行业也接受严峻的生存考验。

双汇产品已经在一些城市的超市大规模撤柜，并开展一系列补救措施，然而品牌信誉度却难以挽回，双汇产品在全国遭遇销量前所未有的"滑铁卢"。

资料来源：林景新，赵玉竹.2011年上半年十大企业危机公关事件盘点分析.

(3) 紧迫性。危机的紧迫性具体表现在：①危机潜伏期所积蓄的危害性能量在很短的时间内被迅速释放出来，并呈快速蔓延之势，要求组织必须立即采取有力的措施予以处理，任何延迟都会带来更大的损失。②危机事件之间具有传导效应，一个业已发生的危机，会像石子投入水中一样引起阵阵涟漪，如果不对危机的发展势头进行有效遏制，可能引发一系列的不利影响，导致更大的危机。③飞速发展的现代通信技术极大地便利了沟通，如果危机爆发后组织反应迟缓，必然使组织形象在社会公众，尤其是利益相关公众心目中一落千丈；如果处理得当，就可以将危机转化为商机。

(4) 舆论的关注性。危机事件常常成为社会舆论关注的焦点和热点。它往往是新闻传播媒介最佳的新闻素材与报道线索。正如国外危机管理专家所指出的，每一起意外事件不尽相同，相关机构应变的态度也颇见差异，但有一件事是无疑的：当悲剧发生的时候，群众和媒体的注意力一定集中在出事的公司。有时，危机事件不仅引起国内各界公众的关注，而且还会引起世界各国的关切和注意。例如，1984年12月美国联合碳化物公司印度分公司发生的博帕尔毒气泄漏事故，1986年苏联的切尔诺贝利核电站的核泄漏等事故，在非常短的时间内成为国内外大小媒体广泛报道的焦点。

(5) 可变性。正如中国古语所云："祸兮，福之所倚；福兮，祸之所伏。"危机的发生固然是一件坏事，然而，如果组织的危机处理措施得当，就可以使组织化险为夷，转危为安，变坏事为好事，形成新的发展机会。

10.1.2 危机管理的特性与职能

危机管理，是指组织或个人通过危机监测、危机预控、危机决策和危机处理，达到避免和减少危机产生的危害，甚至将危机转化为机会的目的。

1. 危机管理的特性

危机是由意外事件引起的危险和紧急的状态，它具有意外性、紧急性和危险性三大特征。危机的三大特征决定了危机管理的三大特性，即不确定性、应急性和预防性。

1) 危机管理的不确定性

危机管理的不确定性主要表现在以下四个方面：

(1) 管理对象的不确定性。对于那些由确定现象转化而来的危机和来自风险性现象的危机，由于它们经常发生，因而人们能够比较确切地把这些危机转化为危机管理的对象。但是，对于那些来自不确定现象的危机，由于发生次数极少，它们会在什么时候发生、什么地点发生以及怎么发生，人们很难事先对它们进行检测、预控和制订处理计划，因而具有不确定的特点。

(2) 危机预测的不确定性。对于来自不确定现象的危机来说，由于不确定现象发生的次数极少，预测人员难以积累足够的经验，因而，这类预测带有很大的主观猜想的成分，缺乏足够的依据，使得预测的结果较为粗略，可靠性差。

(3) 危机预防的不确定性。对于不确定现象引发的危机，由于事先不一定能被列为管理对象，预测结果比较粗略，可靠性差，而且事先难以对其制定控制的标准，因而，要对其进行有效的控制就相当困难。

(4) 危机处理计划的不确定性。危机处理计划是指组织在紧急状态下的行动方案。在危机管理中，只有经过预测，才能把那些发生的可能性和危害性较大的危机列入计划，但又不可能穷尽所有将要发生的危机。危机处理计划是针对某种危机在处理中能够事先确定的部分而制订，无法确定的部分只能留待危机爆发时临时处置。

2) 危机管理的应急性

危机管理的应急性，是指在紧急状态中危机处理的时间极其有限，是由危机的紧急性所决定的。危机发生的过程包括前兆阶段、爆发阶段和持续阶段三个阶段。在前兆阶段，要预测和监视危机，采取措施预防危机，并为危机处理做好准备；在持续阶段，要清除危机造成的不良后果，并总结经验教训。这两个阶段的工作节奏是按正常节奏进行管理，所以称之为常态管理。在爆发阶段，危机的危害每分每秒都在增加，必须以极快的节奏和不同于平时的方式进行管理，称之为应急管理。

3) 危机管理的预防性

危机管理力求对可能发生的危机做出比较准确的预测，并采取各种措施以避免危机爆发。危机管理所关注的不仅仅是爆发后的危机，还包括爆发前的前兆信息。在危机管理的诸多职能中，危机管理更重视危机监测和危机预控两项预防性职能，认为它们具有更重要的地位，并把它们作为危机管理的主要内容和工作重点。

2. 危机管理的职能

危机管理有两个基本职能，即预防和处理职能。预防职能包括在危机爆发前所进行的一切预防工作。处理职能包括危机爆发后处理危机所进行的一切工作，其目的是减少危机带来的损失。

危机管理的两个基本职能构成了危机管理的基本防线。预防职能是第一条防线，采用的是积极防御的战略；处理职能是第二条防线，采用的是固守防御战略。这两个职能相辅相成，构成了危机管理的完整体系。所不同的是在危机管理中，实施处理职能意味着危机已经爆发，组织或个人已经受到了一定的损害。因此，预防职能就显得更为重要。

预防职能由危机监测和危机预控组成，危机监测是危机预控的前提条件，危机预控是预防职能的直接体现。危机监测包括危机监视和危机预测两项内容。危机监视是指对可能发生的各种因素和危机的征兆进行严密的监视；危机预测是指对未来可能发生的危机类型及其危害程度做出估计，并在必要时发出危机警报。而危机预控则是对可能引起危机的各种因素采取措施，从根本上防止危机的爆发，它直接关系到能否有效地避免危机带来的伤害，因而成为危机管理的首要内容和工作重点。

处理职能包括危机决策、危机处理计划和危机处理三项具体职能。其中危机决策是处理职能的核心，是进入紧急状态后危机管理的关键职能，对于有效处理危机起着决定性的作用；危机处理计划是危机处理制定的行动方案；危机处理是处理职能的直接体现。

10.2 危机的监测与预控

俗话说："防患于未然。"对于危机管理而言，不要等危机爆发之后再去做危机处理的工作，而是在危机还没有发生之前就要做好预防的工作，将危机消灭在萌芽状态。危机在爆发之前，往往会出现一定的异常信号和征兆。如果能尽早发现这些信号和征兆，就有可能避免危机的爆发，至少可以减少危机所带来的危害。

10.2.1 危机爆发的征兆

"冰冻三尺，非一日之寒"，由组织内部因素所导致的危机在爆发前往往就有一定的征兆。然而，由于人们的忽视或习以为常，可能会忽略这些细小的事件，从而对组织造成致命的伤害。不同组织出现危机前的征兆往往有所区别，这里主要以企业(社会组织的主要形式)为例，归纳危机爆发前的征兆。通常来说，当一个企业出现以下征兆的时候，就应给予格外的关注和警惕：

1. 销售额连续下降

当销售处于低迷状态时，最重要的是要区分这种状况到底是暂时的还是延续的。如果是经济不景气造成的，一旦经济恢复便可能得到缓解，就属于暂时的。但是如果销售额下降是延续的，那么很有可能是由于销售策略失误以及销售人员素质不高而引起的。以下罗列了销售额下降的危险征兆，如果其中多数现象在企业内部出现，这就预示着该企业已经面临危机：①行业本身正在萎缩；②选址差或由好变差；③因竞争对手强劲致使竞争激化；④客户较少或更迭频繁；⑤主要部门的销售额连年下降；⑥主要产品没有发展前景，产品不走俏；⑦员工的销售额过低；⑧销售人员素质差且不固定；⑨库存产品增多；⑩索赔增多。

2. 销售额提高但利润未增

销售额提高后利润未见增加,这往往是临近危机的一个明显征兆。如果经费的增长大于销售额增长,则亏损便成为既成事实。

3. 老年员工过多

裁员是任何组织都将面临的课题。年轻时为组织做出贡献的人,随着年龄的增长,高薪低能已成为自然现象,然而,碍于情面却很难将其辞退。多数经营者在考虑裁员时,都会陷入感情的泥潭。因而,由于未及时改组而倒闭的现象屡屡出现。

4. 设备投资过多

几乎所有倒闭的企业都面临着偿还贷款的问题,其中多数企业倒闭的原因都是无节制地投资,一直负债累累,资金亏空太大。

5. 连续亏损5年以上

如果企业连续亏损已持续5年,营业额未见好转,经营者应主动关闭企业。即使自己不主动关闭,总有一天会被迫关闭。

6. 自有资金不足

如果企业的自有资金不足30%,说明已濒临警戒线。一个企业能够承受多大程度的亏损,需视企业的自有资金而定。如果自有资金充足,即使不景气持续一段时期,企业也能度过难关。如果自有资金不足,则有可能立即陷入绝境。

7. 受到倒闭企业的牵连

经济不景气时最常见的现象是连锁倒闭,原本经营状况良好的企业因客户倒闭而受到牵连。任何客户,甚或一个经营状况良好的客户都没有绝对把握不会倒闭。特别是对大客户,越是要严格管理应收账款,一旦客户突然倒闭,即使是票面价值几十万元的应收票据也会成为一张废纸。

8. 处于更迭期的企业

调查显示,企业的倒闭与经营者的更替有很大关系。许多中小企业都面临着后继无人的苦恼,就算正巧找到合适的继承人,却担心新手能否承担重任。反之,即使继任者有能力,如果企业体制老化,继任者也难以充分发挥自己的能力。由于"前朝元老"的掣肘,一些稍具风险的经营活动就会难以展开。无论计划多么宏伟,元老们的一句话就会令计划告吹,继承人势必束手无策,只得转而采取"但求无过"的经营方式,使得企业落后于时代并最终被时代所淘汰。

10.2.2 危机监测

危机监测是应用预测技术对危机发生的可能性以及危害程度进行估计,这种估计是通过对危机的前兆和起因的严密观察,并对所获信息进行处理评价而得到的。在危机管理系统中,监测作为一个子系统,它的功能是从外界获取有关未来危机的分散信息,经处理后得出对未来危机发生的可能性和危害性的系统评价,并将其提供给决策、计划子系统。其输出内容有两项：一是经常性的危机监测报告；二是宣布组织进入紧急状态的警报。危机监测过程可以进一步细分为危机监视、信息处理、危机评价和危机警报四个阶段。

1. 危机监视

危机监视是不断地对异常现象、危机前兆和危机起因进行监视。它对于危机及时地做出预测，从而有针对性地对危机进行预控，提高组织的危机反应速度。危机监视的直接对象有以下三种：

(1) 异常现象。异常现象是正常经营活动中出现的异常信号。例如，火灾中的异常烟雾、火光和热辐射，销售危机中的销售量急剧下降，财务危机中的严重亏损等。把异常现象列为监视对象是为了在危机已经爆发的情况下，及时发现并迅速采取措施，努力控制事态，尽可能减少危机带来的损失。

(2) 危机前兆。危机前兆是危机爆发前出现的与危机爆发有一定联系的一些征兆。每项危机一般都会有多种前兆。例如，企业破产危机的前兆有产品销路长期不振、连续亏损、时常拖延偿还债务等。

(3) 危机起因。危机起因是可能引起危机的各种要素。例如，企业产品销售危机的起因主要包括：购买力萎缩、竞争对手大幅度降价或推出有竞争力的新产品、企业产品质量下降、产品不对路和价格过高等。

2. 信息处理

信息处理及以后的危机评价、危机警报，共同完成危机预测的功能。由危机监视得到的信息是危机评价的信息基础。但是，这种信息还只存在于监视者的头脑中或检测仪中，是分散、粗糙和不系统的，尚不能据此进行危机预测。信息处理是连接危机监视和危机评价的中间环节，它将对危机监视所获得的信息进行登录、筛选和统计，并将其作为危机评价的基础。

3. 危机评价

危机评价是指对危机发展趋向进行跟踪，预先对危机的危害程度以及爆发的可能性做出估计。它主要是对信息进行定量计算或定性判断，并在此基础上提出评价意见。为了搞好危机评价，人们提出了一些专门用于预测危机的、针对性更强的方法。其中，双因素法是危机评价的基本方法。其评价危机的指标是危险系数，它是危机危害度和危机发生概率这两个因素的乘积，故称为双因素法。危害度是对危机爆发后的危害程度的估计，而危机发生概率是对危机爆发可能性的估计。

4. 危机警报

在危机评价的基础上，企业的领导者要做出一个重要的决定，那就是是否发出危机警报，是否要进入紧急状态。如果决定发出危机警报，则企业的正常工作程序将被打乱，并且要立即紧急动员，抽调人力、物力、财力，迅速投入反危机行动中。但如果危机最终没有发生，那么为此耗费的人力、物力、财力就成为这一决策的代价；如果决定不发出危机警报，企业则需要根据发布的危机预报，调整和修订危机预控计划，以常态管理方式继续进行危机预控。

10.2.3 危机预控

虽然说任何组织都可能遇到危机，但是这并非说危机不可预防。俗话说"防患于未然"，危机管理的功夫，首先在于预防。"防火"胜于"救火"，当"火灾"发生以后再去补救，造成的损失已经既成事实。对于组织而言，明智之举是及早发现危机的某些早期征兆，将危机消除在萌芽状态。

1. 树立强烈的危机意识

在《第五项修炼——学习型组织的艺术与实物》一书中，彼得·圣吉(Peter M.Senge，1995)用一则温水煮蛙的寓言来说明：导致许多组织失败的原因，不是因为突发性事件带来的威胁，而是常常对于缓缓而来的致命威胁习而不察。如果你将一只青蛙放在沸水中，它会立刻试着跳出来。但是如果你将青蛙放进温水中，不去惊吓它，它将待着不动。现在，你慢慢加温，当温度从华氏70度升到80度，青蛙仍显得若无其事，甚至自得其乐。可悲的是，当温度慢慢上升时，青蛙将变得越来越虚弱，最后无法动弹。虽然没有什么限制它脱离困境，但青蛙仍留在那里直到被煮熟。温水煮蛙的寓言给我们启示就是，造成危机的许多因素也许早已潜伏在组织日常运作过程中，只是由于组织管理者麻痹大意，缺乏危机意识，对此没有足够的重视而导致放松警惕，没有对危机进行有效的防范。有时候看起来很不起眼的小事，经过"连锁反应""滚雪球效应"有可能演变为可以摧毁组织的大危机。尤其是在组织取得一定成绩或达到一定的发展阶段的时候，往往就沾沾自喜，对危机容易丧失警惕，从而造成巨大的损失。要避免"温水煮蛙"现象的发生，首先要求其最高管理层具备危机意识，在经营形势不佳的时候，要看到组织危机的存在；其次，在组织发展如日中天的时候，也要居安思危，未雨绸缪，因为危机往往在不经意的时候到来。

 阅读案例 10-3

"模拟倒闭"

报载，以飞机制造业闻名于世的波音公司曾别出心裁地摄制了一部这家公司模拟倒闭的电视新闻片，在广大员工中反复播放。画面的内容是：在一个天色昏暗的日子里，员工们垂头丧气，一个个拖着沉重的脚步缓缓地离开工作多年的工厂。厂内高挂"厂房出售"的招牌，扩音器里传出沉重的声音："今天，是波音公司终结的日子，已经关闭了最后一个车间……"这种模拟"公司倒闭"的惨状在广大员工中产生了极大的震撼，并引发强烈的危机意识，使员工真正意识到只有全身心地投入生产和革新中，不断增强企业的竞争实力，才能使企业在竞争中立于不败之地，从而避免真正的倒闭。

王伟娅.公共关系概论.大连：东北财经大学出版社，2006.

2. 建立危机预警系统

预防危机必须建立高度灵敏、准确的预警系统。信息监测是预警的核心，随时搜集各方面的信息，及时加以分析和处理，把隐患消灭在萌芽状态。危机预防主要是做好以下信息的收集与监测：一是随时收集公众对产品的反馈信息，对可能引起危机的各种因素和表象进行严密的监测；二是掌握行业信息，研究和调整企业的发展战略和经营方针；三是研究竞争对手的现状，进行实力对比，做到知己知彼；四是对监测到的信息进行鉴别、分类和分析，对未来可能发生的危机类型及其危害程度做出预测，并在必要时发出危机警报。

危机管理　项目 10

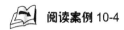 **阅读案例 10-4**

忽视问题的后果

美国一家工厂聘请公关专家调查本厂职工的情况。公关专家在调查后提出报告说，从当前职工的思想情绪看，隐伏着严重的不稳定的因素，有可能在一个月之内爆发罢工，公关专家还具体提出了疏导的措施以及改善职工待遇、协调劳资关系的建议。可惜的是，厂方对公关专家的忠告没有重视，而是被当时工厂的表面正常现象所迷惑。结果，不出一个月，工潮发生了。

资料来源：作者根据相关资料改编

3. 建立危机管理机构

危机管理机构是顺利处理危机、协调各方面关系的组织保障。危机管理机构的具体组织形式，可以是独立的专职机构，也可以是一个跨部门的管理小组，还可以在企业战略管理部门设置专职人员来代替。在危机还没有发生之前，企业就要做好危机发生时的准备工作，建立起相应的危机管理机构，明确主管领导和成员职责，制定出危机处理工作程序。

4. 制订危机管理计划

企业应该根据可能发生的不同类型的危机制订一整套危机管理计划，明确怎样防止危机爆发，一旦危机爆发立即做出针对性反应等。事先拟订的危机管理计划应该囊括企业多方面的应对预案。

10.3 制订危机管理计划

社会组织不能有丝毫"鸵鸟心态"，认为危机绝不会降临到自己头上。与其抱着侥幸心理去消极面对，还不如制订切实的危机管理计划，变被动为主动。

10.3.1 制订危机管理计划的要求

在危机管理中，危机爆发前对危机进行监控和预防往往十分重要。但是，任何组织即使监控做得再好，也不能保证"万无一失"。因此只有事先制订完善的危机管理计划，才能在危机爆发时尽量减少损失。为了确保危机管理计划在紧急状态下能正常发挥作用，在制订危机管理计划时至少要考虑满足以下一些要求：

(1) 明确负责人或者责任人。除非有明确的指定人选，否则不会有人来做。

(2) 为危机管理计划做出必要的预算。这样将为将来的危机执行提供必要的支持和便利。

(3) 囊括进企业年度的规划和经营计划中，以彰显其重要性。每半年要进行一次查漏补缺式的集中危机排查，以消除危机隐患。

(4) 每年更新一次危机管理计划，并对危机管理手册进行切合实际的补充和更新。

(5) 进行必要的危机模拟和应对训练，以提高企业的危机反应能力。

10.3.2 危机管理计划的内容

危机管理计划是组织事先制订的在紧急状态下进行危机预控和处理的组织指挥、行动方案、物资装备、通信联络、培训演练等方面的计划，也可称为"处理预案"。通常而言，危机管理计划主要包括 12 个方面的内容。

(1) 危机管理的目标和任务。主要是对建立危机管理体系的意义、在企业中的地位和要达成的目标进行描述。

(2) 危机管理的核心价值观和企业形象定位。这是企业进行危机管理的纲领。如强生公司在"泰诺"中毒事件中成功化解危机的关键是因为有一个"做最坏打算的危机管理方案"。而这一危机管理方案的原则正是公司的信条，即"公司首先考虑公众和消费者的利益"。这一信条在危机管理中发挥了决定性的作用。又如，希尔顿饭店为长远发展定下了两条原则：一是顾客永远是对的；二是即使错了，请参看第一条。希尔顿把顾客摆到了绝对没有错误的位置上，真正体现了消费者至上的理念。

(3) 危机管理的沟通原则。危机管理的核心是有效的危机沟通，是保持对信息沟通的控制权。危机管理的沟通原则包括内部和外部沟通原则，为危机管理的沟通定下基调。其中包括：员工沟通原则；对受害者的沟通原则；对公众的沟通原则；媒体沟通原则；对政府的沟通原则；对股东和债权人的沟通原则；对供应商和经销商的沟通原则；对竞争对手的沟通原则。

(4) 建立危机管理小组。主要包括以下内容：确定首席危机官或危机管理经理；确定危机管理小组的组成人员，并对各成员的权利和职责进行描述和界定；制定培训和演习方案；制定替补方案。如果在危机发生后，危机管理小组成员因故不能履行职责时，还应有人员替补方案及计划变通方案。还包括确定外部专家组成员；确定指挥、沟通与合作程序。

阅读案例 10-5

"砒霜门"背后的政商博弈

2009 年 11 月 19 日，海口市工商局在对该市部分批发市场、商场、超市等销售的各类饮料食品进行抽样初检后，发现统一蜜桃多汁、农夫山泉等三款饮料均砷（俗称"砒霜"）成分超标，被指不能食用。

11 月 23 日，海口市工商局发出消费警示，将这一情况公布，并表示，上述结果经过了海南省出入境检验检疫局检验和海口市卫生防疫站复检证实。

消息一出，统一和农夫山泉深陷"砒霜门"的新闻遍布各大门户网站。

4 天后的 11 月 27 日，农夫山泉紧急召开电话新闻发布会，就旗下两款产品被海口工商局通报不合格一事做出声明。同日，海口市工商局将总砷含量超标的 3 种抽检产品备份送往北京权威检测机构复检。

11 月 30 日，中国检验检疫科学研究院综合检测中心的复检结果显示：3 种抽检产品全部合格。

整个事件开始逆转。

高调的农夫山泉成为"受伤者"的代表，开始在各个媒体上发出自己的声音，并称整个事件背后有"黑幕"，"砒霜门"难画句号，等等。

"砒霜门"的主角开始从统一和农夫山泉变成了海口市工商局。而海口市工商局却只能疲于应付各方舆论，同时调整相关官员，海口市工商局原局长何运杰调至省工商局工作。

资料来源：http://wenku.baidu.com/link

(5) 危机管理的财物资源准备。主要包括：危机管理计划的预算，包括危机管理小组的日常运转和费用、危机管理设备的购买、维护和储备的费用以及危机管理计划实施的费用；财物资源的管理，这些财物资源由谁管理，通过何种途径获得以及如何使用等；财物资源的应急措施,即当企业所储备的资源用完后,应如何获取相应资源;财物资源的维护制度,如定期检查、修理或更换制度;财物资源的使用制度,财物资源由谁使用以及如何使用等。

(6) 法律和金融上的准备。即紧急状态下在法律和金融方面的求助程序。

(7) 危机的识别与分析。主要包括两项内容:对企业的薄弱环节及内外部危机诱因进行列举;对危机发生的概率、严重性进行分析和评估。

(8) 危机的预控措施。主要是制定危机预控的政策以及相应的检查和督促。

(9) 危机的发现、预警和报告程序。其中包括:建立危机预警体系的程序;由谁建立、改进和维护危机预警体系;如何界定危机信息;危机信息汇报的原则和程序;危机预警后的反应措施。

(10) 危机的应变指挥程序。主要包括以下内容:界定不同的危机应变的方式和危机管理人员的应变职责,启动危机管理程序。

(11) 恢复和发展计划。其主要内容有:危机带来哪些长期影响;如何消除影响;如何恢复正常的组织运营程序和经营活动;危机管理小组成员在危机后的工作安排;回答员工关心的问题,统一员工思想;解除外部公众和媒体的疑问;稳定债权人、股东、供应商和经销商队伍,争取他们的支持;积极与政府部门配合;赢得竞争对手的尊重。

(12) 危机管理的评估。主要是指危机结束后对危机管理的评估程序。

阅读材料 10-1

危机管理计划范本

◆ 封面

要清楚地标明关键性的电话号码(如企业主要领导人、危机管理小组相关人员的联系方式等)、危机管理计划的有效性及相关具体日期等细节。

◆ 授权书

本计划书要通过企业的法人代表、首席执行官或者分管主要领导的书面授权,以便危机管理小组能够最大限度地发挥主观能动性。

◆ 概括性原则

本危机管理计划手册的核心宗旨是什么?目的是要达到什么样的结果?本宗旨要确保所有需要阅读本计划书的人、需要阅读策略计划的人和使用计划的特定人员和组织领悟到。

◆ 签署认可性原则

考虑到本计划书本身即具有保密性,加之所有牵涉危机管理者的通读性和无异议性,故所有阅读本计划书的人,都应该在本计划书上签字并记录阅读日期。

◆ 确定危机处理团队

危机处理团队是整个危机处理的核心和灵魂。本计划书须确定整个团队都由哪些部门和个人构成,在团队中充当什么样的角色,具有什么样的权限(如动用企业资源的权限),应该向谁负责。比如,小组组长是谁,新闻发言人是谁,以及他们的后备人选,等等。

◆ 后勤保障

这是为了确保危机控制中心或者危机管理团队不能够在危机管理过程中再产生新的危机。比如,危机控制中心所在地是否安全;危机管理团队的身体是否健康,在处理危机过程中饮食和睡眠是否充足;需要多少条对外联络的电话专线、传真和多少台计算机,以及是否都能够随时保持畅通。

◆ 对外主要联络关系人清单

这里应该分为四个部分，即具有关联性和影响力的主要媒体联络清单、主要政府单位和官员以及行业协会的联络清单、主要受危机影响的群体联络清单、主要专家学者的联络清单(以获得专业术语及科学知识的了解以及必要的观点和态度的声援与支持)。

◆ 事前、事中和事后应收集的资料
◆ 政策支持协调

政策支持协调主要体现以下几点：对危机管理的目标的轻重缓急进行排序；危机计划的全部目标和任务的描述；权利和责任的进一步划分，谁能够改变危机管理计划，以及如何改变；不同类型计划之间如何联系，以及运用计划的条件。

◆ 计划管理细则
◆ 危机管理的解决

危机管理的解决主要是指危机计划的反应和实施，囊括于危机管理的整个过程中，主要包括危机事件的处理、危机影响因素的流程等。

◆ 危机管理的事后处理及恢复计划

10.3.3 制订危机管理计划的原则

拟订危机管理计划，不仅能够使企业决策者和危机管理者拥有较强的信心，明确各自的职责，而且可以强化并支持依据危机事态发展下达决策及应变的能力。危机管理计划有着自身的一些特点，在制订危机管理计划过程中要遵守以下原则：

(1) 危机管理计划必须是具体的、可以操作的，不应该有任何含糊之辞。危机管理计划必须具有很强的可操作性，不应有任何模棱两可、含糊不清之辞。所谓细节决定成败，危机管理中的某一环节出现偏差，便可能导致全部努力功亏一篑。但是，具体化并不意味着"言无不尽"，把每一细节都罗列其中。

(2) 危机管理计划必须保持系统性、全面性和连续性，应明确所涉及组织及人员的权利和责任，对人员进行有效配置，做到事事有人管，人人有事做，从而使企业全体成员在危机来临时都能够迅速找到自己的位置，发挥主观能动性。如果危机管理计划体系混乱，杂乱无章，相关人员就会反应迟钝、迷茫无助或混乱不堪。

(3) 危机管理计划必须保证其灵活性、通用性和前瞻性。由于组织所处的环境瞬息万变，加之危机发生时的情形充满未知，因此危机管理计划不能过于僵化和教条，不要把重点放在细节上，不要把精力放在描述特定的危机事件，从而确保组织在遭遇没有预知的紧急状况时，能够在遵循总体原则的前提下，采取有针对性的策略和方法。

(4) 危机管理计划的制订应该是全员参与的，应该是决策者、管理者及执行者精诚合作的结晶。没有决策者的重视或者执行者的积极响应，危机管理计划只会成为漂亮的摆设。因此应促使危机管理计划的实施者对计划了如指掌，从而在思想上、认识上有机地统一起来，完美地将危机管理计划付诸实施。

(5) 危机管理计划的制订应建立在对信息的系统收集和系统传播与共享的基础上。负责制订危机计划和实施危机管理的人员应充分了解组织内部及外部的信息，并及时充分地沟通。同时应和相关利害关系(如政府部门、行业协会以及紧急服务部门等)各方加强联系。组织如果没有系统地收集制订危机管理计划的信息，就会在制订危机管理计划时顾此失彼，漏洞百出。

(6) 对细节给予最认真的关注。任何一个细节的疏忽都可能导致灾难性的后果。任何人都必须从根本上认识到，他的一举一动都事关公司的声誉和未来。

(7) 应有标准的报告流程和清晰的业务流程，从而确保信息及时充分地沟通以及危机反应计划能迅速有效地实施。

(8) 应有轻重缓急、主次优劣的区分。首先对危机管理的目标应有优先序列，同时对系列的危机也应先急后缓、先重后轻。

(9) 必须有危机管理的预算。危机管理预算和营销预算同等重要。制订危机管理计划必须以自身的人力、物力、财力资源为基础，而不能以危机事件的种类为依据，否则危机管理计划只会成为水中月、镜中花，没有任何现实意义。

(10) 为保证计划的有效性，应定期对计划进行检查及更新。最好的危机管理计划是能够解决问题的计划。制订好危机管理计划后，并不是万事大吉、束之高阁，而是应定期组织外部专家及内部责任人员进行核查和更新，否则就可能发生"用过时的军用地图去制定作战方案"的悲剧。

10.4 危机处理的程序和原则

当危机真的不可避免地到来时，任何犹豫和迟疑都有可能给企业带来灾难性的后果。所以，当危机真的来临时，要当机立断，迅速隔离危机并采取针对性措施，将危机的危害降到最低程度，同时着手恢复受到损害的组织形象。

10.4.1 危机处理的程序

虽然企业或社会组织面临的各种危机事件在规模、性质、表现形式、涉及的公众等方面有所不同，但在处理程序上却有着共同之处。通过对一些典型实例的分析和归纳可以发现，危机处理的基本程序主要包括以下几个步骤：

1. 成立危机处理组织

成立危机事故处理组织机构是第一件大事，是有效处理危机事件的组织保证。这一组织机构有的被称为危机管理小组，有的被称为危机事故处理委员会。危机处理组织应由企业最高负责人担任组织负责人。组织的其他成员至少应包括：公司法律顾问、公关顾问、管理顾问、业务负责人、行政负责人、人力资源负责人和小组秘书及后勤人员。危机处理组织在必要时可分为两个小组，即核心小组和策应小组。核心小组主要由企业最高负责人、法律专家、公关专家等决策和智囊人士组成，策应小组由行政负责人、业务负责人、人力资源负责人和其他后勤人员组成。其中，核心小组的任务是执行谈判、交涉、决策和协调，而策应小组则是负责实施解决方案和提供后勤资源保障任务。

2. 对事件进行调查

这是危机处理中很重要的一步。有的危机事件需要组织最高领导人亲临危机事件现场，指挥抢救工作，并委派专业人员迅速查明危机事件发生的时间、地点、原因、人员伤亡、财产损失、涉及的公众类型及特征等情况。

调查危机事件首先应该收集信息，并形成基本的调查报告，为处理危机提供基本依据。

危机调查强调针对性和相关性，一般应侧重调查下列内容：

(1) 危机事件(突发事件)的基本情况，包括事件发生的时间、地点、原因、事件周围的环境等。

(2) 事件的现状和发展趋势，包括事态的目前状况，是否还在发展，朝什么方向发展，已经采取了什么危机处理措施，这些措施的实施效果等。

(3) 事件产生的原因和影响，包括引发事件的原因，人员伤亡情况，损坏的财产种类、数量及价值，事件涉及的范围以及在舆论上、经济上、社会上甚至政治上会带来什么影响等。

(4) 查明导致事件发生的当事人与责任人，特别要关注是否存在故意破坏行为，这样有助于了解事件的真相与性质。

(5) 查明事件涉及的公众对象，包括直接与间接的受害者，与事件有直接和间接关系的组织和个人，与企业有利害关系的部门和个人，与事件的处理有关的部门及新闻界、舆论界的人士等，还要与事件的见证人保持密切的联系。

危机事件的专案人员在全面收集危机各方面资料的基础上，应认真分析，形成危机事件调查报告，提交企业有关部门，作为制定危机处理对策的依据。

3. 迅速隔离，控制危机

在查清危机事件的同时，要迅速控制危机，以免危机蔓延扩大。隔离危机可以从两方面着手：一方面是人员隔离。即在人力上进行明确的分工，一部分处理危机，另一部分照常维持日常工作。危机处理计划首先应对组织的领导者进行分工，规定如果危机发生，领导中何人专门负责危机处理，何人负责日常工作；其次，在一般人员中，哪些人参加危机处理，哪些人坚守原工作岗位，也要明确规定。如果状态紧急，根据危机实际情况再做进一步的调整，不能因危机发生造成日常管理无人负责，日常工作陷于停顿而给组织造成更大的损失。另一方面是事故隔离。即对危机本身的隔离。对危机的隔离应从发出警报开始。报警信号应明确危机的范围，以便其他部分的正常工作秩序不被影响，同时，也为处理危机创造有利条件。

4. 分析危机，确定处理对策

对危机事件进行调查、提交了调查报告后，组织应及时会同有关部门进行分析、决策，针对不同公众确定相应的对策，制定消除危机影响的处理方案。确定的对策既要考虑危机本身的处理，又要考虑如何处理好危机所影响到的各方面关系，更要考虑如何抓住蕴含的机遇，恢复声誉，重返市场。处理对策必须认真评估社会心理与舆论的反应。危机事件发生以后，社会心态、人们的情绪、舆论的导向都非常重要。因而对策应是动态的，随着事态的发展更新对策，及时放弃行之无效的处理方法非常重要。

5. 召开新闻发布会，发布正式信息

在了解事实、确定初步对策的情况下，务必尽可能以最快的速度召开新闻发布会或记者招待会。一方面，向新闻界介绍危机的有关情况，公布组织正在采取的措施；另一方面，恳请新闻媒介密切合作，防止不利的消息和舆论。为此，要指定新闻发言人代表公司"以我为主"公布信息，并统一对外信息传递的口径。根据以往经验，新闻发布会一般需要召开多次。

6. 分工协作，实施方案

组织会同有关部门制定出对策后，就要积极组织力量，实施既定的解决危机、消除影响的活动方案，这是危机管理工作的中心环节。公众、媒介和舆论不仅要看组织在新闻发布会上的宣言，更要看组织的行动。危机往往涉及面很广，仅靠公关从业人员的力量是远远不够的，因而需要组织领导亲临第一线，亲自组织和协调。如强生公司对"泰诺"危机的成功处理，特别是几次重要的新闻发布会，董事长伯克都亲自参加，并诚恳地回答记者的提问。这一步又可分为若干步，主要的决定均在这一步骤完成。因此，落实措施情况要详细记载并及时向公众和媒介宣布。

在实施过程中，组织应注意以下要求：①摆正心态，以友善、合作、负责任的态度和形象赢得公众的信任和好感；②工作中力求果断、精练，以高效率的工作作风赢得公众的支持；③认真领会危机处理方案的精神，做到既忠于方案，又能及时调整，使原则性与灵活性在工作中均得到充分体现；④在接触公众的过程中，注意观察、了解公众的反应和新的要求，并做好劝服工作。

7. 认真处理善后工作

对客户和消费者来说，善后工作包括赔偿、安慰、关怀等。对于危机事件当事者来说，包括诸如搜集、整理、分析媒介对危机事件的报道等。当然，也包括危机处理的效果调查。

8. 评估总结，改进工作

组织在完成危机事件的处理工作后，一方面应当实事求是地撰写详尽的事故处理报告，总结经验教训，为以后处理类似的危机事件提供参照性文献依据；另一方面，要认真分析危机事件发生的深层原因，切实改进工作，从根本上杜绝或减少此类危机事件的再次发生。当然，还包括事后的恢复工作，包括事后怎么样恢复声誉、消除影响、恢复正常的生产经营秩序等。

上述危机处理的八个步骤，其侧重点是面对正在发生的危机。如果我们的工作是以处理危机为主，那么，危机仍然可能频繁发生。因此，企业或社会组织应该从以处理危机为重点转向以预防危机为重点。从这个意义上讲，问题管理比危机处理似乎更高一个层次。

10.4.2 危机处理的基本原则

公关危机处理没有固定的模式。但是，当我们面对已经发生的公关危机的时候，公共关系从业人员仍然可以依据一些危机管理专家过去的实践经验来处理问题。这些经验已经被公认为公关危机处理行业内的基本原则。这些基本原则可以归纳为以下几个方面：

1. 及时准确原则

危机事件发生后，特别是在事件初期，由于种种原因，传播的信息容易失真。为此，危机一旦发生，为了防止公众的猜测、误解和有关危机事件的谣言，公关危机处理小组选出的发言人要及时传递有关信息，把正确可靠的信息告知公众，不隐瞒或省略某些关键细节，才有可能避免有损组织形象的消息蔓延。

阅读案例 10-6

尼康的"黑斑门"事件

D600 率先在美国和英国上市后，就深陷"黑斑门"，在 2013 年 2 月 22 日，尼康发表公告，承认一些用户指出使用尼康 D600 数码单反相机拍摄时，照片上会出现多个颗粒状影像。当时尼康给出的解决办法是让用户按照用户手册(第 301-305 页)关于"清洁影像感应器"进行清洁，或用气吹手动清洁，或者到尼康售后服务中心进行清洁。

央视 2014 年"3·15"晚会报道称，全国多位消费者发现新买的尼康 D600 拍摄照片后出现黑点。用户就此到尼康维修点进行过四五次清洗进灰，也无法解决问题。随后尼康通过更换快门等方式，也无法解决这款宣称防尘防潮相机的问题。按照三包规定，相机因质量问题返修两次之后，可以退换产品。不过尼康售后辩称清灰不算修理，但尼康官方规定清灰属于修理范围。

据悉，尼康在处理 D600 "黑斑门"事件时内外有别。据外媒报道，欧洲部分用户把机身内部进灰的 D600 相机送到服务站除尘后收到了全新的 D610 相机；而在法国，进灰 D600 换全新 D610 的代价也仅需要支付很小一笔费用；但是在中国，遭受 D600 进灰困扰的用户显然没能受到如此待遇，尼康在拖延一年之后给出的解决办法仅是免费清洁而已。

资料来源：中国公关网

2. 冷静处理原则

公关危机发生后，处理人员应冷静、沉稳和镇静，不要因头绪繁多、关系复杂的事件使自己变得急躁、烦闷、信口开河等。只有在遇到危机时冷静、沉稳和镇静，拥有积极的心理，才能在处理危机事件的过程中应付自如。

3. 公众至上原则

灵活性不是随意性，它要以公众至上原则为前提。既要考虑组织自身的利益，又要考虑公众的利益。在公共关系实务中，往往容易考虑组织自身的利益，忽视公众的利益。为此，我们强调公众至上原则，把公众的利益放在首位。

4. 维护声誉原则

国外危机管理专家指出，公共关系在危机管理中的作用是保护组织的声誉。这是危机处理的出发点和归宿。在危机处理的整个过程中，公共关系从业人员都要努力减少对组织信誉带来的损失，争取公众谅解和信任。上述四项原则的最终目的也是为了维护组织的信誉。例如，1998 年，香港特区一家奶制品公司主动刊登启事，告诉自己的消费者，不要喝某天生产的产品。因为公司发现部分产品的质量不稳定，可能会给消费者带来不便。这种做法，就在于防范危机的发生，维护组织的声誉，表现对大众负责。

总而言之，公关危机处理的总原则是真实传播，挽回影响，减轻损失，趋利避害，维护声誉。

 阅读材料 10-2

艾瑞克的十条危机处理原则

- 总是谈实际情况。

- 尽可能直率，不要误导和不诚实。
- 时刻准备好，在危机出现之前要有交流机制。不要在事情变糟时才说："我们该干什么？"
- 表示你的关心。说明你是有同情心的。
- 快速移动。不要目瞪口呆地站在那里。
- 做出快速的决策和调整。根据你的选择尽快行动，而不要在迫于压力时才应付。
- 从来不说"无可奉告"。如果你不知道实情，就谈点其他的。
- 对所有来自新闻媒体的访问均给予回应。如果你每天不回应一条对你的指责，对于你的不利消息就会呈指数级增长。
- 不要躲避新闻媒体。积极地寻找机会在镜头前谈你的情况。
- 在你把事情搞糟时，请求谅解，说明你正在纠正，然后按你承诺的去做。

资料来源：[美]艾瑞克·亚威包姆，等. 如何推进公共关系[M]. 赵连荣，等译，北京：企业管理出版社，2001.

10.4.3 危机后的形象恢复工作

正如无法预料危机是否会出现一样，危机后舆论将持续多久也无法预料，所以在危机事件处理完毕之后，公关部门的工作是尽快进行形象重塑工作，尽快赢得社会公众的谅解和信任，恢复组织在社会公众心目中的形象和声誉。危机事件往往是组织向社会显示其高超的传播能力和生存能力的好机会。

例如，日本名古屋褚木电力公司曾因污染当地海水，严重影响渔民们的谋生资源。渔民们强烈抗议，公司形象严重受损，在环境污染风波平息以后又因电价提高而引起消费者的不满，所以在以后的几年中，公司花了很大力气开展了一系列消费者亲善活动，尤其是让公司的每一位职工在工作时间访问顾客，让公众了解能源的困境以及公司正在采取的措施，公司在公众心目中的形象随着亲善活动而改变了。

维护组织形象具体可以从以下三方面着手：

1. 把公众利益放在首位

组织的良好形象离不开公众的支持，所以要维护组织形象，首先要拿出实际行动维护公众利益。当危机发生后，组织应把公众利益放在第一位，而不能一味顾及自身付出的经济价值。如果是产品不合格引起的恶劣事故，应立即收回不合格产品，并立即组织对不合格产品逐个检查，同时通知销售部门立即停止出售这类产品，然后，详细追查原因，做出改进。

2. 善待受害者

对危机的受害者，组织领导应诚恳而谨慎地向他们表明歉意。同时，必须周到地做好伤亡者的救治与善后处理工作。尤其重要的是，应冷静倾听受害者的意见，耐心听取受害者关于赔偿损失的要求以确定如何赔偿。有时受害者有一定的责任，但不应过多地计较，以避免因为组织辩护而带来的不利影响。对待消费者，可通过适当向消费者提供关于事故解释的书面材料来沟通。如果是火灾、爆炸等事故给当地居民带来了损失，组织应向当地居民登门致歉。必要时，应赔偿经济损失。

3. 争取新闻界的理解与支持

新闻媒介报道对组织形象有着重要而广泛的影响，在危机处理过程中，组织要与新闻界真诚合作，尽可能避免对组织形象的不利报道。

事故如何向新闻界公布，公布时如何措辞，应事先在组织内部统一认识。说明事故时应力求简明扼要，避免使用技术术语。要选择恰当的表达方式，如发言人要用肯定有力的音调讲话，不能表现出迟疑吞吐；回答问题时可以以我为主，不必死扣问题；尽量避免用否定词把自己想表达的内容和观点掺入对问题的回答中；等等。为了避免报道有误，重要材料应以书面形式发给记者。

企图掩盖事实只能引起记者的反感，所以应该认真回答记者提问，诚实地公布事故的全部真相，也可以同时说明组织已取得的成绩和为防止危机所做的努力，尽量引导公众对危机和组织获得全面的、正确的印象。如有的事项确实无法向记者发表，应说明理由。比如，在发生火灾之后，记者往往会询问起火原因。对此，组织发言人可以请他们到消防部门去问，组织方面暂时无法做出明确的回答。火灾后，新闻界人士常常会要求组织就火灾造成的物质损失做出估算。组织发言人可以这样告诉记者，组织当局已将火灾通知了财产保险公司，将由他们派员来确定损失金额。对于有关人员伤亡的询问，一般也应让记者到消防部门、急救站和当地医院去核实。这种回答既成熟又巧妙地维护了组织的形象，因此常常赢得新闻界的同情态度，从而避免了渲染夸张的消极报道。

一些需要特殊处理的危机，也要与新闻界进行良好的协作，并申明有关理由。危机发生后，舆论的谴责与报道将持续一段时间。在此期间，组织除了利用传播媒介发布致歉广告之外，还应及时向媒体提供有关赔偿受害者损失的信息；公布修理毁坏的设备和厂房的计划；公布今后的事故预防措施等。如此才能及早赢得广大公众的谅解和信任，恢复组织在社会上的声誉。

本 章 小 结

公关危机是指突然发生的、严重危害组织形象、给组织造成严重损失的事故与事件。危机可以划分为：组织行为不当引起的危机、突发事件引起的危机和失实报道引起的危机三种类型。危机的特征归纳起来主要有：①突发性。②严重的危害性。③紧迫性。④舆论的关注性。⑤可变性。危机管理是指力求对可能发生的危机做出比较准确的预测，并采取各种措施以避免危机爆发。危机管理有预防和处理职能。

危机在爆发之前，往往会出现一定的异常信号和征兆。如果能尽早发现这些信号和征兆，就有可能避免危机的爆发，至少可以减少危机所带来的危害。危机监测是不断地对可能引起危机的各种要素和危机的征兆进行监视，并对未来可能发生的危机类型及其危害程度做出合理估计，且在必要时发出危机警报。而危机预控则是对可能引起危机的各种因素采取措施，从根本上防止危机的爆发。

危机处理计划就是预先做好应付各种危机的准备工作。危机处理计划的制订可以帮助组织在危机时有条有理地处理危机。公关危机处理程序主要包括以下八个步骤：①成立危机事故处理组织。②对事件进行调查。③迅速隔离，控制危机。④分析危机，确定处理对策。⑤召开新闻发布会，发布正式信息。⑥分工协作，实施方案。⑦认真处理善后工作。⑧评估总结，改进工作。

在危机事件处理完毕之后，公关部门的工作是尽快进行形象重塑工作，尽快恢复组织在社会公众心目中的形象和声誉，赢得社会公众的谅解和信任。

关键术语

危机 危机管理 危机监测 危机预控 危机处理

综合练习

一、填空题

1. 当危机出现时，公共关系大体有三大任务，即_____、_____和供应。
2. 危机管理的三大特性，即_____、_____和预防性。

二、简答题

1. 简述危机爆发的征兆。
2. 公关危机有哪些类型？
3. 简述危机处理应遵循的原则。
4. 制订危机处理计划时应注意哪些事项？

三、论述题

论述危机处理的主要步骤。

四、名词解释

危机、危机预防、危机处理

 实际操作训练

课题 10-1：危机处理

实训项目：危机处理

实训目的：了解危机处理的程序

实训内容：2008年三鹿牌婴幼儿奶粉事件发生后，有关毒奶粉的报道频见报端，中国出现了对婴幼儿奶粉严重的信任危机，对各生产婴幼儿奶粉的企业来说都是一次严重的危机事件。而你所在的公司正是生产婴幼儿奶粉的国内知名企业，在面对整个市场信任危机的情况下，你公司决定制定一系列的公共关系危机处理方案。

实训要求：将参加实训的学生分成若干小组，每小组为该公司设计一个公共关系危机处理方案。

课题 10-2：危机预防

实训项目：如何进行危机预防

实训目的：培养学生的危机意识以及解决危机事件的能力

实训内容：就学校组织可能发生的各类危机事件做出预测分析，并就其中某一个危机(如学生食物中毒)制订应对计划。

实训要求：提出一个全面、系统的解决方案。

【案例分析】

根据以下案例所提供的资料，试分析：北京奥组委应该如何回应以下报道？

分析案例

华尔街日报：为奥运算算账

据估计，中国为北京奥运会的投入总计 420 亿美元。这一数字创下了历届奥运会投资之最，让人们不禁怀疑，中国这样一个发展中国家为一场仅持续两周的体育秀如此大举开支是否合理。

中国庞大的奥运支出——从耗资 30 亿美元的机场航站楼到造价 5 亿美元的"鸟巢"国家体育场——足以令雅典奥运会 150 亿美元的奥运预算相形见绌，而希腊因这一预算已背上了沉重的债务负担。

为成功举办奥运，北京不放过任何细节。政府花费 3000 万美元对原先尘土飞扬的郊区京顺路进行形象改造，种植树木、花草并建了装饰墙。这条路是通往北京首都机场的辅路，临近赛艇比赛地。政府还向道路附近的居民发放了部分补偿款，使他们搬迁。

从经济方面来说，中国有能力承担起史上最大规模的一届奥运会。2008 年中国国内生产总值(GDP)预计高达 4 万亿美元左右，相对于此，奥运开支不算什么大问题，而且赞助商已经承担了部分成本。此外，大多数支出都不是直接用于奥运会，而是花在道路、地铁及机场等能带来长期效益的地方。

不过，一些发展问题专家怀疑，中国为奥运如此耗资巨大是否传递了错误的信息。中国经济在过去 30 年经历了迅猛增长，许多人的生活水平也得到显著提高，但仍有数亿人生活在贫困中。政府在医疗和其他社会福利方面的支出还很有限。

卡内基国际和平基金会(Carnegie Endowment for International Peace)的中国项目高级研究员裴某表示，从政治角度来说这是值得的，但从经济角度来看可能会有问题。他指出，中国还有很多地方需要资金投入。

从国际上来说，中国庞大的奥运预算还抬高了未来奥运举办门槛，未来奥运东道主可能会来自更容易发生经济起伏的发展中国家。俄罗斯将举办 2014 年冬季奥运会，巴西已入围 2016 年奥运会主办国候选名单。

德国约翰内斯·古腾堡大学(Johannes Gutenberg University)体育经济学教授霍格·普鲁斯(Holger Preuss)表示，北京已经开创了伦敦等未来奥运东道主难以企及的先例。他说，许多国际奥委会(IOC)委员已经考虑，我们必须想办法削减奥运规模，使得更多城市真正有能力举办奥运。普鲁斯指出，如果这种为奥运大把烧钱的势头延续下去，就以 500 亿美元为例，可能全球只有 10 个城市能负担得起。

面对以上质疑，北京奥运会组织方没有回复记者关于开支方面的提问。

考虑到中国的国情，一些奥运工程的长期价值也存在疑问。例如，中国没有明确指出鸟巢在奥运会后的用途，而且鸟巢没有顶棚，在北京寒冷的冬季与炎热多雨的夏季无法保证正常使用。

大多数中国人表示他们欢迎奥运会，但面临着 5 月四川大地震造成的巨大破坏，政府的投资行为罕见地招来了一些批评声。中国官方主办的《瞭望》杂志记者李某在 7 月 9 日一期上撰文称："国家目前的经济状况不允许我们在奥运上过度投资。我们必须精打细算，能省则省，将更多的资金用于支援灾区的重建。"

资料来源：根据网络有关资源编写

参 考 文 献

[1] [美] 阿尔·里斯. 公关第一，广告第二[M]. 罗汉，虞琦，译. 上海：上海人民出版社，2004.
[2] 白巍. 大众公共关系学[M]. 北京：经济科学出版社，2002.
[3] 蔡铭泽. 新闻传播学[M]. 广州：暨南大学出版社，2003.
[4] 畅祎扬. 突发事件新闻发布会实例分析与研究[D]. 西北大学硕士毕业论文，2009.
[5] 陈观瑜. 公共关系教程新编[M]. 广州：中山出版社，2005.
[6] 丛杭青. 公共礼仪[M]. 北京：东方出版社，1996.
[7] 戴元光. 新闻传播新视点[M]. 上海：学林出版社，2003.
[8] 方宪玕. 公共关系学教程[M]. 6版. 杭州：浙江大学出版社，2004.
[9] 方正松. 现代公共关系案例[M]. 北京：中国财政经济出版社，2002.
[10] 郭惠民. 当代国际公共关系[M]. 上海：复旦大学出版社，1995.
[11] 郝树人. 公共关系学[M]. 大连：东北财经大学出版社，1998.
[12] 何伟详. 公共关系原理与实务[M]. 大连：东北财经大学出版社，2013.
[13] 胡锐. 现代公共关系原理[M]. 杭州：浙江大学出版社，1998.
[14] 胡锐. 现代公共关系案例评析[M]. 杭州：浙江大学出版社，1984.
[15] 胡锐. 现代公共关系实务[M]. 杭州：浙江大学出版社，1994.
[16] 胡锐. 公共关系策划[M]. 杭州：浙江大学出版社，2004.
[17] 李强. 公共关系学概论[M]. 北京：中国人民大学出版社，1995.
[18] 廖为建. 公共关系学[M]. 北京：高等教育出版社，2000.
[19] 黎运汉. 公共语言学[M]. 广州：暨南大学出版社，1995.
[20] 蒋春堂. 公共关系学教程[M]. 武汉：武汉大学出版社，2005.
[21] 居延安. 公共关系学[M]. 3版. 上海：复旦大学出版社，2005.
[22] 郎群秀. 公共关系学[M]. 北京：科学出版社，2007.
[23] 雷跃捷. 新闻宣传理论研究[M]. 北京：北京广播学院出版社，2002.
[24] 李祖华. 警察公共关系[M]. 北京：中国人民公安大学出版社，2012.
[25] 刘军，李淑华. 公共关系学[M]. 北京：机械工业出版社，2012.
[26] 刘裕权，卢彰. 公共关系学、原理与实务[M]. 成都：成都科技大学出版社，1996.
[27] 马建青. 现代公关心理学[M]. 杭州：浙江大学出版社，1999.
[28] 马志强. 现代公共关系案例教程[M]. 上海：上海大学出版社，2012.
[29] 乜瑛，郑生勇. 公共关系学[M]. 杭州：浙江大学出版社，2010.
[30] 邱伟光. 公共关系广告管理[M]. 北京：改革出版社，1992.
[31] 任焕琴. 公共关系实用教程[M]. 北京：北京大学出版社，2012.
[32] 沈瑞山. 公共关系实务[M]. 南京：南京大学出版社，2009.
[33] [美]斯科特·卡特李普，等. 有效的公共关系[M]. 北京：中国财政经济出版社，1988.
[34] 谭昆智，娄拥军. 公共关系理论与实务[M]. 北京：机械工业出版社，2010.
[35] 孙光磊. 公共关系原理与实务[M]. 北京：清华大学出版社，2012.
[36] 孙延敏. 公共关系入门：理论与案例[M]. 上海：上海大学出版社，2013.

[37] 陶应虎. 公共关系原理与实务[M]. 北京：清华大学出版社，2010.
[38] 童兵. 理论新闻传播学导论[M]. 北京：中国人民大学出版社，2000.
[39] 卜新章. 现代新闻摄影[M]. 北京：中国广播电视出版社，2001.
[40] 王珑. 公共关系原理与实务[M]. 重庆：重庆大学出版社，2004.
[41] 王挺，王玉. 公共关系学[M]. 北京：北京交通大学出版社，2010.
[42] 王玫，王志敏. 公共关系理论与实务[M]. 北京：北京大学出版社，2007.
[43] 王伟娅. 公共关系概论[M]. 大连：东北财经大学出版社，2006.
[44] 王娴. 现代公共关系经典案例及评析[M]. 成都：电子科技大学出版社，2008.
[45] 汪秀英. 当代公共关系学[M]. 北京：首都经济贸易大学出版社，2008.
[46] 王银平，王爱君. 现代公共关系[M]. 北京：高等教育出版社，2007.
[47] 吴靖. 公共关系[M]. 广州：广东经济出版社，2010.
[48] 徐平. "红太阳"请消费者青海亲历作证[N]. 中国青年报，1999-05-25.
[49] 颜建军，胡泳. 海尔中国造[M]. 海口：三环出版社，2001.
[50] 杨继明，徐铁辉. 公共关系学[M]. 西安：西安地图出版社，2008.
[51] 杨加陆. 公共关系学教程[M]. 上海：复旦大学出版社，2005.
[52] 杨光，张力威. 实用公共关系[M]. 大连：大连理工大学出版社，2005.
[53] 张笃行. 公共关系学[M]. 成都：四川大学出版社，2002.
[54] 张玲莉. 公共关系原理与实务(修订版)[M]. 北京：高等教育出版社，2007.
[55] 张荷英. 公共关系学[M]. 3版. 北京：首都经济贸易大学出版社，2004.
[56] 张岩松. 新型现代公共关系实用教程[M]. 北京：清华大学出版社，2008.
[57] 张岩松. 企业公共关系危机管理[M]. 北京：经济管理出版社，2000.
[58] 张岩松. 公共关系案例精选精析[M]. 3版. 北京：中国社会科学出版社，2006.
[59] 张云. 公共心理学[M]. 上海：复旦大学出版社，1995.
[60] 赵桂毅. 旅游公共关系[M]. 北京:中国林业出版社，2008.
[61] 赵伟鹏，戴元祥. 政府公共关系理论与实践[M]. 天津：天津人民出版社，2001.
[62] 周安华，苗晋平. 公共关系理论、实务与技巧[M]. 北京：中国人民大学出版社，2013.
[63] 周安华. 公共关系：理论、实务与技巧[M]. 4版. 北京：中国人民大学出版社，2013.
[64] 曾琳智. 新编公关案例教程[M]. 上海：复旦大学出版社，2010.
[65] 朱崇娴. 公共关系原理与实务[M]. 北京：高等教育出版社，2008.
[66] 朱崇娴，范恪劼. 公共关系原理与实务[M]. 北京师范大学出版社，2010.
[67] 朱力，等. 公共关系新论、理论与实务[M]. 南京大学出版社，2006.
[68] 中国公共关系网编委会. 2013最具公众影响力公共关系案例集[M]. 北京：企业管理出版社，2014.

北京大学出版社本科财经管理类实用规划教材(已出版)

财务会计类

序号	书名	标准书号	主编	定价	序号	书名	标准书号	主编	定价
1	基础会计	7-301-24366-4	孟 铁	35.00	22	中级财务会计	7-301-23772-4	吴海燕	49.00
2	基础会计(第2版)	7-301-17478-4	李秀莲	38.00	23	中级财务会计习题集	7-301-25756-2	吴海燕	39.00
3	基础会计实验与习题	7-301-22387-1	左 旭	30.00	24	高级财务会计	7-81117-545-5	程明娥	46.00
4	基础会计学	7-301-19403-4	窦亚芹	33.00	25	高级财务会计	7-5655-0061-9	王奇杰	44.00
5	基础会计学学习指导与习题集	7-301-16309-2	裴 玉	28.00	26	企业财务会计模拟实习教程	7-5655-0404-4	董晓平	25.00
6	基础会计	7-301-23109-8	田凤彩	39.00	27	成本会计学	7-301-19400-3	易尚军	38.00
7	基础会计学	7-301-16308-5	晋晓琴	39.00	28	成本会计学	7-5655-0482-2	张红漫	30.00
8	信息化会计实务	7-301-24730-3	杜天宇	35.00	29	成本会计学	7-301-20473-3	刘建中	38.00
9	会计学原理习题与实验(第2版)	7-301-19449-2	王保忠	30.00	30	税法与税务会计实用教程(第2版)	7-301-21422-0	张巧良	45.00
10	会计学原理(第3版)	7-301-26239-9	刘爱香	35.00	31	初级财务管理	7-301-20019-3	胡淑姣	42.00
11	会计学原理	7-301-24872-0	郭松克	38.00	32	财务会计学	7-301-23190-6	李柏生	39.00
12	会计学原理与实务(第2版)	7-301-18653-4	周慧滨	33.00	33	财务管理学实用教程(第2版)	7-301-21060-4	骆永菊	42.00
13	初级财务会计模拟实训教程	7-301-23864-6	王明珠	25.00	34	财务管理理论与实务(第2版)	7-301-20407-8	张思强	42.00
14	初级会计学习题集	7-301-25671-8	张兴东	28.00	35	财务管理理论与实务	7-301-20042-1	成 兵	40.00
15	会计规范专题(第2版)	7-301-23797-7	谢万健	42.00	36	财务管理学	7-301-21887-7	陈 玮	44.00
16	会计综合实训模拟教程	7-301-20730-7	章洁倩	33.00	37	公司财务管理	7-301-21423-7	胡振兴	48.00
17	预算会计	7-301-22203-4	王筱萍	32.00	38	财务分析学	7-301-20275-3	张献英	39.00
18	会计电算化	7-301-23565-2	童 伟	49.00	39	审计学	7-301-20906-6	赵晓波	39.00
19	政府与非营利组织会计	7-301-21504-3	张 丹	40.00	40	审计理论与实务	7-81117-955-2	宋传联	36.00
20	管理会计	7-81117-943-9	齐殿伟	27.00	41	现代审计学	7-301-25365-6	杨 茁	39.00
21	管理会计	7-301-21057-4	彭芳珍	36.00	42	财务会计	7-301-26285-6	李巧巧	38.00

管理类

序号	书名	标准书号	主编	定价	序号	书名	标准书号	主编	定价
1	管理学	7-301-17452-4	王慧娟	42.00	14	统计学	7-301-24750-1	李付梅	39.00
2	管理学	7-301-21167-0	陈文汉	35.00	15	统计学	7-301-25180-5	邓正林	42.00
3	管理学	7-301-23023-7	申文青	40.00	16	统计学(第2版)	7-301-23854-7	阮红伟	35.00
4	管理学原理	7-301-22980-4	陈 阳	48.00	17	应用统计学(第2版)	7-301-19295-5	王淑芬	48.00
5	管理学原理	7-5655-0078-7	尹少华	42.00	18	统计学实验教程	7-301-22450-2	裴雨明	24.00
6	管理学原理	7-301-21178-6	雷金荣	39.00	19	管理运筹学(第2版)	7-301-19351-8	关文忠	39.00
7	管理学原理与实务(第2版)	7-301-18536-0	陈嘉莉	42.00	20	现场管理	7-301-21528-9	陈国华	38.00
8	管理学实用教程	7-301-21059-8	高爱霞	42.00	21	企业经营ERP沙盘应用教程	7-301-20728-4	董红杰	32.00
9	现代企业管理理论与应用(第2版)	7-301-21603-3	邱彦彪	38.00	22	项目管理	7-301-21448-0	程 敏	39.00
10	新编现代企业管理	7-301-21121-2	姚丽娜	48.00	23	项目管理	7-301-24823-2	康 乐	39.00
11	统计学原理(第2版)	7-301-25114-0	刘晓利	36.00	24	公司治理学	7-301-22568-4	蔡 锐	35.00
12	统计学原理	7-301-21061-4	韩 宇	38.00	25	企业经营ERP沙盘模拟教程(第2版)	7-301-26163-7	董红杰	45.00
13	统计学原理与实务	7-5655-0505-8	徐静霞	40.00					

市场营销类

序号	书名	标准书号	主编	定价	序号	书名	标准书号	主编	定价
1	市场营销学	7-301-21056-7	马慧敏	42.00	4	市场营销学(第2版)	7-301-19855-1	陈 阳	45.00
2	市场营销学:理论、案例与实训	7-301-21165-6	袁连升	42.00	5	市场营销学	7-301-21166-3	杨 楠	40.00
3	市场营销学实用教程(第2版)	7-301-24958-1	林小兰	48.00	6	市场营销理论与实务(第2版)	7-301-20628-7	那 薇	40.00

序号	书 名	标准书号	主编	定价	序号	书 名	标准书号	主编	定价
7	市场营销学(第2版)	7-301-24328-2	王槐林	39.00	14	消费者行为学	7-5655-0057-2	肖 立	37.00
8	国际市场营销学	7-301-21888-4	董 飞	45.00	15	客户关系管理实务	7-301-09956-8	周贺来	44.00
9	营销策划	7-301-23204-0	杨 楠	42.00	16	客户关系管理理论与实务	7-301-23911-7	徐 伟	40.00
10	营销策划	7-301-26027-2	张 娟	38.00	17	社交礼仪	7-301-23418-1	李 霞	29.00
11	市场营销策划	7-301-23384-9	杨 勇	40.00	18	商务谈判(第2版)	7-301-20048-3	郭秀君	49.00
12	广告策划与管理：原理、案例与项目实训	7-301-23827-1	杨佐飞	48.00	19	消费心理学(第2版)	7-301-25983-2	臧良运	40.00
13	现代推销与谈判实用教程	7-301-25695-4	凌奎才	48.00	20	零售学(第2版)	7-301-26549-9	陈文汉	39.00

工商管理类

序号	书 名	标准书号	主编	定价	序号	书 名	标准书号	主编	定价
1	企业文化理论与实务(第2版)	7-301-24445-6	王水嫩	35.00	10	创业基础：理论应用与实训实练	7-301-24465-4	郭占元	38.00
2	企业战略管理实用教程	7-81117-853-1	刘松先	35.00	11	公共关系学实用教程(第2版)	7-301-25557-5	周 华	42.00
3	企业战略管理	7-301-23419-8	顾 桥	46.00	12	公共关系学实用教程	7-301-17472-2	任焕琴	42.00
4	生产运作管理(第3版)	7-301-24502-6	李全喜	54.00	13	公共关系理论与实务	7-5655-0155-5	李泓欣	45.00
5	运作管理	7-5655-0472-3	周建亨	25.00	14	东方哲学与企业文化	7-5655-0433-4	刘峰涛	34.00
6	运营管理实验教程	7-301-25879-8	冯根尧	24.00	15	跨国公司管理	7-5038-4999-2	冯雷鸣	28.00
7	组织行为学实用教程	7-301-20466-5	冀 鸿	32.00	16	企业战略管理	7-5655-0370-2	代海涛	36.00
8	质量管理(第2版)	7-301-24632-0	陈国华	39.00	17	跨文化管理	7-301-20027-8	晏 雄	35.00
9	创业学	7-301-15915-6	刘沁玲	38.00	18	公共关系理论与实务	7-301-26341-9	王志敏	33.00

人力资源管理类

序号	书 名	标准书号	主编	定价	序号	书 名	标准书号	主编	定价
1	人力资源管理(第2版)	7-301-19098-2	颜爱民	60.00	5	员工招聘	7-301-20089-6	王 挺	30.00
2	人力资源管理实用教程(第2版)	7-301-20281-4	吴宝华	45.00	6	人力资源管理：理论、实务与艺术	7-5655-0193-7	李长江	48.00
3	人力资源管理原理与实务(第2版)	7-301-25511-7	邹 华	32.00	7	人力资源管理实验教程	7-301-23078-7	畅铁民	40.00
4	人力资源管理教程	7-301-24615-3	夏兆敢	36.00					

服务管理类

序号	书 名	书号	编著者	定价	序号	书 名	书号	编著者	定价
1	会展服务管理	7-301-16661-1	许传宏	36.00	4	服务性企业战略管理	7-301-20043-8	黄其新	28.00
2	非营利组织管理	7-301-20726-0	王智慧	33.00	5	现代服务业管理原理、方法与案例	7-301-17817-1	马 勇	49.00
3	服务营销	7-301-21889-1	熊 凯	45.00					

经济、国贸、金融类

序号	书 名	书号	编著者	定价	序号	书 名	书号	编著者	定价
1	宏观经济学(第2版)	7-301-19038-8	骞令香	39.00	6	外贸函电(第2版)	7-301-18786-9	王 妍	30.00
2	西方经济学实用教程	7-5655-0302-3	杨仁发	49.00	7	国际贸易理论与实务(第2版)	7-301-18798-2	缪东玲	54.00
3	管理经济学(第2版)	7-301-24786-0	姜保雨	42.00	8	国际贸易(第2版)	7-301-19404-1	朱廷珺	45.00
4	管理经济学	7-301-24573-6	钱 津	42.00	9	国际贸易实务(第2版)	7-301-20486-3	夏合群	45.00
5	矿业经济学	7-301-24988-8	李 创	38.00	10	国际贸易结算及其单证实务(第2版)	7-301-25733-3	卓乃坚	42.00

序号	书名	书号	编著者	定价	序号	书名	书号	编著者	定价
11	政治经济学原理与实务(第2版)	7-301-22204-1	沈爱华	31.00	24	货币银行学	7-301-21345-2	李 冰	42.00
12	政治经济学	7-301-24891-1	巨荣良	38.00	25	国际结算(第2版)	7-301-17420-3	张晓芬	35.00
13	国际商务(第2版)	7-301-25366-3	安占然	39.00	26	国际结算	7-301-21092-5	张 慧	42.00
14	国际贸易实务	7-301-20919-6	张 肃	28.00	27	金融工程学	7-301-18273-4	李淑锦	30.00
15	国际贸易规则与进出口业务操作实务(第2版)	7-301-19384-6	李 平	54.00	28	金融工程学理论与实务(第2版)	7-301-21280-6	谭春枝	42.00
16	国际贸易实训教程	7-301-23730-4	王 茜	28.00	29	国际金融	7-301-23351-6	宋树民	48.00
17	国际经贸英语阅读教程	7-301-23876-9	李晓娣	25.00	30	国际商务函电	7-301-22388-8	金泽虎	35.00
18	中国对外贸易概论	7-301-23884-4	翟士军	42.00	31	保险学	7-301-23819-6	李春蓉	41.00
19	国际贸易理论、政策与案例分析	7-301-20978-3	冯 跃	42.00	32	财政学(第2版)	7-301-25914-6	盖 锐	39.00
20	证券投资学	7-301-19967-1	陈汉平	45.00	33	财政学	7-301-23814-1	何育静	45.00
21	金融风险管理	7-301-25556-8	朱淑珍	42.00	34	兼并与收购	7-301-22567-7	陶启智	32.00
22	证券投资学	7-301-21236-3	王 毅	45.00	35	东南亚南亚商务环境概论(第2版)	7-301-25823-1	韩 越	42.00
23	货币银行学	7-301-15062-7	杜小伟	38.00					

法律类

序号	书名	书号	编著者	定价	序号	书名	书号	编著者	定价
1	经济法原理与实务(第2版)	7-301-21527-2	杨士富	39.00	4	劳动法和社会保障法(第2版)	7-301-21206-6	李 瑞	38.00
2	经济法	7-301-24697-9	王成林	35.00	5	国际商法	7-301-20071-1	丁孟春	37.00
3	国际商法理论与实务	7-81117-852-4	杨士富	38.00	6	商法学	7-301-21478-7	周龙杰	43.00

如您需要更多教学资源如电子课件、电子样章、习题答案等，请登录北京大学出版社第六事业部官网 www.pup6.cn 搜索下载。
如您需要浏览更多专业教材，请扫下面的二维码，关注北京大学出版社第六事业部官方微信(微信号：pup6book)，随时查询专业教材、浏览教材目录、内容简介等信息，并可在线申请纸质样书用于教学。

感谢您使用我们的教材，欢迎您随时与我们联系，我们将及时做好全方位的服务。联系方式：010-62750667，wangxc02@163.com，pup_6@163.com，lihu80@163.com，欢迎来电来信。客户服务QQ号：1292552107，欢迎随时咨询。